U0812575

中国教育变革之路丛书

编委会主任◎陶西平 谈松华

流动人口子女教育困难与破解

三尺书桌何处寻

范先佐 等◎著

凤凰出版传媒集团
江苏教育出版社
JIANGSU EDUCATION PUBLISHING HOUSE

图书在版编目（C I P）数据

三尺书桌何处寻：流动人口子女教育困难与破解/范先佐等著. --南京：江苏教育出版社，2011.11
（中国教育变革之路丛书）
ISBN 978-7-5499-0939-1

Ⅰ.①三… Ⅱ.①范… Ⅲ.①流动人口－学校教育－研究－中国Ⅳ.①G52

中国版本图书馆 CIP 数据核字(2011)第 174204 号

书　　名　三尺书桌何处寻——流动人口子女教育困难与破解
作　　者　范先佐　等著
责任编辑　午新生
出版发行　凤凰出版传媒集团
　　　　　凤凰出版传媒股份有限公司
　　　　　江苏教育出版社（南京市湖南路1号A楼　邮编210009）
苏教网址　http：//www.1088.com.cn
集团网址　http：//www.ppm.cn
照　　排　南京前锦排版服务有限公司
印　　刷　江苏凤凰通达印刷有限公司（电话025-57572528）
厂　　址　南京市六合区冶山镇（邮编211523）
开　　本　787×1092毫米　1/16
印　　张　15.75
字　　数　250 000
版　　次　2011年11月第1版　2011年11月第1次印刷
书　　号　ISBN　978-7-5499-0939-1
定　　价　30.00元
邮购电话　025-85406265，85400774 短信 02585420909
E－mail　jsep@vip.163.com
盗版举报　025-83658837

苏教版图书若有印装错误可向承印厂调换
提供盗版线索者给予重奖

中国教育变革之路

丛　书

丛书编委会

主　任　陶西平　谈松华

副主任　柯春晖　韩　民　杨学为　李文长　曹志祥

委　员　安雪慧　范先佐　蒋丽珠　林丽娇　林卫平　刘海峰
（按姓氏拼音排序）　乔丽娟　王炳明　王　烽　王　强　吴开俊　杨银付
曾晓东　张武升　郑若玲　周文海

前　言

在《国家中长期教育改革和发展规划纲要（2010—2020年）》（以下简称《纲要》）研究制定过程中，国务院曾两次向全社会公开征求意见建议，引发了全社会对于教育问题的高度关注和热烈讨论，也使得当前教育改革发展中一些所谓群众关心、社会关注、躲不开、绕不过去的问题进一步进入公众和决策者的视野，如学前教育发展问题、中小学生课业负担问题、城市义务教育阶段择校问题、流动人口子女教育问题、高考改革问题，等等。《纲要》没有回避这些问题，并分别提出了解决的思路和办法。但是，这些问题由来已久，成因复杂，《纲要》致力于提出解决问题的基本思路和重大措施，同时也给各地留出了实践和探索的空间，支持和鼓励各地各学校大胆试验，在实践中积极探索，积极寻求解决问题的办法和措施。

《纲要》的研究制定和推进实施，掀起了中国教育改革发展一轮新的热潮。如何按照《纲要》的精神，因地制宜、因事制宜地推进教育的改革和发展，也是当前各级政府和教育部门及各级各类学校十分关心的问题。所幸的是，很多地方的政府、教育部门、学校已走在了实践的前列，他们针对自己所在地区、学校的特点，在解决当前教育热点难点问题上已经进行了许多实践和探索，在实践中取得了很好的效果。这些实践和探索无疑是我国教育改革进程中的有益借鉴和参考。

为了助推《纲要》的落实，助力中国教育事业的改革发展，江苏教育出版社邀请参与《纲要》研究制定工作的专家学者、一线的教育工作者和教育部有关司局人员，围绕着如何破解当前中国的教育热点、难点问题，组织编写了《中国教育变革之路》丛书。

丛书根据《纲要》精神，以“关注热点——把脉问题——解读《纲要》——超前实践——求变探索”为写作思路和主线，从发生在现实中的鲜活案例、普遍存在的现象谈起，深刻剖析了当前教育的热点、难点问题。之后对这些现象的成因、状况进行深入分析，进而引用《纲要》的相关政策、方针进行权威解读，并提供各级地方政府、教育部门、学校解决上述“问题”的典型案例。最后，针对“问题”和“案例”，专家深入剖析后给出可行性的建议和良方。丛书的内容取舍和写作体例力求体现政策性和思想性，体现观点的广度、分析的深度，同时力求体现可读性。希望丛书能够为各地政府、教育部门和学校提供一些可借鉴的思路和方法。

本套丛书是开放的，后续我们将针对当前教育改革发展中的其他热点、难点问题，以及各地和学校围绕着这些问题的解决所进行的各种实践和探索，陆续收集整理出版，也欢迎广大教育工作者不吝赐稿。

在此向参与图书创作的专家、学者，向参与丛书规划、审稿工作的领导，向提供实践经验材料的地方教育部门和学校一并表示衷心感谢！

丛书编委会

导 言

20世纪80年代以来，伴随着中国城市化进程的加快，越来越多的农村剩余劳动力流入城市。由此而产生的流动人口子女教育问题已成为中国社会转型期的一个独特的社会问题，引起了社会的广泛关注。保证流动人口子女公平接受教育，既有助于普及九年义务教育的真正落实和质量的提高，促进教育公平的实现，也有助于统筹城乡经济社会发展，促进社会的和谐稳定。

为了保证流动人口子女公平接受义务教育，2010年7月，新世纪以来的第一次全国教育工作会议及随后公布的《国家中长期教育改革和发展规划纲要（2010—2020年）》（以下简称《纲要》）要求，“坚持以输入地政府管理为主、以全日制公办中小学为主，确保进城务工人员随迁子女平等接受义务教育，研究制定进城务工人员随迁子女接受义务教育后在当地参加升学考试的办法。建立健全政府主导、社会参与的农村留守儿童关爱服务体系和动态监测机制。加快农村寄宿制学校建设，优先满足留守儿童住宿需求。采取必要措施，确保适龄儿童少年不因家庭经济困难、就学困难、学习困难等原因而失学，努力消除辍学现象。”依据《纲要》的要求，2010年5月16日，教育部决定开展流动人口子女平等接受义务教育的试点，即将流动人口子女在流入地平等接受义务教育和参加升学考试、推进高校招生考试制度改革，纳入教改“先行先试”范畴。这表明解决流动人口子女公平接受义务教育的问题提升到国家教育改革的层面，转变成政府和全社会的行为。

为了学习和贯彻《纲要》的精神，本书基于课题组对中西部地区部分省市流动人口子女教育问题的多次专门调研[①]，并结合全国其他省市的调查研究及经验介绍，主要分析了流动人口子女的数量和规模，流动人口子女义务教育存在的问题、危害及原因，介绍各级政府、社会各方为解决流动人口子女义务教育问题所进行的探索和实践，并在此基础上提出进一步调整和改革现行义务教育体制和制度的对策思路。目的是：

1. 客观翔实地揭示流动人口子女义务教育存在的问题及危害，以引起全社会对我国转型期出现的这一重大社会问题的高度重视和关注。

2. 从规范分析和实证分析相结合的角度系统分析流动人口子女义务教育问题产生的制度根源，进而使人们认识到制度是影响流动人口子女公平接受义务教育的最重要因素。

3. 通过介绍流动人口子女义务教育的先进地区和优秀实践的先进典型，证明只要家庭、学校、社会共同努力，就会实现让流动人口子女“在同一片蓝天下共同成长”的目标。

4. 指出流动人口子女义务教育问题是一个长期、复杂的问题，而解决流动人口子女义务教育问题的根本出路在于，根据《纲要》的精神，加大体制改革的力度。

---

① 这些调查主要包括：为了了解流动儿童家庭的基本情况，包括家庭构成、父母所从事的职业、家庭收入与生活状况等，课题组对武汉市40户流动儿童家庭进行的入户调研；为了了解流动人口子女在地级等中等城市上学的情况，课题组对湖北省宜昌市流动儿童教育问题的调研访谈；根椐教育部重大委托项目“致力于更加公平的教育”课题组的安排，就农村留守儿童的教育问题，我们对湖北、河南两省904名小学生和1934名初中生进行的随机调查分析；受教育部财务司、贷款办的委托，在英国政府双边赠款“西部地区基础教育”项目的资助下，对中西部地区的湖北、河南、广西、云南、陕西和内蒙古6省（区）38个县市177个乡镇的中小学布局调整和流动人口子女教育情况进行的深入、细致的调查研究；为了了解农村留守儿童教育的基本情况，课题组先后在湖北省的钟祥市、沙洋县、长阳土家族自治县，河南省的罗山县、长葛市、襄城县、禹州市，安徽的濉溪县和潜山县等3省9个样本县（市）的62所农村中小学就农村留守儿童教育问题进行的问卷调查和访谈；为了了解农村留守儿童和流动儿童的年龄特征及其分布情况，受教育部基础教育司的委托，课题组分别对湖北的英山、京山和随州等3个县市就农村留守儿童以及武汉市进城务工就业农民子女的受教育状况进行的实地调查；为了深入了解流动人口子女在县级市民办中小学就读的情况及其相关政策，对湖北省赤壁市民办中小学的调研。本书中未注明出处的资料均来自于上述调研。

目录

第一章 问题：不断凸显

随着中国工业化和城市化进程的加快，越来越多的农村剩余劳动力进入城市务工就业，他们的子女要么随父母进入城市，要么被留在农村户籍所在地，前者被称为“流动儿童”，后者被称为“留守儿童”。伴随着大量农村剩余劳动力进城这一不可逆转的历史过程，流动人口子女的教育问题也在不断凸现，成为我国由农业社会逐步向工业社会转型期间的一大难题，必须引起全社会的高度重视。

一、流动人口子女的数量与规模 …… 3
二、流动儿童教育面临的问题 …… 7
三、留守儿童教育面临的问题 …… 18

第二章 危害：不容忽视

教育作为培养人的社会活动，具有相对的独立性。但教育又是社会大系统中的一个子系统，既受制于经济社会的发展，又反作用于经济社会，教育与经济社会的相互作用，共同推动着经济的发展和社会的进步。流动人口子女的教育问题，作为我国转型期的教育的一个重要组成部分，如果处理不好，不仅会影响这一庞大群体的健康成长，还会影响到经济社会的发展。

一、危及义务教育公平 …… 35
二、影响社会稳定 …… 38
三、影响经济发展 …… 45
四、妨碍城乡统筹发展 …… 52

第三章 原因：制度排斥

流动人口子女的教育问题，作为转型期我国社会中的一个突出问题，如果处理不好，不仅会影响这一庞大群体公平地接受教育，还会影响到经济社会的发展，必须引起全社会的高度重视。但流动人口子女教育存在着这样或那样的问题，其原因是相当复杂的，既有经济社会发展差距的影响，又有历史形成的体制、机制等方面的原因，但探寻产生这一问题的根本原因需要从制度的层面进行。制度是影响流动人口子女公平接受教育的最重要因素。

一、流动人口子女教育问题产生的根本原因：义务教育财政体制过度分权 …… 67

二、流动儿童教育问题产生的原因：遭遇以户籍制度为核心的社会排斥 …… 74

三、留守儿童教育问题产生的原因：家庭、学校和社会缺乏实质性的关注 …… 86

第四章 社会：逐步重视

流动人口子女是伴随农村剩余劳动力转移出现的一个特殊群体，他们数量众多，分布广泛，既有留在农村的留守儿童，也有进入城市的流动儿童。由此而产生的流动人口子女教育问题已成为中国社会转型期的一个独特的社会问题，引起了社会的广泛关注，各级政府、教育行政部门及社会各方为此做了大量工作，自 20 世纪 90 年代末期开始陆续出台了一系列保障流动人口子女教育的政策、法规，采取了一系列相应的措施，并取得了显著的成效。

一、国家关于流动人口子女的教育政策逐步明确 …… 97

二、地方政府对流动人口子女义务教育采取了一系列重要措施 …… 108

三、社会各界对流动人口子女教育所做的富有成效的工作 …… 120

第五章　经验：值得推广

近年来，随着社会对流动人口子女教育问题的关注，不少地方政府把流动人口子女的教育问题纳入了政府公共服务与管理的范围，社会各方也都给予了高度关注和积极支持，采取了许多行之有效的措施，积累了丰富的经验，涌现了大量注重流动人口子女教育的先进地区和优秀实践的先进典型，这些都应当加以很好地总结和推广。

一、流动人口子女的就学情况 …………………………………… 137
二、各类学校的有益探索和实践 ………………………………… 140
三、社会各方的探索和实践 ……………………………………… 167
四、政府及其教育主管部门的创新与实践 ……………………… 173

第六章　改革：根本出路

保证流动人口子女公平接受义务教育是当前今后突出的社会问题。尽管各个地方、社会各界为此已进行了大量的探索和实践，积累了许多成功的经验，但我们应当看到，流动人口子女教育问题，具有长期性、复杂性和全局性的特点，必须认真对待，不断加大改革力度。因此，在人口流动已经不可逆转的背景下，改革现行义务教育体制、建立义务教育新体制是解决现行义务教育与人口流动矛盾的唯一选择，也是解决流动人口子女教育问题的根本出路。

一、义务教育财政体制：从过度分权到适度集权 ……………… 193
二、义务教育管理体制：从刚性管理到弹性管理 ……………… 201
三、义务教育办学体制：从公办到多元需求导向办学 ………… 208
四、体制改革的最终目的：实现义务教育的均衡发展 ………… 226

后　记 ……………………………………………………………… 239

第一章

问题：不断凸显

随着中国工业化和城市化进程的加快，越来越多的农村剩余劳动力进入城市务工就业，他们的子女要么随父母进入城市，要么被留在农村户籍所在地，前者被称为“流动儿童”，后者被称为“留守儿童”。随着时间的推移，我国农村剩余劳动力进城务工的人数和规模还会持续增长，农民工进城务工现象在未来较长一段时间内将继续存在。伴随着大量农村剩余劳动力进城这一不可逆转的历史过程，流动人口子女的教育问题也在不断凸现，成为我国由农业社会逐步向工业社会转型期间的一大难题，必须引起全社会的高度重视。

一、流动人口子女的数量与规模

目前，有关流动人口子女的数量主要是基于宏观估算和微观调查得出的，缺乏精确的统计。宏观来看，据国家统计局对全国31个省（区、市）的6.8万个农村住户和7100多个行政村的农民工的监测调查结果推算，2009年全国农民工总量为22978万人，其中外出农民工为14533万人[①]，占全国人口的11%以上。其中，义务教育阶段的进城务工人员随迁子女的数量达到997.1万，占义务教育阶段学生总数的6%以上。未来15年，我国仍将有1.5亿农村人口转移到城镇，进城务工人员随迁子女的数量将增至3700万以上[②]，流动人口子女群体将日益庞大。从我们对湖北省武汉市和宜昌市部分地区的调查来看，武汉市目前有流动人口140多万，进城务工农民随迁子女有14.7万多人，占全市义务教育阶段在校生数的12.77%。宜昌市伍家岗区共有公办小学15所（含3个教学点），中学1所，义务教育阶段的学生数是11000人，其中进城务工农民随迁子女有3500名，占32%。政府指定8所小学、1所中学接收进城务工农民子女。该市西陵区樵湖岭小学现有12个教学班，学生595名，其中进城务工农民随迁子女有376人，占学生总数的63.2%，并且呈不断增长之势。在一些经济发达地区，流动人口及其随迁子女的数量更加惊人。如北京市现有流动人口已超过1000万，在京接受义务教育的流动人口随迁子女有42万人，占学生总数的40%。目前具有北京户籍人口的出生率逐年下降，而流动人口随迁子女的数量却不断增加，2010年秋季开学，该市进入小学的孩子中，外来人口数量已经超过43%[③]。至

① 国家统计局农村司．《2009年农民工监测调查报告》［R］，2010年3月19日．

② 郭少峰．《异地高考尚无时间表》［N］，《新京报》，2010年9月21日．

③ 刘海霞．《京教改纲要提出流动人口子女将可在京上高中》［N］，《京华时报》，2010年10月14日．

2009年底，上海全市常住人口总数为1921.32万人，逼近2000万大关，其中，户籍常住人口总数为1379.39万人，流动人口541.83万人，义务教育阶段流动人口随迁子女由2001年的28.6万人上升到目前的38.6万人。改革开放以来，广东省外来人口急剧增多，现已成为我国流动人口最多、最集中的省份。截至2009年底，广东省常住人口总数为9638万，流动人口有3000余万，公安机关实际管理人口超过了1.2亿[①]。其中，义务教育阶段流动人口随迁子女的数量达到244.08万人，占全省义务教育阶段学生总数的16.27%[②]，甚至有的城市外来就读儿童的数量已超过本地户籍儿童的数量，如深圳市外来就读儿童占在校生总数2001年为56.5%，2002年达到60.4%，2003年达到62.6%[③]。此外，流动儿童数量较多的省还有江苏、浙江和福建，这三个省的流动儿童数量都超过100万人。四川和山东两省的流动儿童数量也比较多，分别达到93万人和80万人。广东、江苏、浙江、福建、四川和山东6个省的流动儿童超过了全国流动儿童总数的40%。习惯上，人们认为流动儿童主要流动到发达地区，上述广东、江苏、浙江等发达省份聚集了大量流动儿童的现象也印证了这一观点。但同时我们也要看到，在四川、安徽、江西、河南、湖北、湖南等大规模向其他省（市）输送流动人口的地区，也同样接收了相当大规模的流动儿童，这几个省的流动儿童数量都在50万人以上[④]。由此可见，随着人口的大规模流动，无论是从全国来看，还是从实地调研的情况来看，或是从一些省市的现实情况来看，流动儿童已成为一个庞大的特殊群体。

流动儿童已成为一个庞大的特殊群体，但父母双方至少有一人长期在外务工的留守儿童数量更加巨大。全国妇联、全国心系好儿童系列活动组委会首次发布了《农村留守儿童家庭教育活动调查分析报告》，报告显示：全国

---

① 徐艳.《广东实际管理人口已逾1.2亿，流动人口超3000万》[DB/OL]，http://gcontent.oeeee.com/3/eb/3eb71f6293a2a31f/Blog/bfe/e54441.html.

② 吴开俊，刘力强.《珠三角地区非户籍务工人员子女义务教育问题探讨》[J]，《教育发展研究》，2009年第2期.

③ 杜晓利.《流动人口子女义务教育问题剖析》[J]，《教育发展研究》，2008年第1期.

④ 段成荣.《接纳流动儿童，城市别无选择》[DB/OL]，http://www.cass.net.cn/file/20090203216542.html.

目前共有5800万留守儿童，其中14周岁以下的农村留守儿童约有4000万[①]。我国农村留守儿童的分布十分集中，多数分布在中南部的省份。安徽、四川、河南、广东、湖南和江西6个省的农村留守儿童在全国农村留守儿童总量中所占比例超过半数，达到52%。据了解，经过安徽省各部门的长期调研，农业大省安徽有留守儿童约400万[②]，基本上占各地留守儿童的20%左右。河南是全国第一人口大省和农业大省，而随着经济社会的发展，河南也逐渐成为全国第一劳务输出大省。全省从事农业的劳动力约有3500万人，外出务工半年以上的人员达到1557万人。但是因受户籍、经济、居住等客观条件的限制，他们的子女大多在家乡接受教育，生活在有父母一方抚养的"单亲家庭"里或由祖父母、亲戚朋友代为抚养，有的孩子甚至独自留在家中，从而形成了一支庞大的留守儿童队伍。据不完全统计，目前，河南农村14周岁以下留守儿童有242.75万人，占全国留守儿童总人数的10%。除上述6个省外，农村留守儿童总数量排名前十位的还有广西、湖北、贵州和江苏。农村留守儿童集中的十个省份中，多数属于典型的劳动力输出大省，但广东、江苏由于省内劳动力流动，也产生了一定规模的留守儿童。如我们从江苏省妇联了解到，江苏省现有农村留守儿童上百万人。因此，无论是在农村还是在城市的中小学中，流动人口的子女都占有相当比重。

实地调研也证明了这一点，据我们对湖北省英山、京山和随州等县市的调查，农村中小学生中父母双方有一人外出打工的学生数量占全体学生的44.9%。且外出打工的小学生家长比外出打工的初中生家长要高出10～30个百分点，而外出打工的小学低年级学生家长又比外出打工的高年级学生家长多10～20个百分点，这与其他调研结论大致吻合。如中央教育科学研究所教育发展研究部同期对甘肃省的秦安和榆中、河北省的丰宁、江苏省的宿豫和沐阳三省五县调查所得结论是，留守儿童占适龄儿童总数的47.7%[③]。另据重庆市妇联2009年完成的《重庆市农村留守儿童状况专题调研报告》，

① 陈荞.《三成留守儿童有心理问题》[N]，《京华时报》，2010年5月26日.

② 吴兰.《安徽关爱留守儿童，拨付专项资金建儿童活动室》[DB/OL]，http：www.cnr.cn/allnews/201009/t20100915_507049146.html.

③ 中央教育科学研究所发展研究部.《中国农村留守儿童问题研究第一期调研报告》[R]，2004年7月.

重庆单亲或双亲外出的留守儿童为235万人，比2000年增加了60%，占农村未成年人总数的43%。其中，双亲长期外出的留守儿童为130万人。刘鸿渊、曾艳琳对四川省东部某市义务教育的调研也显示，该市义务教育阶段在校学生94万人，其中农村学生80万人，留守学生43万人，留守学生约占农村义务教育阶段在校学生的54%，占全市在校学生的47%[①]（见表1—1）。

表1—1　四川东部某市义务教育阶段留守儿童统计

年级	在校学生总数	留守学生人数	百分比（%）
一年级	91913	41853	46
二年级	98709	44972	46
三年级	106900	47061	44
四年级	111794	50412	45
五年级	105754	47261	45
六年级	107664	50229	47
七年级	107708	50229	47
八年级	111204	50201	45
九年级	99982	47845	48
合计	941628	430063	46

资料来源：刘鸿渊，曾艳琳．《论制度框架下的西部贫困地区“留守学生”问题》[J]，《社会科学研究》，2006年第6期．

个案调查也印证了这一点，如河南省罗山县徐寨小学一年级有学生30人，其中留守儿童15人；二年级有学生31人，留守儿童21人；三年级有学生24人，留守儿童17人；四年级有学生28人，留守儿童15人；留守儿童人数分别占本年级学生数的50%、68%、71%和54%。该县龙山乡龙山中心小学现有学生885人，留守儿童就有600人，约占70%。另据对湖北钟祥市石牌镇杨祠小学的调查，该校共有学生253人，其中留守儿童169人，占该校学生总数的66.80%（各班留守儿童分布情况见表1—2）。

① 刘鸿渊，曾艳琳．《论制度框架下的西部贫困地区“留守学生”问题》[J]，《社会科学研究》，2006年第6期．

表 1—2　杨祠小学各班留守儿童分布情况表

年级	在校学生总数	留守学生数	百分比（%）
一年级	40	26	65.00
二年级	31	22	70.97
三年级	28	23	82.14
四年级	45	39	86.67
五年级	52	34	65.38
六年级	57	34	59.65
合计	253	169	66.80

上述调查结果反映了我国农村，特别是中西部地区农村的实际情况，从我国农村剩余劳动力的转移情况来看，主要是由农村流向城市，中西部落后地区流向东部沿海发达地区，呈现显著的区域性特点。

概言之，无论是从宏观还是从微观上看，无论是从流动儿童的数量还是从留守儿童的数量来看，流动人口子女已形成一个庞大的特殊群体。他们的教育问题是全社会必须正视的现实问题。

当然，流动人口子女中流动儿童与留守儿童是两个相对复杂而又不断转换的群体。不论是流动儿童，还是留守儿童，都是与人口流动相伴而生，都是受人口流动影响的儿童，也都有各自不同的特点。因此，流动儿童和留守儿童的教育问题，既有其共性的问题，更有各自面临的问题。这些问题，有的是流动人口子女本身的问题，更多的则是与我国转型期经济、社会和教育发展中存在的问题交织在一起的。

二、流动儿童教育面临的问题

根据新修订的《中华人民共和国义务教育法》（以下简称《义务教育法》）的规定，每一个适龄儿童、少年都应享有接受义务教育的权利，都应有均等的接受教育的机会，流动儿童当然也不例外。所谓均等的接受教育的机会，或者说教育机会均等，是指出身、民族、肤色、性别或任何其他无关的特性都不妨碍一个人得到受教育的机会和权力，只有他的个性和才干决定着他得到的教育机会和成就。但由于在努力保证一种平等或接近平等的社会条件时，资源和手段的最初分配总是受到自然和社会因素的强烈影响，换言之，不仅人们的自然禀赋存在差别，而且这些禀赋的培养训练和发展也受到各人所处的不同社会条件的影响，因此，即使有类似天资的人，也可能因为其社会出身的不同而没有同等的受教育机会。由于受户籍制度的影响，流动人口子女在城市接受教育的机会和权力往往是不均等的。

1. 部分流动儿童上不了学

保证每一个适龄儿童、少年都能有学上，是《义务教育法》的基本规定，也是一项基本的人权。但据我们对武汉市的抽样调查结果显示：该市流动人口子女的入学率为93.6%，其中，女生的入学率只有89.7%，不仅低于全国适龄儿童的平均入学水平，甚至低于农村儿童入学水平。另据教育部2008年发布的一项研究报告披露：农民工随迁子女入学难问题仍相当突出，学龄儿童中未上学的比例，北京为3.81%，上海为3.56%，广州高达7.19%①。照此计算，保守估计，上述三个城市平均有1.5～3万左右流动人口子女未入学。其他各地流动儿童的入学情况同样不容乐观，如湖南邵阳的调查表明：流动人口子女中15岁以下的学龄儿童入学率只有70.8%，29.2%的学龄儿童处于失学状态②。深圳市第五次流动人口抽样调查数据显示，在15岁以下的流动儿童中，在深圳就读中学和小学的人数仅占样本总数的80.75%，剩余的19.25%的儿童处于失学状态。其中，在12～15岁的流动儿童中，占样本总数的61.8%的儿童未能在读。

可见，无论是从全国还是从地方来看，流动儿童的辍学与失学问题依然比较突出，需引起政府及教育行政部门的高度重视。并且在流动儿童内部，

---

① 全国总工会新生代农民工问题课题组．《关于新生代农民工问题的研究报告》[N]，《工人日报》，2010年6月21日．

② 国家统计局城市社会经济调查总队．《流动民工学龄子女渴望一张公平的课桌》[J]，《调研世界》，2004年第1期．

女童更容易丧失入学机会，特别是容易丧失进入公立学校就读的机会。根据我们对湖北省宜昌市流动儿童的抽样调查，在372名在校流动儿童中，男生与女生的比例为114.6∶100。2006年，全国义务教育阶段男女学生的入学比例分别为99.25%和99.29%，女童高于男童0.04个百分点，由此可见流动女童的入学比例明显低于同期全国义务教育阶段在校学生中女童的比例。

作为流动人口的父母是否带孩子以及是带男孩还是女孩到流入地，存在着较明显的性别偏好，而在子女的受教育问题上这种性别偏好表现得更加明显。流动女童的失辍学率一般都高于男童，而进入公办学校的女童比例又往往低于男童。以2003年北京等九城市的抽样调查为例：在进城就业农民的随迁子女中，女孩失学比例为3.9%，明显高于男孩2.6%的比例①。在公立学校的教育选择上，流动儿童的父母更愿意送男孩上公立学校。一项研究发现，在公立学校入学的流动儿童男女性别比为136.67∶100，在打工子弟学校中的流动儿童男女性别比为123.19∶100，而在同一研究样本中的公立学校中就读的当地城市儿童男女性别比仅为105∶100，属于正常范围②。由此可见，性别对流动儿童家庭的教育选择存在明显的影响。另一调查也表明，流动男童在公办小学的就学率为23.3%，高出流动女童近10个百分点；女童失辍学比例为11.8%，高于男童7.6%的比例③。这些都表明农民工的重男轻女思想在流动儿童教育方面仍然比较严重。

同为流动人口子女，流动女童入学率低于留守女童。根据我们对鄂豫皖三省9县市以班级为单位的整群抽样问卷调查结果显示：在2588名留守儿童中，男生比例为51.1%，女生比例为48.9%，样本留守儿童男女性别比为104.6∶100，低于国家统计局2005年全国1%人口抽样调查结果，调查的男女性别比为106∶100④，经过统计检验，样本与理论值的拟合度差异不显著。这说明样本留守儿童的性别分布符合随机性特征，留守儿童身份并没有导致留守女童入学率偏低的问题。

---

① 陈晓蓓.《中国九城市流动儿童大部分就学有保障》[N],《中国教育报》，2003年11月6日.

② 周皓.《流动儿童心理状况及讨论》[J],《人口与经济》，2006年第1期.

③ 李朝晖.《流动儿童生存环境与就学的相关分析》[J],《南方人口》，2006年第4期.

④ 中华人民共和国国家统计局.《2005年全国1%人口抽样调查主要数据公报》[R]，2006年3月16日.出生人口性别比是指每百名出生女婴对应男婴数，联合国设定的男女出生人口性别比正常值为103～107∶100。

不仅如此，调查还发现，部分流动人口随迁子女不能适时入学，6 周岁儿童中有 46.9%没有接受入学教育。流动人口随迁子女超龄现象也比较严重，在 9 周岁的孩子中，有 20%还在上一、二年级，13 和 14 周岁还在小学就读的孩子占相应年龄流动人口随迁子女的 30%和 10%[①]，这与段成荣的研究结论基本一致。段成荣的研究结论是，按照《义务教育法》，年满 6 周岁的儿童应及时入学，但对全国流动儿童状况调查表明，6 周岁流动儿童未入学的比例高达 47%。与不能适时入学形成对照的是，在流动儿童中超龄上学的情况比较普遍。9 周岁和 10 周岁的流动儿童还在上小学一年级的分别占同年龄流动儿童的 20%和 5%；13 周岁和 14 周岁还在上小学的流动儿童所占比例则分别达到 32%和 10%。父母的流动不同程度地延误了儿童的学业。而流动儿童的学前教育问题更未得到应有的重视。目前我国流动儿童中 3～6 周岁学前儿童的入托率只有 61%，明显偏低。未入托的原因主要包括家长认为入托费用太高、入托没有必要、在家里看护更好。学前教育是儿童培养的重要阶段和步骤，要解决流动儿童学前教育不足的问题，既要合理收费，又要唤起“流动”家长对学前教育的重视[②]。

综上所述，不难发现，在我国义务教育已基本普及的情况下，仍然有部分流动儿童上不了学，流动人口子女存在着受教育机会不均等的问题，并且女童较之男童更加不均等。

2. 大部分流动儿童上不了好学校

目前大部分进城务工就业农民的子女就读于公办学校，但仍有相当一部分学生就读于办学条件差、教育质量低的民工子弟学校。这是因为进城务工就业农民的子女主要分布在城乡结合部，而这些地方公办学校又往往难以辐射到，这就为民工子弟学校提供了生存空间。在一些大中城市的城乡结合部出现了为数不少的民工子弟学校，招收了相当一部分进城务工就业农民的子女。据我们对武汉市的调查，到 2010 年，该市流动人口子女接受义务教育的学生有 14.7 万人，其中：在公办中小学上学的有 13.48 万人，其比例达

① 陈晓蓓．《中国九城市流动儿童大部分就学有保障》[N]，《中国教育报》，2003 年 11 月 6 日．
② 赵华琼．《流动儿童教育引人忧》[N]，《中国劳动保障报》，2010 年 6 月 2 日．

到91.72%，在已审批和未经审批的简易民办中小学上学的近1.22万人，约占全部流动人口子女的8.28%。有的城市民办学校和民工子弟学校所占比例更高。据教育部2008年发布的一项研究报告，农民工随迁子女在公办小学就读的比例，北京为63%，上海为49%，广州仅为34.6%[①]，也就是说，上述三个省市仍有高达37%、51%和65.4%的流动人口子女是在已获准或未获准的民工子弟学校上学。另据宁波市江北区2007年上半年统计，流动人口子女在该区接受义务教育的有14567人，其中小学11250人，初中3317人。区属公办学校共接纳10204人，占流动人口子女就读人数的70.04%；民办流动人口子女学校共接纳4363人，占流动人口子女就读人数的29.96%[②]。这表明，尽管中央政府一再强调流动人口子女的教育应以流入地政府为主和以全日制公办中小学为主，但在目前的情况下，民办中小学及民工子弟学校仍然承担了相当数量的流动人口子女的教育，这是不争的事实。

不过，应当看到，在民工子弟学校上学的流动人口子女对教育资源的占有与本地儿童存在较大的差异。这是因为，民工子弟学校本身在教学设施、资金投入、师资配备、教育质量、教育管理等方面都无法与公办学校相提并论。据中央教科所教育发展研究部2006年5月对北京海淀区民工子弟学校的调查，只有16.5%的学生认为学校设施比较充足，其他学生都认为学校各方面的资源和设施比较匮乏。其中，21.9%的学生认为学校缺乏电脑室，22.7%的认为学校缺乏音乐教室，35.4%的认为学校缺乏体育器材，12.9%的认为学校缺乏图书室及图书，26.2%的认为学校缺乏活动场地，8.8%的认为学校缺乏其他设施[③]。民工子弟学校由于师资力量不足，办学条件差，使相当一部分流动人口子女无法享受与城市孩子同等水平的义务教育。因此，选择民工子弟学校就等于选择了不平等的义务教育，意味着他们已经输在了教育的起点上。

即使是就读于公办中小学，流动人口子女绝大部分也上不了公办重点中

① 全国总工会新生代农民工问题课题组.《关于新生代农民工问题的研究报告》[N]，《工人日报》，2010年6月21日.

② 马利民.《江北区流动人口子女就学情况的调研报告》[DB/OL]，http：//www.nbjyxh.com/teacher thesis/teacher thesis _ detail.asp? id=864.

③ 吴霓.《落实“两为主”政策，保障进城务工就业农民子女平等接受义务教育》(内部资料)，2006年8月2日.

小学。武汉市是全国率先接纳流动人口子女入学的城市之一，全市原有 313 所公办中小学，现有 283 所公办中小学接收流动人口子女入学，但其中没有一所是重点学校。另据我们对宜昌市流动儿童的调查，该市也很少有流动儿童能进入重点中小学就读，其他城市的情况也大致如此。据对北京等九个城市的抽样调查表明，流动人口子女上正规市重点中小学的数量，在大城市仅占 6.8%，中等城市占 13.4%，小城市占 7.9%。这意味着流动人口子女即使成绩优异，仅仅因为社会身份的差异（无城市户口），他们就不能享受优质的学校教育资源。从社会学的角度看，城市户口具有“世袭”和“先赋”特征，流动人口子女的发展很大程度上受到户籍制度的牵掣。

就是在一般公办学校，流动人口子女受教育过程也不公平。这是因为，城市学校竞争的激烈程度要比农村学校高得多，城市家长对孩子教育的选择能力也比农民工强得多，因此，质量就是城市学校的生命。在择校热的社会压力下，城市公办学校普遍重视升学率和学校优秀率的提高。受这一指挥棒的影响，学校教育带有明显的功利目的和精英色彩。

流动儿童进入公办学校后，由于担心流动儿童相对较低的成绩影响学校整体荣誉，加上城市儿童家长以转学等方式给学校施加压力，学校在家长和社会压力下往往以流动儿童学业基础较差为由将他们单独编班，这样流动儿童与城市儿童即使同在一个学校，实际享受的却是不均等的教育过程。这种依据学生身份而不是学生的潜质和学习能力的编班办法实际上是在合法化外衣下对流动儿童的变相歧视，是一种隐形的“制度内排斥”。

即使在没有单独编班的公办学校，一些学校的教师对流动儿童往往也没有做到一视同仁。受升学率的影响，教师对学习成绩较差的学生缺乏责任感。此外，一些公办学校为了提高整体教学成绩，将一些就读其中的流动儿童排除在教学考评之外，学生得奖了也不能获得荣誉而由城市儿童代替接受，这样，教师就很难对进入公立学校就读的流动儿童与城市儿童一碗水端平。

3. 一部分流动儿童上不起学

进城务工人员因受教育程度低等原因，主要就业领域是加工制造、低端的服务行业以及技术含量不高的生产性单位，工资普遍不高，并且常常不能按时足额发放和被拖欠。多年来，城市公办学校在招收流动人口子女时都要收取过高的借读费、赞助费。这种不合理的收费成为流动人口子女进入公办学校的一道壁垒，也是影响流动人口子女公平接受义务教育的主要问题和进城务工人员反映最强烈的问题之一。近年来，尽管各地为了贯彻“两为主”的政策，几乎都在取消或降低借读费和赞助费，但教育费用仍然是进城务工人员家庭的最大负担。据我们调查，除杂费之外，进城务工人员子女在小学阶段，一般每学期要交“借读费”“赞助费”300～400元；中学阶段500元左右，少数城市更高。同样，尽管从2008年秋季开学开始，我国全面免除了城市义务教育学杂费，城乡户籍儿童都迎来了免费义务教育时代。但一些城市公办学校还存在收取借读费和赞助费等问题，大城市尤为突出，因此，对于外来工来说，要实现孩子在身边免费读书的愿望并不容易。由于没有本地户籍，农民工的子女们大多依然要缴纳着不菲的借读费，或就读于教学质量不高的民办学校。他们若要想享受免费的福利，就只能返回原籍上学。中国人追逐了两千多年的“有教无类”梦想，如今实现起来依然困难重重。

案例1

免费梦难圆

张海发（化名）的幸福感来得非常突然，消失得则更加迅速。

2008年9月3日上午，张海发无奈地领着女儿走出了广州市荔湾区一所公办小学的大门。一个星期内，这个场景已经反复出现了多次，而且结局大多相同。

“报纸上说现在城市里读书都不要钱了。结果到学校一问，大多说已经没有指标，即便还有指标的，没有本地户口的孩子该交的钱一样没少……”面对记者，他一脸沮丧。

2004年，已在广州打拼两载的张海发终于接来了江西老家的妻女。靠着一手过硬的焊接技术，全家人在靠近广州火车站的一处出租屋里解决了温饱。

潮湿、阴暗、脏乱，这是张海发的生活现实。虽然条件艰苦，一家人挤住的环境也谈不上舒适，但三口人却依然有着梦想：“我们吃了没有文化的亏，不能再让孩子遭二茬罪。”

2008年，恰逢女儿到了上小学的年龄，报纸上的一则消息让张海发和妻子大喜过望：“我们之前已经给她联系好了一所民办学校，但还是想碰碰运气，毕竟公办学校有保障……”

然而在这一轮遍及全国的义务教育免费潮中，户籍依然是绕不过的一道门槛。据广州市教育局提供的权威说法，非广州市户籍的学生仍按原借读生规定的收费标准缴费入学，借读费、学杂费一项也不能少。

按照过去的流程，非广州市户口的孩子若要上公办学校，不仅要做好每年多掏几千元的准备，还必须面临残酷的竞争和种种潜规则的考验。“现在想来我们这里上学的外来儿童挤破了头，愿意交借读费的家长太多了……”在荔湾区一所公办学校教书的熊妍说，“真正挤进去的少之又少。”

最终，张海发还是将女儿送到了那所民办学校，学费、书本费、托管费……林林总总加起来，一学期1400元。里面的其他孩子大多和女儿境况相似，家长来自四面八方，交不起或者交不上借读费。

“我以为在哪里念小学和初中都不用交学杂费了，现在看来是大错特错。”张海发长叹一声，言语里不知是气愤还是遗憾，“我在广州打工8年，该交的钱一项没漏掉，为什么我的孩子和别人的不一样?”

（案例来源：李焱鑫.《外来工子女难圆免费读书梦》[J]，《南方》，2008年10月21日）

除了“借读费”“赞助费”外，还有什么服装费、保险费、郊游、上网、班费等费用。从总体上看，进城务工人员是一批经济收入比较低下的群体，过高的“借读费”“赞助费”及其他教育支出，常常使他们难以承受并使其子女对进城上学望而却步。

据我们对武汉市的调查，该市政府2004年就明确宣布学校取消借读费，并将“解决流动人口子女入学”列为当年政府要办的十件实事之一，但大多数进城务工人员仍然认为孩子在武汉上学面临的最大问题是费用太高。其中认为借读费太高的占被调查进城务工人员的52.9%，认为学费太高的占30.9%，两者合计为83.8%。另据《中国青年报》社调中心通过新浪网对2157人进行的一项调查，74.7%的人感觉教育支出已是城乡普通家庭极大的负担。36.2%的人每年教育花费占家庭收入的10%～30%，29.5%的人达到30%～50%，12.8%的人达到50%～80%，8.4%的人甚至达到了80%以上[①]。所以对“为什么不将孩子带到城里上学”的询问，进城务工人员最经

① 《74.7%的人感觉教育支出是极大负担》[N]，《中国青年报》，2009年3月10日.

常的回答是“费用太高，读不起”，“在家里省钱”。城市的生活费用相对较高，尤其是过高的学校收费迫使不少进城务工人员放弃子女进城上学的选择，而将子女留在家乡上学。更为重要的是，这种面向流动人口子女所收取的过高的“借读费”“赞助费”本身就是一种带有歧视性的做法，违背了教育公平的原则，剥夺了流动人口子女公平接受义务教育的权利，所以在对进城务工人员的需求调查中，反应最强烈的是要求“禁止对流动人口子女收取借读费”“降低过高的学杂费”“根据情况适当减免学费”等。

4. 流动儿童升入高一级学校难

流动儿童在流入地完成九年义务教育之后，将面临是继续上高中、读大学，还是和父母一样在流入地务工就业的艰难抉择。据我们对武汉、宜昌等城市的调查，绝大多数进城务工人员，特别是那些已经进城务工多年、经济上具有一定支付能力的进城务工人员而言，无疑希望自己的子女能在城市继续接受教育，从而实现社会阶层的移动和经济地位的提升。但与此相悖的是，完成义务教育后，流动儿童却遭遇了极为严重的“升学难”问题。所谓“升学难”主要表现在三个方面：

一是初中升普通高中难。流动儿童初中升高中难，主要表现在初中毕业后，最终能升入高中继续学习的人数比例偏低。据对武汉市两所专门招收流动儿童的民工子弟学校——荣祖学校和东升学校的调查，荣祖学校历年初三学生升入高中的最高比率为27%，东升学校最高比率为28.3%，这两所学校算是该地区民工子弟学校中的“佼佼者”。而公办中学华中科技大学附中初三学生升入高中的比率每年都在60%～70%之间。鲁巷中学这一比率每年也都在50%～60%之间，但其中流动儿童升入高中的比率（占流动儿童毕业生总数）最高的一年也只有40%，低于全校升入高中的平均水平。另据有学者对广州、深圳两市的3407名流动儿童及相同数量的城市儿童初中毕业升高中的情况调查，3407名流动儿童初中毕业升入普通高中的只有366人，比例仅为10.74%；而同样总数的城市儿童初中毕业升入普通高中的却有1405人，比例为41.24%。下面一则故事更是反映了流动儿童升入普通高中的艰难。

案例 2

两个外地家庭的求学梦

3 年前，肖萍（化名）辞去陕西老家银行的工作，准备来北京与丈夫团聚。外地人，没有北京户口，没有房子，面对一个陌生的城市，肖萍最担心的是女儿的读书问题。

肖萍的女儿那时刚小学毕业。按规定，没有北京户口的学生不能在北京参加中考和高考，但为了让孩子留在自己身边，肖萍和丈夫艰难地决定带女儿来北京读书。

肖萍四处托朋友找关系，终于联系到一所知名初中，在缴纳了一笔数额不菲的借读费后女儿入了学。

也是在同一年，潘前贵的小儿子也在北京读初中了。潘前贵 20 岁就离开湖南老家来到北京，一直在建筑工地打工，他的两个儿子都在北京出生。

肖萍的女儿在学校一直表现优秀，在学校女儿度过了快乐的初中时光。但对肖萍和丈夫而言，有个话题在女儿面前是不能提及的——户口。“我们不想让孩子过早感受这些，不想给她增加压力。”

进入初三下学期，有一天，肖萍发现放学回家的女儿有些闷闷不乐，一问才知道，学校开始中考报名了，女儿因为不是北京户口，被排除在外。那一次，女儿真正意识到自己的不同。

与肖萍略有不同，对于孩子在北京读书的问题，潘前贵一直持有一种悲观的心态：“高考回原籍考的政策恐怕一时难改变。”因此，潘前贵于 2008 年在燕郊买了房，指望靠买房落户的政策，把一家人的户口转到河北去。

随着中考临近，肖萍和丈夫也变得越来越焦虑，女儿是否继续留在北京读高中成为他们最大的心病。最后，还是丈夫拍了板：“就留在北京，想尽办法给女儿找学校，大不了以后咱不高考了。”肖萍说，做这个决定时有点豁出去的感觉。

中考结束，肖萍和丈夫又陷入了新一轮的奔走，这一次联系高中并不顺利。“那段时间简直就是煎熬，只要找到合适的学校，出多少钱我都愿意，可是就怕没学校愿意收。”终于，临近新学期开学前一周，肖萍接到一所示范高中的录取电话，一家人悬着的心终于落下了。

相比起来，潘前贵送小儿子上高中的过程并不是很难。早在 1 年前，他就把初中毕业的大儿子送到了河北三河一中，小儿子毕业也同样去那所学校。潘前贵说，在那所学校还有不少这样的北京打工家庭子女。

对于刚公布的北京市教改纲要，肖萍说，但愿这是一个信号，表明北京正逐步放开对外地人的求学限制，或许3年之后，女儿就能在北京参加高考了。潘前贵的设想则更大胆，希望取消户籍限制，将来无论在哪都能参加高考。

（案例来源：刘海霞.《京教改纲要提出流动人口子女将可在京上高中》[N]，《京华时报》，2010年10月14日）

二是初中升重点高中更难。相对于初中升普通高中难的程度而言，流动儿童初中升重点高中更难。同样以广州、深圳为例，3407名流动儿童初中毕业后，升入重点高中的只有33人，比例为0.97%；而相同数量的城市儿童初中毕业后，升入重点高中的却有541人，比例为15.88%。可见，流动儿童最终能升入重点高中的是少之又少，他们初中毕业后八成以上的或上职业中学、中专，以获得谋生的一技之长，或离开学校直接进入社会。

三是高中升大学难上加难。流动儿童在流入地就读最大的障碍是高考。由于义务教育不包括高中，现行的国家高考制度规定，考生需在户籍所在地参加高考。很多非户籍的孩子在流入地接受完义务教育之后，因为不能在流入地参加高考，即使在流入地借读高中还需要缴纳高昂的借读费，所以，流入地的农民工家庭几乎都是因为这些问题，最后不得不将孩子送回原籍读高中，或者直接让他们辍学进入社会，子女想在流入地实现上大学的愿望往往落空。

就读武汉市65中的18岁的高中生秦同学，父母从河南来武汉务工已有19年，从7岁开始，秦就在武汉读小学、中学，成绩一直名列全班前十名，先后被评为优秀团员、优秀学生干部。2007年3月底，秦就读的武汉65中组织高考预报名，班上50多名同学都领到了高考报名号，只有秦没有领到，“因为我没有武汉户口，老师说高考报名须回户口所在地。”秦的父亲获知此事之后的第一反应便是：“湖北高考系自主命题，而河南却是全国统一命题，孩子回去参加高考肯定会吃亏！”

武汉的情况是这样，其他省市也是如此。

湖北籍的刘红喜夫妇到浙江台州务工已8年，其儿子从小学二年级开始，就一直在台州上学。2007年下学期，孩子就要上高中了，但听说没有本地户口，不能在台州报名参加高考后，夫妇俩急了。刘红喜说，儿子回湖北参加高考，除了试卷类型不同外，还有一系列问题。首先，得回老家找一所高中借读，然后孩子才能以该校学生的身份报名高考。借读要缴纳借读费不说，来来往往还得不少花费。刘红喜说，为了能让孩子在台州读高中并参加高考，他做梦都在为儿子跑户口。

综上可知，流动儿童“升学难”的问题已成为当前社会必须正视的现实问题。从发展的趋势来看，流动儿童这个群体的人数在今后一段时间将会越来越多，希望在城里读高中上大学的孩子也会越来越多，政府及教育行政部门应高度重视这一问题，采取积极有效的措施，解决流动儿童“升学难”的问题。

三、留守儿童教育面临的问题

留守儿童群体是非常复杂的。即使同样都是留守儿童，情况也是千差万别，仅仅从抚养方式看，有的是隔代抚养，有的是上代抚养，有的是同辈抚养，还有的是自我抚养。不同的抚养和监护方式，给留守儿童带来的教育问题和造成的影响并不完全相同，同时，父母的流动给留守儿童带来的影响可能是综合性的，有教育层面的、社会层面的、心理层面的，还有法律层面的，因此，留守儿童的教育问题是需要从不同层面进行研究和探讨的问题。

1. 留守儿童基本的人身权利得不到保障

卫生保健和人身安全是儿童享有的最基本的人身权利。农村留守儿童作为整体儿童的一部分，其素质优劣和人身安全不仅关系到他们的健康成长，而且关系到未来农村和国家的发展。显然，从社会可持续发展的战略高度出发，应该充分重视改善这部分儿童的卫生健康状况和保障其人身安全。但是，从卫生保健方面来看，由于社会经济及自然环境等原因，农村的卫生保健工作历来是一个难点，人口的流动更进一步加大了农村卫生保健工作的难度，主要表现在留守儿童数量多、分布散，而且生活环境特殊，潜在流动性大。因此，留守儿童的卫生保健问题显得更为突出。据我们调查了解，农村儿童的传染病、地方病发病率比城市高，因而大力发展基础免疫是农村儿童健康的保证，但留守儿童的免疫接种现状令人担忧。留守儿童流动无规则，在流入地和流出地是经常变换的，随意性大，全程接种、按期接种的坚持性差。儿童中接种率低、超期接种、免疫空白等现象较普遍。由于其抗体水平低，易成为易感人群，不能形成有效的免疫屏障，一旦发病，极易导致相应传染病的传播甚至流行。尤其是在隔代监护的家庭，由于监护人的文化程度低，缺乏卫生保健知识，预防意识薄弱，主动参与性差，认为只要能维持留守儿童的三餐温饱即可，有病也不能及时就医。

如湖北省荆州郊区初二的一个男孩，2 岁时父母就去浙江打工了，从小跟爷爷奶奶生活在一起，奶奶忙于打麻将，一天只做一顿饭，其他两顿男孩都吃剩饭，奶奶没做饭的时候就让他自己拿钱去买零食吃，才 13 岁男孩就得了严重的胃病。由于身体经常不舒服，学习成绩也由原来的班上第 6 名下降到 20 多名，在便血一周后才被回娘家的姑妈发现送到医院动手术。

由此可见，父母外出务工虽然增加了家庭的收入，但比起父母在家的孩子，农村留守儿童的日常生活和健康并没有得到显著的改善，相反还呈现出比较严重的问题。

从人身安全方面来看，农村留守儿童由于家庭方面的监管不力，其人身安全也常常得不到保障。这主要表现在：

一是由于得不到亲人照顾而产生的安全问题。湖北省阳新县就曾发生了这样一个真实的悲剧：一名 7 岁的农村男孩，因其父母外出打工，家里只留下他和年迈的爷爷。由于平时基本没人管，男孩得了疥疮，痒痛难耐时，就用脏手抓，结果伤口感染，演变成严重的败血症，最终夭折，一个幼小的生命就这样消失了。

安徽省濉溪县刘桥镇前吕楼小学有一名姓吕的五年级小学生，父母均在外省打工，由爷爷奶奶看管。2006 年 9 月 23 日，刚好是周六，当时正值秋收季节，奶奶到地里收割豆子，就将孩子交给其曾祖母看管，曾祖母不留神，孩子就跑到公路上玩耍，刚好碰到一辆满载大豆的拖拉机驶来，因躲闪不及而惨遭车祸，不幸身亡。

二是受到他人的人身侵害。2004 年，湖北省随州市曾都区法院少年审判庭审理的 48 宗案件中，留守女童遭性侵害的占 1/3，留守女童遭受着严重的身体伤害和心理创伤。类似的案例在其他地方的调查中也经常碰到。如河南省南阳市男子邓某，从 2004 年秋天开始“买处”，涉嫌奸淫幼女 17 名 20 次以上，其中包括 12 名 14 岁以下的幼女，而这些幼女均为留守儿童。此外，国内外犯罪集团已将拐卖妇女儿童的黑手伸向了留守儿童，留守女童正在成为新的拐卖对象，被拐数量呈上升趋势。据公安部门调查，在被拐卖儿童中，流动、留守儿童居第 1 位。2008 年某省审理的 300 多宗猥亵强奸女童案件中，受害者多数是留守女童，这说明留守女童已成为易受性侵犯的高危人群①。

案例 3

小文的悲剧不能不让人警醒

时报讯：温州坊间传言，永嘉一名小学六年级的女学生寄读在班主任家，结果被班主任的父亲性侵害。

昨天，记者从永嘉检察院得到证实，涉嫌性侵害该女生的潘某已经被逮捕，罪名是涉嫌强奸，具体案情还在进一步调查中。

据悉，被性侵害的女生是一名留守儿童，父亲在外经商，母亲在去年去世，她寄读在该班主任家已有 5 年之久。

小女孩变得沉默寡言

小文（化名）就读于永嘉某小学六年级，是一个勤快、独立能力强、成绩优秀的孩子。

最近一段时间以来，周边的人发现原本活泼的小文突然变得沉默寡言，不爱与人说话。

十月份的一天，细心的堂姐发现小文的小腹微微隆起，当时还以为她病了。

① 《光明日报》专题调研组．《一项关乎未来的重要试验》[N]，《光明日报》，2010 年 9 月 2 日．

堂姐带小文到医院做了B超检查，检查的结果让所有的人都不敢相信，小文竟然怀孕5个月。

伸魔爪的是老师的父亲

在家人做了思想工作后，小文战战兢兢地说出了真相：伸向小文的魔爪竟然是小文寄读班主任的父亲潘某。

由于家人在外地，5年来，小文一直寄读在班主任家。据警方侦查，潘某第一次对小文实施“兽行”是去年十一月。雪上加霜的是，当年，小文的母亲去世。

第一次施暴后，见小文不敢声张，也不敢报警，潘某更是变本加厉。据永嘉检察院有关人士透露，截至案发，潘某前后十几次对小文进行了奸污。

据了解，小文还很小的时候，父母就到了外地做生意。从小学一年级开始，小文就寄读在其班主任家中。

永嘉检察院有关人士说，小文的班主任工作繁忙，平时很少回家，由潘老师的父亲和几个寄读的学生住在一起，并照顾他们，“潘某是看着小文长大的”。

小文的悲剧不能不让人警醒。

据有关数据，浙江全省有500多万人在外经商，留守儿童有25万，其中温州有200多万人常年在外地做生意，留守儿童近10万人。

由于教育政策的限制和为了在外做事方便，许多家长将孩子留在家乡。

在温州，将小孩寄养在家中一般有三种模式：一是寄宿在学校，二是托养给爷爷奶奶或亲朋，再就是付费寄读在老师家。

“将小孩寄读在老师家已经‘风行’多年”，一名当地人说，“在小孩寄读期间，家长往往会认为老师是监护人而很放心，从而忽略对小孩的关注。”

学校家庭安全衔接上的“真空”

温州市政协委员何真梅在《温州市留守儿童的现状及对策》中表示，与相同生活环境的同龄人相比，他们的状况令人担忧，主要表现在性格缺陷、缺乏亲情、价值扭曲、心理障碍和独立性差等方面。

同时，安全方面也存在隐患。由于学校、家庭之间安全衔接上存在“真空”，导致留守儿童伤人或被伤害等事件时有发生。同在永嘉，去年9月，就曾发生两留守少年相约自杀的事件。

在温州鹿城区的一项调查问卷中，几乎100%的留守儿童都表示自己的合法权益曾受到过侵害，8%的孩子表示自己曾成为犯罪分子侵害的对象。

何真梅认为，除了帮助代理监护人树立正确的“家教”观念，在外地的父母要和代理监护人、孩子经常保持联系等措施外，生活在留守儿童周围的热心人士，也要积极参与到关爱留守儿童的事业中，争当留守儿童的代理家长，成为他们生活上、情感上、教育上的“亲人”。

（案例来源：《小文的悲剧不能不让人警醒》[N]，《青年时报》，2010 年 10 月 16 日 . 标题为本书所加，文字有改动）

三是自己行为失控导致的安全问题。随州市殷店镇车岳庙村一小学生父母外出打工，把他托付给爷爷奶奶照管。其爷爷、奶奶均为弱智人，根本无监护能力，结果这个孩子学会小偷小摸，因偷开别人的摩托车，撞在电杆上死了。湖北省沙洋县官垱镇小学有个姓金的 12 岁男生，他很小的时候父母就外出务工，他和爷爷奶奶生活在一起，爷爷养了好几头牛，他有时帮爷爷放牛，并经常把牛的缰绳缠在脖子上玩。2006 年开春下雪的一天，爷爷有事外出了，他和奶奶一块去放牛，同往常一样，他又把缰绳缠在脖子上玩，结果牛狂奔起来，怎么也拦不住，他就这样被活活勒死了。

此外，由于父母的“缺席”，缺少亲情照顾，导致孩子轻生自杀、溺水身亡的案例也不少见。2010 年 8 月《楚天都市报》在半个月的时间内有两次中小学生溺水身亡的报道，共 7 名中小学生溺亡，其中，留守儿童有 5 名。一次是 2010 年 8 月 3 日，武汉市新洲区三店街道办事处董春村 4 个孩子一起到村旁的举水河中游泳，这一下去，却成永诀。4 个孩子最小的仅 7 岁半，其中 3 人为留守儿童。时隔半个月，8 月 19 日，湖北省崇阳县青山镇三名 9 岁小学生到水塘游泳时溺亡，其尸体到次日凌晨才被打捞起来。而三名学生中有两名学生的父母均在外打工。另据《中国青年报》在《他们是当下中国最容易受伤害的人》的报道，湖南省涟源市荷塘镇遭遇一场特大洪灾，12 名儿童死亡，其中 11 名是留守儿童。

总之，留守儿童由于年龄偏小，缺乏一定的卫生保健和自我保护意识，因此对监护人而言，首要的责任就是要改善孩子的卫生健康状况和对孩子进行安全监护。但由于多方面的原因，留守儿童的监护人往往无力或无法对留守儿童进行卫生保健和安全监护，造成留守儿童基本的人身权利得不到保障。

2. 留守儿童的学业受到较大影响

公平地接受国民教育，是每一个儿童的法定权利。所谓“有教无类”，也就是这个意思，而教育公平本身就是实现社会公平的重要手段。正如人们常说的，消除贫富悬殊，最重要的手段不是税收调节，而是教育公平，因为它可以使所有的人都有可能获得受教育的机会，从而提高全民的知识、技能和素质水平，实现脱贫致富的目标。所以体现社会公平，最主要的途径就是通过教育公平。本来，绝大多数农民工之所以背井离乡外出务工，是希望通过自己的艰苦努力，改善家庭的经济状况，让孩子能有条件上好学，读好书，日后有出息。但大部分人的希望最后都事与愿违，结果是“挣了票子，误了孩子”。据重庆市妇联对该市石柱土家族自治县冷水小学和丰都青年希望小学的调研表明，两所学校的留守儿童中，46%学习成绩较差，42%为中等偏下，仅有2%学习成绩优秀。之所以如此，是因为这些孩子的父母一年到头忙于打工，没有时间和精力过问他们的学习。所以，父母进城务工对孩子公平接受教育确实造成了较大的影响。这主要表现在三个方面：

一是学习兴趣问题。学习兴趣是影响学生学习成绩的主要动力因素，正如爱因斯坦强调过的，兴趣是最好的老师。学习兴趣一般受学习动机、学习效果和外部激励等因素的影响。一些留守儿童因为父母外出打工而学习上变得消沉，上课不能集中注意力，缺乏学习兴趣。据我们调查，尽管有少数孩子在父母外出打工后，变得更加坚强自信，而且能够理解父母的做法，把对父母的思念变为学习的动力，自觉上进，表现良好。但这样的孩子毕竟是少数，大多数留守儿童在父母外出（大多数为半个月到一个月的时间）后都表现出一些学习心理问题，其中，妈妈外出务工的留守儿童的学习兴趣低于同属于单亲务工的爸爸外出务工的留守儿童。

妈妈外出务工的留守儿童的学习兴趣之所以低于同属于单亲务工的爸爸外出务工的留守儿童，是因为爸爸外出务工的留守儿童，由妈妈在家监管其学习和生活。与爸爸监管相比，妈妈特有的细心、耐心和关心，再加上中国传统文化中“相夫教子”观念的长期影响，使妈妈在对孩子的教育和监管上要比爸爸更负责、更主动和更擅长。而妈妈外出后，由爸爸在家监管孩子的学习和生活。爸爸因为缺乏妈妈特有的耐心、细心和爱心，而可能对孩子学习兴趣的激发和培养上过于粗疏和简单，同时也可能因为爸爸在家往往需要担负沉重的家庭生活重担和繁杂的社会事务，时间和精力有限，因而对孩子学习缺乏及时、正确的引导和激励，加之其他原因的综合作用导致妈妈外出务工的留守儿童的学习兴趣低于爸爸外出务工的留守儿童。这说明留在家中的单亲在对留守儿童学习兴趣的激发和培养上，妈妈比爸爸的作用更大。

二是学习习惯问题。孩子是需要教育、帮助和监督的一个群体。由于缺乏父母的督促，农村留守儿童学习习惯普遍不好，自觉性相对较差，作业不认真，上学迟到的多，逃学和辍学等情况时有发生。据我们调查，47%的留守儿童作业完成情况不好，39.6%的留守儿童经常迟到或迟到过，分别比非留守儿童高出25和20个百分点。

留守儿童之所以作业不认真和上学迟到，主要是由于父母外出后，现在的监护人很少督促孩子做作业和叫孩子起床，或者是孩子过于贪玩等原因造成的。此外，也有部分留守儿童认为读书无用，他们看到自己的父母没有文化，照样天南海北做生意、挣钱，认为自己将来也会像父母一样能挣钱，现在学习好坏无关紧要。因此，他们从不想学到厌学、逃学，恶性循环。

三是学习成绩下降。很多留守儿童在父母外出后学习成绩都有所下降。我们对湖北、河南等省的7个县市78位教师的问卷和访谈结果显示，78.4%的教师认为“父母外出打工后，孩子的成绩下降了”。另据一位班主任介绍，他所带的班级留守儿童占了70%，这些留守儿童中，80%的人学习成绩处于班上中等以下水平，其中超过40%的人属于差等。在访谈中，教师普遍反映留守儿童的学科成绩整体上都较差。所以，对很多教师而言，留守儿童已成为拖教学成绩后腿的一块心病。

留守儿童的学习成绩之所以下降，主要原因是父母外出后，很多孩子学习上得不到很好的辅导与监督，家务负担也占用了他们大量的学习时间。不少留守儿童自己也承认这一点。农村留守儿童因为家庭教育的不完整而使学业受到影响，比起其他同龄的孩子，他们要承担更大的学业失败的风险，这对他们将来的发展是不公平的。

3. 留守儿童的道德真空令人担忧

个体的品德行为发展是一个从他律向自律的发展过程，但这个过程并不是自发形成的，需要学校、家庭等的引导和管束。留守儿童由于父母长期不在身边，不能得到父母的亲情、关照和教育，缺乏良好的家庭管教氛围，极易出现道德教育的真空。而处于身心迅速发展时期的儿童，缺乏对事物的判断能力，从父母那里得不到的教育，孩子很容易从其他渠道获取。同龄人的不良习惯、越轨行为很容易钻空子。其具体表现为：

第一，沉迷网游不能自拔。随着信息化的发展，原先遍布城镇学校周围、主要以青少年学生为服务对象的网吧和游戏厅等文化娱乐设施开始向农村中小学校周边渗透，尤其是乡镇所在地，情况更加严重，农村学校先前正常的校园周边文化环境日渐遭到侵蚀和破坏。尽管有关部门三令五申，网吧和游戏厅不得接纳未成年人上网或打游戏，并对其经营活动做出规范，但实际上学校周围的网吧和游戏厅依然生意火暴，而绝大多数是在校中小学生，留守儿童也不在少数。

在访谈中我们发现，不少留守儿童由于监护人监管不力、零花钱的充裕、亲情缺失以及课余文化活动单调，在外部诱惑下，经常去网吧上网或游戏厅打游戏，以致逐渐沉溺其中，不能自拔。如河南省罗山县龙山镇初中一(1)班有一名杨姓留守儿童，家住本县周党镇，父母都在外打工，自己跟姨妈和舅舅住在一起。杨某不知何时开始迷恋上网络，经常无视校规偷偷翻墙到校外网吧打游戏。由于上网费用不菲，有限的生活费很快不能满足杨某的上网和生活需要，杨某最终走上盗窃和用暴力胁迫勒索别人钱物的犯罪道路。

湖北省钟祥市东桥镇小学的刘校长反映，本校不少学生（其中部分是留守儿童）上网成瘾。湖北省沙阳县李市镇中学的教务主任闵老师告诉我们，由于该校不少学生常常在下了晚自习后溜进网吧上网，为此，学校于2004年就开始强令所有学生一律在校寄宿。闵老师说这样做似乎有些不合理但很无奈，因为网吧对孩子的危害实在是太大了，本校有不少学生因上网成瘾不思进取，而留守儿童由于没有人监管，比非留守儿童上网更甚。即便如此，仍然有部分学生趁老师不注意，翻墙或在周末溜进网吧上网。闵老师谈到此处很痛心，他说，五减二等于零，在学校的五天我们可以把学生看紧，然而周末我们就再也无能为力，一旦孩子上网成瘾，即使在学校的五天，也是“身在教室，心在网吧”。

由此可见，留守儿童沉迷游戏、上网成瘾问题已经成为农村中小学教育在信息化社会面临的一项新挑战。从访谈来看，非寄宿留守儿童网络成瘾的几率更高，而周末学校管理的真空以及监护人监管的乏力是造成这一问题的主要原因。这就客观上要求学校、社会和家庭通力合作才能有效解决这一问题。

第二，打架斗殴事件时有发生。部分留守儿童由于父母不在身边，感受不到与同龄人一样的亲情和温暖，导致心理失衡和落寂，加之缺乏父母的及时教导和规范约束，他们的思维方式容易偏激，行为易于冲动，一旦与他人发生矛盾，动辄动刀行凶，打架斗殴，不注意后果。

访谈中，不少学校的教师反映，在学校不守纪律、调皮捣蛋、打架斗殴的孩子相当数量来自打工家庭。河南省罗山县龙山镇初中政教主任熊老师告诉课题组的同志，他从事了多年的政教工作，近些年最头疼和担心的就是本校的留守儿童学生群体，他们动辄打架，甚至拿刀砍人，打架斗殴的事例不胜枚举。他举例说，该校初三（4）班的刘某、陈某，父母都外出打工，他们平时品行表现差，喜爱打架，结识的一帮学生也都是留守学生。

湖北省钟祥市长寿镇小学曾查处一起本校 8 名学生恶性持刀群殴事件，其中有 4 人是留守儿童。该校周校长告诉我们，留守儿童大多性情古怪，不善于交流，不愿意回家，喜欢和同学在一起。部分纪律比较差的同学常常无事生非，喜欢打架发泄不满，而且打群架的事件数量有上升的趋势。喜爱打架的留守儿童学习成绩普遍较差，部分同学还有小偷小摸的不良习惯，在农村偷鸡摸狗，干一些令人不齿的勾当，使农村社会治安问题成为令人头痛的难题。

该市冷水镇小学六（1）班班主任陈老师是一位具有 20 年教龄的女教师，教学和管理经验丰富，富有责任感和爱心，深受学生的尊重。陈老师在谈及留守儿童多爱打架斗殴的原因时认为，留守儿童多爱打架斗殴主要有两方面的原因：一方面，留守儿童比较孤僻，与人情感交流不够，敏感、多疑、不善与人合作，比较难管，有矛盾时倾向于选择打架斗殴的方式解决问题；另一方面，当前我们的文化娱乐环境充斥着暴力、凶杀等内容，刺激了留守儿童的暴力倾向，不少留守儿童常常背诵暴力影视台词，模仿影视暴力行为和做法，遇到问题便倾向于采用打斗和群殴的方式解决。

第三，参与赌博，恶习难改。赌博是一种不良的社会风气。随着赌博之风的蔓延，原来纯净的校园也不能幸免。受这种不良社会风气的影响，不少农村中小学生从玩一般的娱乐性游戏开始，逐渐发展到参与实质性的金钱赌博活动，进而养成习惯，恶习难改。留守儿童由于拥有较多的零花钱，参与赌博的现象尤为突出。

湖北省英山县五一镇小学的一名留守儿童，父母都在外打工，便将其一学期的生活费交由叔叔家管理。该生不知何时染上赌博恶习，经常以零花钱和文具费的名义撒谎向叔叔婶婶要钱赌博，叔叔婶婶虽然生疑但又害怕委屈了孩子，因此没有深入过问。不到一个月，父母留给他一学期的生活费已经全部用完。在爸爸妈妈的追问下，该生承认了参与赌博的事实，令父母和叔婶惊诧不已。

由此可见，社会风气对学生教育的影响不容小视，当社会上的赌博之风滋生蔓延时，校园这一片净土也难以幸免，学校周边的环境对青少年的教育具有重要影响。

第四，涉黄现象时有发生。小学高年级学生和初中生正处于青春期发育阶段，生理和心理正经历着一场重大的变化。由于学校青春期教育的缺失或不完善，不少正值青春期的青少年学生便采用不正确的方式和途径解决青春期的困惑和心理冲突问题。在当前农村影碟机的普及和盗版光碟流入的情况下，一些利欲熏心的不法碟片出租商将黄色音像制品非法向青少年出售和传播，部分商贩也向青少年儿童兜售色情杂志和淫秽黄色书刊，随着中小学信息课程的开展，不少青少年利用已经掌握的信息技术到网吧上网浏览黄色网站。这些涉黄音像制品、出版物和网站形成了毒害青少年的三大黄祸源头。

由于缺乏父母的关爱，正值青春期的留守儿童不能从父母那里获得生理卫生和心理卫生方面的及时指导，内心的困惑和冲突较之非留守儿童更多，因此少数留守儿童便通过看黄色书刊、黄色录像和浏览黄色网站来解决问题，涉黄现象时有发生。

访谈个案也证明了这一点。湖北省沙洋县毛利镇初中有一名熊姓留守儿童，父母均外出打工。该生原来学习成绩很好，因为课余文娱生活单调，他经常通过租借和观看影碟消遣，最终发展到涉黄而沉迷的地步，导致成绩大幅下滑。

由此可见，为防止黄祸继续毒害青少年儿童，对包括留守儿童在内的农村中小学生进行有针对性的青春期教育已经刻不容缓。

第五，小偷小摸成瘾。由于零花钱较多以及受父母补偿心理的影响，不少留守儿童养成了花钱大手大脚的习惯，对金钱的需求数额越来越大，一旦得不到满足，就铤而走险，偷盗同学财物乃至社会财物满足自己的需求。

湖北省沙阳县后港镇田桥小学的一名强姓留守女生，父母均外出打工，由爷爷奶奶监护。爷爷奶奶平时除了三餐饭食和安全很少过问强某其他方面的表现和要求，强某性格孤僻，平时花钱出手大方，生活费用完后又羞于向爷爷奶奶索要，于是就偷窃同学和邻居财物。

河南省罗山县龙山镇初中一（1）班的那位沉迷网络的杨姓留守儿童，为了筹集上网费用，在第一次偷窃同班同学的钱财而没被发现后，便在第二次向同学谎称自己生病，潜入宿舍再次行窃，偷走了一名同学的餐卡，后来因发展到拿钢筋棍上街向别人要钱而被学校发现。出于“治病救人”的考虑，在杨某父母专程回家求情和杨某写出检讨和保证的情况下，学校最终对其进行了宽大处理，撤销了先前的开除杨某的决定。

由此可见，不良花钱习惯是诱发留守儿童偷盗行为的主要原因。对留守儿童花钱行为进行必要的控制和正确引导将有助于防止和减少偷盗行为。

第六，违法犯罪，危及社会。在调研中我们还发现，有少量留守儿童因为家庭的亲情、关怀和正常教育缺失，甚至受到家庭和邻里的冷落，便干脆和社会上的失足青年和“三无”人员混在一起，成为他们的打手和帮凶；有的整天无所事事，漂泊不定。更有甚者，一些黑恶势力和“三无”人员抓住留守儿童心理脆弱的特点，利用小恩小惠对其进行拉拢和教唆，诱使他们走上危害社会的违法犯罪道路。湖北省钟祥市长寿镇小学有一名留守儿童蒋某，父母常年在外打工，他养成极为散漫的习惯。后来他与本地黑社会团伙有染，拜认黑社会成员为“大哥”。由于本地黑恶势力影响比较大，他便经常在同学面前吹嘘炫耀，极为自豪，其他同学因此都怕他、躲避他。一次，该生因触犯纪律而遭到老师的批评，他不服，便纠集黑社会成员来学校为他出气。由于门卫看守严，这伙人员当时无法进入校园，就趁其他时间闯进学校，将学校的商店砸毁，造成极坏影响。由于该生还是未成年人，不能对其进行刑事处罚和诉讼，学校很无奈，只能给予内部纪律处分，对其进行批评教育。

由此可见，留守儿童的违法犯罪已经超越校园，而不仅是一个教育问题，解决不好便会成为严重危害社会治安和稳定的大问题。不少有识之士对此十分担忧：如果这种情势继续发展下去，进城务工农民的下一代将会成为“毁掉的一代”，对我国未来社会的发展和进步将产生难以估量的负面影响。

良好品德行为的养成需要家庭和学校及时地加以指导和约束，品行的发展更需要潜移默化，农村留守儿童由于缺乏父母的悉心指导、严厉管教，在品行发展过程中出现了真空地带。我们说教育公平包含着起点公平、过程公平和结果公平，过程的不公平将会导致结果的不公平。

4. 留守儿童的心理问题更加突出

为了使儿童能充分、和谐地发展其个性和形成健康的心理，儿童应在一个充满快乐、爱和了解的家庭环境中成长。农村留守儿童由于缺少家庭的亲情关怀，常年难与父母生活在一起，他们或被寄养在亲戚家里，或由他人代管，或同爷爷奶奶等长辈生活在一起，有的孩子甚至由于托管的亲戚又外出，出现被二次托管的现象。他们的心理健康和人格发展问题也就成为最为突出的问题。

在这种情况下，不少孩子往往感到柔弱无助，不愿与人交流，与人谈话时易掉眼泪，性格内向，感到压抑和苦闷。我们曾对 2862 名留守儿童就“父母外出打工，你是否感到压抑和苦闷”进行过问卷调查，其中 775 人明确表示“非常压抑和苦闷”，占被调查者的 27.1%，“压抑和苦闷”的有 628 人，占 21.9%。这是因为中小学生正处于身心迅速成长的时期，他们对自身变化、学业压力、人际交往等方面有独特的理解与认识，易产生烦恼与冲突。这个时候他们需要有畅通的倾诉渠道，更需要有人给予正确的引导。但由于他们远离父母，往往缺少了与父母直接沟通与交流的机会，因而也就感到无助。

此外，还有少数孩子对父母充满怨恨，认为家里穷，父母无能耐，才会出去打工挣钱，对父母打工不理解，由此而产生怨恨情绪。有的孩子在父母回家后疏远父母，产生情感隔膜。我们曾经对一位留守男孩的姑姑进行过访谈，姑姑是孩子的监护人，她告诉我们，以前孩子心里觉得他爸妈最好，最重要，最亲，可是他父母出去几年后，现在他一点都不想他们，她不知道是什么原因。孩子平时和他爸妈很陌生，除了没钱的时候向他们要外，很少和他爸妈说话。爸妈刚走的那年他才 5 岁，那个时候他特别想他们。他爸爸妈妈因为去得远，很长时间才会回来一次，他那时一想爸妈就哭，爸妈回来了就拉着不让走。可是到了 8 岁的时候，他就觉得爸妈在不在身边已经无所谓。爸妈好不容易回来一趟，他也没有表现出什么亲近感，就像家里来了个外人一样。对其他监护人的访谈也屡屡碰到类似的情况。这是因为父母外出务工，让留守儿童感到了内心的孤单与忧虑，并且由于父母与子女之间长时间缺少交流与沟通，很多留守儿童常常感到父母陌生和遥远，从而导致与父母情感上的隔膜和疏远。

留守儿童的孤独感比较强。总体上看，流动人口子女的孤独感都比较强烈，但对留守儿童和流动儿童而言，其表现形式是不一样的。

对于留守儿童而言，父母外出打工，不少孩子都感到家庭空落，心理寂寞。据我们对湖北、河南两省 2851 名留守儿童的问卷调查分析，父母外出打工后，感到非常孤独和孤独的分别占到被调查总数的 13％和 21.7％。在调研中有很多老师也反映，农村留守儿童有一个共同的特点就是放假都不是很想回家，开学的时候都提前返校，因为他们在家里没有玩伴，又没有人说话，和祖辈没有什么话可说。如一位初三女生在日记里这样写道："妈妈，你知不知道，自从你和爸爸、妹妹走后，我一个人在家里有多么寂寞，有多么伤心，从你们走后，我几乎从来没有笑过，天天我一个人在家里哭，回想着以前咱们在一起的快乐时光……"因为在父母外出的日子里，留守儿童不仅失去了以前父母在家的关爱，也感受到了由于主要家庭成员的减少所带来的家庭气氛的冷清。在对留守儿童的调查和访谈的过程中，我们经常能感受到这一点。

对于流动儿童而言，他们的家庭绝大多数是完整的，父母尽管陪伴孩子的时间不多，但毕竟使孩子在精神上有了依靠。因此，流动儿童孤独感形成的主要原因就在于他们的同辈群体，在城市主要是学校同学和社区玩伴。由于城市社区对流动儿童的文化排斥，城市儿童和流动儿童难以正常沟通和交往，流动儿童缺乏城市中的初级同辈群体（要好的朋友），不仅孤独无助，而且进一步迟滞了他们了解和融入城市社会的速度。

首都经济贸易大学的周皓采用 Asher 等（1984）编制的儿童孤独感自我

评定量表，对公私立学校的城市儿童与流动儿童就孤独感做了专门的心理测试。该研究根据 972 个有效案例计算得到的有关孤独感的测量值，最大值为 5.00，最小值为 1.44，均值为 3.804，标准差为 0.6505，该量表得分越高，表明孤独感越强烈。研究对数据分析后发现，在得分最大值（5.00）的 12 位学生中，竟然有 8 位（2/3）是公立学校的流动儿童，另外 3 位是公立学校中的城市儿童，仅有 1 位是来自打工子弟学校的流动儿童。这说明严重的孤独感群体中，公立学校流动儿童的状况最差。

在孤独感高于均值的 496 名儿童中，打工子弟学校的流动儿童数量最多，为 212 人，所占比例为 42.74％；公立学校中的流动儿童为 172 人，所占比例为 34.68％；公立学校中的城市儿童为 112 人，所占比例为 22.58％。从绝对数来看，两类流动儿童孤独感高于均值的样本人数的比例都高于城市儿童，说明样本的流动儿童中有孤独感的人的数量较多，绝对数量较大。

流守儿童叛逆与反抗心理严重。由于父母不在身边，留守儿童总是缺乏安全感，总感到别人在欺负他，一点小事就计较当真，与人交流时充满警惕甚至敌意。对老师、监护人、亲友的管教和批评产生较强的逆反心理。湖北省沙洋县联合小学四年级一男同学，父母去上海打工一年，他在家和奶奶一起生活，奶奶很宠他。他基本上不怕奶奶，经常和奶奶顶嘴、打架。奶奶和学校老师不让干的事他偏要干，有次学校春游本来不让骑车，后来他想方设法从别人家弄来一辆旧车，结果骑车受伤了。据老师反映，这个孩子原来并不是这样，他在作文中写道：快过年了，我总是梦见爸爸妈妈，我宁愿他们在家里，即使再苦也愿意。因为对于留守儿童来说，父母的外出不仅使他们缺少关爱和照顾，也同样使他们感到缺少安全感和自信心。在孩子眼里，监护人不如父母对自己那么呵护备至，更不是自己安全的保护伞。由于缺少父母在身边的保护与照顾，留守儿童容易产生害怕和恐惧，因而时刻充满警惕，并且往往通过盲目反抗来寻求自我保护。

当然，父母出外打工后学生的自理能力也可以得到增强。在湖北和河南两省的调研中，教师认为 51.9％的留守学生自理能力很强，37.3％的是强，8.5％的是中，只有 2.3％的较差，可见留守学生的自理能力总体还是很强的。也有不少留守儿童能理解父母的外出选择，也能体谅父母打工的辛苦，所以他们很少向父母抱怨什么，只是默默承受着生活带给他们的一切。调研中 24.8％的留守儿童还认为，父母外出后自己的学习成绩提高了。但总体来看，父母外出打工对孩子产生的负面心理影响往往要大于正面影响。访谈中，大多数农村中小学教师认为，留守儿童在学习、品行、情绪与心理上出现的问题一般比非留守儿童严重。

总之，随着人口的大规模流动，流动人口子女的教育问题不断凸现，必须引起全社会的特别关注和重视。

第二章

危害：不容忽视

教育作为培养人的社会活动，具有相对的独立性。但教育又是社会大系统中的一个子系统，既受制于经济社会的发展，又反作用于经济社会，教育与经济社会的相互作用，共同推动着经济的发展和社会的进步。教育的这一社会功能，使得教育的影响不只是限于个体的身心发展，还会牵涉经济社会的发展。同样，流动人口子女的教育问题，作为我国转型期的教育的一个重要组成部分，如果处理不好，不仅会影响这一庞大群体的健康成长，还会影响到经济社会的发展。

一、危及义务教育公平

教育公平是社会公平的基础，而义务教育公平则是社会公平的基石。普及义务教育既是现代经济和民主政治发展的客观要求，是社会文明的标志，同时也是实现教育公平和社会公平的基础。义务教育是国家保证全民族素质提高的基本途径，没有义务教育的公平，就没有社会公平，代际传递会加速社会分化。我国著名经济学家、北京大学教授厉以宁认为："一切不平等的根源在教育的不平等。教育不平等，就业就不平等；就业不平等，收入就不平等；收入不平等，生活就不平等；生活不平等，下一代就不平等。"① 因此，追求教育公平的核心是使每一个受教育者都能得到与其智力相当的合理开发，通过自身的能力和努力，进入社会找到适合自己的位置。义务教育，作为政府提供的最低标准的合格规范教育，保障的是广大人民群众及其子女的基本人权和发展权利。所以，义务教育追求的不仅是免费，而且是教育公平和社会公平。免费是实施义务教育的重要支柱，是强制和普及的经济保障，是实现教育公平和社会公平的根本保证。因此，国家及其各级政府有责任保证公民依法平等享有接受良好教育的权利，而受教育者也有公平接受教育的权利。同所有适龄儿童少年一样，流动人口子女同样应当享有公平接受义务教育的权利。

但是，在我国当前的社会条件下，相对于城市居民，以农民工为主体的流动人口是社会的弱势群体。由于农民工在城市的弱势地位，进而导致了流动人口子女接受教育的不公平。而这种教育不公平既体现在教育的起点上，也存在于教育过程之中，并最终体现在教育结果上，因为教育结果是衡量教育公平的根本。

---

① 转引自：熊健．《北京大学的农业经济学教授姚洋谈三农问题》［DB/OL］，http：//www. agri _ history. net/rural/on3nong. htrn.

至于怎样衡量教育结果，尽管存在着争议，但人们通常还是将学业成绩看做是评价教育结果的重要标准。从学习成绩来看，流动人口子女的学习成绩与同类参照群体相比，大都比较差。

1. 流动儿童的学业成绩整体低于城市儿童

我们对宜昌市部分学校流动儿童与城市儿童以班级为单位进行学习成绩自我评定的整群抽样调查分析表明：流动儿童的成绩整体不如城市儿童，优秀和良好两项合计，流动儿童的比例仅达 43.2%，低于城市儿童 53.5%的比例近 10 个百分点；在较差和很差两项中，流动儿童的比例为 15%，高于城市儿童 11.7%的比例（见表 2—1）。由此可见，流动儿童的优良率低于城市儿童，差劣率又高于城市儿童。

表 2—1　流动儿童与城市儿童学习成绩差异的自我评定

	城市儿童		流动儿童	
成绩等级	人数	百分比（%）	人数	百分比（%）
优秀	55	19.3	41	11.0
良好	96	33.7	117	31.5
中等	98	34.4	153	41.1
较差	28	9.8	47	12.6
很差	5	1.8	8	2.2
合计	282	98.9	366	98.4
缺失值	3	1.1	6	1.6
总计	285	100.0	372	100.0

再从同一调查中家长对学生成绩的评价来看，流动儿童的成绩也远不如城市儿童。在家长的成绩评价等级中，很好和较好两项的合计，流动儿童比例为 25%，远远低于城市儿童 37.7%的比例；较差和很差比例的合计，流动儿童的比例为 22.3%，也高于城市儿童 19%的比例（见表 2—2）。家长的评价也表明流动儿童的成绩整体不如城市儿童。

表 2—2 家长对孩子学习成绩的评定差异

	城市儿童		流动儿童	
成绩等级	人数	百分比（%）	人数	百分比（%）
很好	15	6.0	8	2.3
较好	78	31.5	77	22.6
一般	106	42.7	178	52.2
较差	41	16.5	61	17.9
很差	6	2.4	15	4.4
合计	246	99.2	340	99.7
缺失值	2	0.8	1	0.3
总计	248	100.0	341	100.0

国内的其他同类研究也证明，在同一学校中，流动儿童的学业成绩低于城市儿童。几乎所有研究者都把流动儿童的学习成绩整体低于城市儿童当做一个基本事实。

2. 留守儿童学习成绩整体低于非留守儿童

留守儿童的学习成绩是留守儿童教育结果的主要体现，对成绩的评价方式又影响着人们对学生成绩的看法。为了较为客观地了解留守儿童的学习成绩，在对鄂豫皖 3 省 9 县市的留守儿童教师的调查问卷中，我们对样本学生的语文、数学和英语三门主干课程成绩以班级为单位进行了整群抽样调查。科目成绩由样本学生的任课教师依据学生的平时学习以及近期的一次考试成绩，采用优、良、中、差四级评价方式进行评定，分别记为 4 分、3 分、2 分和 1 分。优、良、中、差在百分制中的对应分数段分别是：90 分以上，80～89 分，60～79 分，60 分以下。

将教师问卷与学生问卷对应后进行关联分析，共获得有效数据 3392 份。关联分析结果显示，留守儿童的语文成绩平均分为 2.80，低于非留守儿童的平均分 2.93；留守儿童的数学成绩平均分为 2.79，低于非留守儿童的平均分 2.87；留守儿童的英语成绩平均分为 2.44，低于非留守儿童的平均分 2.60（见表 2—3）。这就说明，留守儿童的语文、数学、英语三门课程成绩的整体水平低于非留守儿童是可信的。由于这三门课程是当前我国义务教育阶段中小学所开设的主干课程，因此这一结果对评价留守儿童群体的综合成绩具有很强的代表性。访谈中，教师也普遍反映留守儿童的学科成绩整体上要略低于非留守儿童。

表 2—3　留守儿童与非留守儿童三门课程成绩平均分数表

科目	语文		数学		英语	
	人数	平均分	人数	平均分	人数	平均分
留守儿童	1721	2.80	1709	2.79	1320	2.44
非留守儿童	1421	2.93	1401	2.87	1120	2.60
总计	3142	2.86	3110	2.83	2440	2.51

总之，综合流动儿童和留守儿童学业成绩与其一般参照群体的比较结果可见，流动人口子女在学习成绩上整体处于劣势地位。流动人口子女教育中存在的问题直接影响了他们的学业成绩，从而也危及教育公平。

二、影响社会稳定

社会稳定，是发展之需、群众之愿、执政之责。没有社会稳定，社会和谐、经济发展就无从谈起。流动人口子女教育问题的存在，不仅会影响他们的心理健康，危及教育公平，而且也还会影响社会的稳定。

1. 学业失败影响社会稳定

教育对个人的价值就在于它不仅能促进个体的身心发展，还可以通过提高人的技能使人获得更多的经济收益，从而改善家庭的经济状况，相应改变个体的社会地位，实现社会阶层的移动。教育对整个家庭乃至下一代都会产生积极的影响，因此教育被看做是反贫困的有力武器，同时也是促进社会稳定的重要工具。正因为如此，在中国，无论是城市，还是农村，人们对子女的教育都抱有很高的期望，都不希望自己的孩子因为学业失败而陷入生活不利的境地。

流动人口子女除了一部分在农村老家无人照料而被带入城市成为流动儿童外，大部分都面临着留守或流动两种选择。在举家进城的过程中，一般是父母首先进城，然后才考虑孩子，除了工作和生活的稳定因素外，流动人口子女选择留守还是流动与对城市优质教育的向往和追求程度有很大关系。第一代农民工在城市生活中所遭受的艰难困苦使他们更加深刻地认识到“知识改变命运，教育成就未来”的道理。他们在无力改变自身命运和状况的情况下，便把家庭的全部希望寄托在下一代子女身上，希望他们能够获得良好的教育，不再重复自己打工的老路。所以农民工对自己子女的教育都抱有较高的期望。我们对武汉市 867 位流动儿童家长的问卷调查分析发现，家长对子女的教育普遍都抱有较高的期望（见表 2—4）。

表 2—4　武汉市农民工家长对孩子教育的期望

期望在武汉市读书年限	百分比（%）	对孩子未来的期望学历	百分比（%）
读完小学	6.6	小学	0.1
读完初中	13.5	初中	1.6
读完高中	49.9	高中	13.0
高中以上	30.0	大学本科	47.3
—	—	研究生	38.0

由表 2—4 可见，流动儿童的家长中有 49.9%的人都希望自己的孩子能够在城市完成高中以上的教育，只有 20.1%的家长希望孩子在城市完成义务教育。可见，近 80%的农民工家长对流动儿童在城市读书绝不仅仅希望只是完成义务教育。而谈到对孩子未来教育的期望，85.3%的家长都希望自己的孩子能就读大学本科及以上教育，可见，流动儿童家长对孩子的期望是非常高的。

流动儿童的家长如此，留守儿童的家长也不例外。从课题组对鄂豫皖三省留守儿童的家长及监护人的问卷调查分析来看，留守儿童的家长及监护人也对留守儿童的教育抱有很高的期望（见表2—5），其中有84.1%的家长及监护人希望孩子能读大学及研究生，只有3.5%的家长及监护人只希望孩子完成义务教育即可。

表2—5　家长、监护人对留守儿童的教育期望程度

教育程度	人数	百分比（%）
小学毕业	16	0.8
初中毕业	56	2.7
高中（中专）毕业	222	10.6
大学	880	42.1
研究生	877	42.0
合计	2051	98.2
缺失值	37	1.8
总计	2088	100.0

由此可见，在流动人口中，无论是流动儿童的家长，还是留守儿童的家长，都对孩子抱有极高的教育期望，形成了较高的教育需求，但是当前城市教育的供给能力以及农村教育的质量都无法满足这一需求。教育供求矛盾的存在，使得流动人口子女无法享有应有的教育权利，无法实现家庭的教育期望和自己的抱负。

课题组对武汉市流动儿童家长的问卷调查分析显示：子女在城市上学，流动儿童家长担心的问题中，居于首位的是"孩子的学习成绩"，其比例为43.4%；其次是学费，占22.5%；第三位的是"孩子在武汉读高中的机会"，占19.5%。另外，有11.9%的家长担心自己"没有时间管孩子"；还有2.7%的家长担心"孩子在学校受歧视"和"孩子不适应学校生活"。由此可见，流动儿童在城市读书面临着较高的学业失败风险，家长对孩子的学业成绩最为担忧正是这方面的体现。高中就读机会、没有时间管孩子、受歧视和孩子不适应学校生活等共同构成流动儿童读书难或者成绩不佳的直接原因。

在农村，留守儿童由于亲情的缺失，也面临着一系列问题。如何解决和应对这些问题，至今还没有找到满意的答案。这些问题的延续使得更多的留守儿童不断加入到学业失败者的行列之中来，这对他们的成长是极为不利的。

在我国特殊的社会文化背景中，父母都把培养子女成才当做自己的神圣使命，无论付出多大代价，只要下一代能够过得幸福，父母都会感到欣慰。正因为如此，农民工才离家别子，在城市忍辱负重，辛勤劳作，只希望留在家乡的孩子能够学业有成或有一技之长，将来不再遭受贫困之苦。而农民工子女教育现实中存在的问题，直接导致农民工子女受教育状况整体低下，面临很大的失败风险。农民工家庭希望依靠子女接受良好的教育实现阶层移动的梦想被无情的现实所打破，农民工家庭再一次陷入贫困之中。为了生存，农民工的子女无奈地加入到第二代农民工大军中，并把这种贫困继续向下一代传递。这种恶性的代际传递使得农民进城追求财富、摆脱贫困的梦想显得越来越渺茫。生活贫困的残酷现实，脱贫希望的丧失，使他们在内心深处感到社会的不公平，很容易把不满发泄到市民和富人阶层身上，并将仇恨传递给下一代。特别是新生代农民工基于自身阅历和切身体验，对子女受教育的期望都非常高。他们中越来越多的人正是为了让子女能够在城市接受更好的教育而选择在务工地就业和定居。因此，随着新生代农民工年龄的增长，他们中越来越多的人将步入育龄阶段，与此相伴，随迁子女的教育问题，也必将越来越成为他们在务工地稳定就业、生活不得不面对的现实性、紧迫性问题。

历史的经验表明，贫困往往是导致社会不稳定的根源，不公平感则是诱发社会动荡的直接因素。农民工作为一个数量庞大的群体，尽管处于城市生活的边缘，但由于其置身于现代都市文明之中，已经或多或少具备了一定的现代意识，其工作技能、组织性和民主意识都已今非昔比。他们已经不再是以前纯粹从事种植业的农民，而是介于现代工人和昔日农民之间的特殊群体——当代中国新型的“产业工人”。农民工子女教育产生的教育不公平和代际贫困问题，极容易导致农民工群体对政府和社会的不满，这种不满情绪如果得不到有效的宣泄和及时的消解，一旦被社会突发事件引爆或被其他社会矛盾激化，对社会的破坏力就难以想象。

2. 失学失业危及社会稳定

教育除了增进人的知识和技能，提高劳动者在劳动力市场中的就业竞争力之外，还由于在整体上延长了同龄群体的受教育年限，能够起到延缓未成年劳动力进入劳动力市场的时间，调节社会就业压力的作用。否则，如果让他们提前进入劳动力市场，加入到劳动大军中，就会对社会形成强大的就业压力。

义务教育阶段的流动儿童失学或辍学，不仅不能获得现代社会生活所需要的基本知识和技能，而且形成新的文盲，对社会整体不利，同时，由于年龄过小，作为童工无法进入劳动力市场正常就业，他们实际上处于失学又失业的地步。这些流动儿童要么跟随父母一起打工，要么待在家里无所事事，成为无业人员。城市无业人员由于经济上没有收入来源，组织上不受纪律约束，可支配自由时间多，极容易“无事生非”，对城市社区治安存在潜在的威胁。再加上城市流动儿童本身所受学校教育有限，家庭教育更是薄弱，缺乏管教的他们极容易产生违法乱纪行为。

另外，由于城市高中教育尚未将流动儿童纳入，流动儿童初中升高中难成了一大教育问题；农村留守儿童则由于高中教育入学机会供给不足、农村教育质量相对低下和自身学业成绩整体不如非留守儿童等原因，绝大多数学生无法顺利进入高中继续学习。由于升学无望，大多数农民工子女都只能在完成义务教育后或者未读完初中就中途辍学进入待业状态。由于当前农村还有大量剩余劳动力需要向城市转移，待业农民工子女既缺乏农业生产的技能，又对父辈所描述的城市生活充满向往和期待，所以他们既不可能也不愿意留在农村从事农业生产劳动。于是，提前进入城市劳动力市场就业就成为绝大多数初中毕业后待业农民工子女的选择，这就是第二代农民工的主要来源。

大批未成年农民工子女因为不能继续上学读书，未到法定就业年龄就不断提前涌入劳动力市场，提前了实际就业年龄，变相延长了一生的正常劳动时间，从而加剧了城市日益严峻的就业矛盾。未成年农民工子女由于年龄小，尚未取得合法就业资格，缺乏一技之长，社会阅历和经验都还难以适应城市生活，只能在城市中非正规劳动力市场就业，干的是和父辈一样甚至工作环境更差的工作，收入低下而且工作极不稳定。即便如此，在庞大的求职需求和城市待业失业人员的竞争下，这些工作岗位也极为有限，不少农民工子女进入劳动力市场后实际上处于失业和半失业的状态。而失业带来的经济困难和生活不稳定，是农民工基于生存需要进行偷盗、抢劫等违法犯罪活动的经济诱因，从而影响社会稳定。

3. 心理失衡滋生对社会的不满

根据弗洛伊德的观点，儿童的童年经历对其未来的心理发展具有重要的影响，年龄越小，所产生的影响就越大。

在流动人口子女中，有相当一部分是直接出生在或年龄较小时来到父母打工所在的城市，他们从小就开始接触农民工所处的生活环境，目睹了父辈们工作的艰辛，亲历了城市人对他们的歧视，感受到了城市儿童与自己因为身份差别而产生的差异。城乡差别的不平等感加深了流动儿童的被歧视感和与城市人的对立感，他们从小在城市的边缘生活，是在歧视和排挤中长大的“城市二等公民”。

第二代农民工是一个在城市化进程与城乡分割体制难以很好协调的矛盾状态中日益扩大的边缘群体。与父辈不同的是，他们已经不满足于做城市的过客，因此很难和父辈一样，如果在城市难以立足就回家乡，况且家乡对他们已经很陌生。在城市中没有根，在农村也没有根，身份的不明导致了他们的困惑和迷茫。

如果说第一代农民工还能穷来顺受、安贫乐道，那么“无根的一代”则更多了愤世嫉俗。他们有着改变自身的经济社会地位的强烈渴望，而在正常的向上流动渠道被阻塞的情况下，强烈的渴望就会异化为心理失衡。生活的艰难，对前途的绝望，极易使“无根的一代”产生反社会情绪，进而铤而走险。

由于政府当前对民工子弟学校的政策过于苛刻，在政府取缔和关停的高压政策下，民工子弟学校被迫转入地下与政府周旋，频繁流转于民工子弟学校的流动儿童处于极度不稳定的学习状态中。在他们稚嫩的心灵中，很容易把导致他们求学不稳定或者无学可上的原因归咎为政府。再加上流动儿童父母本身对城市社区和社会也有一些不正确的观点和看法，他们会将自己的不满和仇恨传递给孩子。这样多方面因素会驱使流动儿童对城市儿童和城市社会形成不满情绪，并随着时间的推移而不断固化，进而导致他们精神扭曲，心理失衡，形成反社会人格。

在农村，留守儿童由于亲情缺失，在成长的最主要阶段缺乏了父爱或者母爱的呵护，实际上处于无亲或者单亲家庭中。他们的生活无人照料而不得不从小学会自立，遇到学习、生活困难无法获得父母的帮助，因此，他们孤独寂寞，无法排解内心的痛苦。在与同辈中非留守儿童相比时，他们感叹命运的不公，羡慕后者的正常家庭生活。由此感到自己低人一等，产生自卑、忧郁、孤僻的心理与行为，嫉妒其他农村儿童，痛恨父母，也容易心理失衡。

流动人口子女的心理失衡问题，带有较为普遍的特征，因此，他们成为一个心理上十分脆弱的群体。这种心理的失衡如果遇到外界不恰当的刺激，很容易导致他们人格的扭曲，形成反社会的心理。而流动人口子女生活的环境又比较恶劣，恰恰容易激化矛盾和引发冲突。根据犯罪心理学的一般规律，心理失衡后反抗社会是导致违法犯罪的重要原因之一。

我们从调研中了解到，近些年流动人口子女在青少年犯罪案件中占有较大比例，且呈不断上升趋势。据湖北省随州市政法部门的统计，2002 年该市留守儿童违法犯罪案为 284 件，2003 年则多达 300 余件。另据河南省信阳市商城县公安局给我们提供的资料证实，2005 年该县涉及青少年犯罪的案例中，三成与留守儿童有关。对此不少农村中小学教师感慨地说："父母打工挣钱，多数是为了孩子，假如因此而毁了孩子，真是得不偿失。"另据媒体报道，近些年在城市青少年违法犯罪活动中，农民工子女所占的比重也呈不断上升的趋势：2000 年上海市户籍与外省市户籍的未成年犯罪人数之比大致在 6∶4，这个比例持续到 2002 年，但是从 2003 年开始，这个比例开始倒置，即 4∶6，并持续到 2004 年，而 2005 年的比例已经是 3∶7，也就是说 10 个少年犯中有 3 个上海籍、7 个外省籍的①。

由此可见，心理失衡是造成流动人口子女违法犯罪的一个重要原因。如果这种情势继续发展下去，流动人口的下一代将会成为危害社会的"毁掉的一代"，对我国未来社会的发展和进步将产生难以估量的消极影响。

鉴于流动人口子女的教育问题对社会稳定产生的危害，一些有识之士认为，流动人口子女的教育问题实际上是一个"多建学校还是多建监狱"的选择问题，与其将来让他们危害社会，不如现在为他们提供更好的教育，以避免悲剧的发生，这一见解显然是正确和深刻的。

---

① 肖春飞，苑坚．《农民工子女渴望"归属"城市》[J]，《瞭望》．2006 年第 6 期．

三、影响经济发展

在现代社会，一切经济活动，从根本上讲，都是以人的劳动为动力和以人的需要为目的的社会活动。从各国经济增长和发展的趋势看，资源和资本竞争的时代逐步被由劳动力素质决定的科学技术竞争的时代所代替。未来经济的增长与发展，将由一国劳动者的素质决定。因而，经济的增长和发展与劳动力的投入有着十分密切的关系，只不过劳动力的投入对经济增长和发展的推动是一个复杂的经济过程罢了。理论上，经济增长和发展的劳动力动因可分解为劳动力行为、素质、劳动力资源配置等因素。在同样的劳动力投入情况下，由于劳动力的行为、素质、配置结构等不同，其推动经济增长和发展的结果也不同。因而，当代的经济增长发展在很大程度上取决于劳动者的劳动行为、素质以及劳动力资源配置是否合理。然而，无论是劳动者行为的规范，素质的提高，还是劳动力资源的合理配置，都与教育有着密切的联系。因此，教育如果出问题，必然会影响到经济社会的发展。

1. 流动人口子女素质低下必然会影响未来劳动力的行为

劳动力行为是指劳动者在就业机会、就业职业、报酬、闲暇、劳动条件、劳动要求等方面的反应和动作。经济运行、增长和发展中的劳动、生产、发明、创新、经营、管理等是劳动者从事的经济活动。而每个劳动者从事经济活动，无不带有自己的动机和具有自己的行为，一切与劳动者有关的经济现象和成果都是劳动者行为的结果。在一国经济发展过程中，劳动力的行为如何，与经济增长有着密切的关系。一般来讲，当劳动者行为合乎规范时，经济活动正常进行，产出趋于正常水平，生产要素按比例使用，经济增长就快；而当劳动者行为不规范时，由于劳动者体力和智力消耗的下降，劳动的实际供给减少，产出水平下降，经济增长就慢。因此，从这个意义上讲，经济增长首先取决于劳动力行为，劳动力素质和才能对经济增长的贡献必须以劳动力的行为规范为前提。如果劳动力行为不规范，素质较高也不完全会成为经济增长的动因。国际经验也证明，一个国家人口稀少，但地大物博，资源丰富，其经济增长速度在一定时期内可能很高，但是长期靠资源的高投入和高消耗来维持，劳动者没有劳动的积极性，劳动效率低下，经济效益不高，其经济增长最终也是会难以为继的。所以，我国著名经济学家厉以宁教授指出："只有通过教育造就一大批具有高度政治思想觉悟的、掌握先进科学技术知识的劳动者，才能保证建成具有现代化工业、现代化农业、现代化国防和现代化科学技术的、高度民主的、高度文明的社会主义国家。"①由此可见，一个国家劳动力的行为如何，是衡量一国经济发展水平的一个重要方面。

劳动力的行为与劳动者本身的道德观念、修养、素质、知识水平、认知态度、动机等有关，而这一切又离不开教育的作用。教育是规范劳动者行为的一个重要措施。通过教育能够有目的、有计划、有组织地对劳动者进行行为规范的教育。随着市场经济的发展，人们的价值观念、道德观念发生了很大变化。比如，人们的社会行为从规定性到选择性，人们的道德标准从单一性到多元性。因为既然允许多种经济体制的存在，也就允许多种道德观念的存在，人们选择的跨度大了，从雷锋精神到劳动致富，从个人主义是万恶之源到适当考虑个人利益，从纯粹公有制到大力发展私营经济等。但不管怎样，作为社会的劳动者，人们总是要遵守一定的社会规范。而教育的一个重要社会功能就是通过传承社会的文化习俗和道德规范，使受教育者获得和接受社会所认可的道德观念，养成社会规范和约束所认可的德行习惯。教育所具有的教化民众，维持社会秩序的功能使得历代社会统治者都高度重视教育，特别是教育所传承的道德规范和行为习惯。

流动人口子女由于受教育质量低下或者失学辍学严重，学校教育对其产生的社会教化作用十分有限。城市流动儿童因为无学可上，缺乏现代生活的基本道德规范约束；农村留守儿童由于父母不在身边，家庭教育缺失，中国传统社会的基本道德规范无法及时地通过父母的言传身教传递给他们，再加上学校教育没有及时补上，使得他们的德行严重失范。因此，农民工子女的

---

① 厉以宁.《教育经济学》[M]，北京：北京出版社1984年版，第3页.

教育在整体上存在道德教育失效的问题。

教育最大的失误并不是智力开发的失败，而是道德教育的失败。德育的失败，使得道德的内在约束力下降，从而使流动人口子女的正常社会化受到阻碍，行为失去社会规范的约束。他们在学校里不受纪律约束，走出校门目无法纪，从事违法乱纪活动，直接影响未来劳动力的行为，进而影响经济增长与发展，甚至对社会稳定造成危害。

2. 流动人口子女素质低下将会延缓经济增长与发展的速度

在现代社会，经济增长也好，经济发展也好，越来越依赖于劳动力的素质。所谓劳动力的素质是指参与劳动过程的劳动者的体力和智力素质的综合反映。一个普通劳动者的体质、劳动态度、工作成绩、工作质量、创新能力、独立工作能力、动手能力、解决问题的能力、自学能力、知识水平等方面的特点，综合起来就是劳动者的素质。在一个企业中，劳动力的素质在一定程度上决定着企业产出的效益和质量。总体来看，一个地区或者一个国家经济增长和发展的劳动资源中，劳动力的素质是决定增长和发展速度及质量的一个非常重要的因素。

劳动力素质的提高之所以能够促进经济增长与发展，按美国经济学家舒尔茨的观点，主要在于：第一，在一般条件下，人的知识能力的增加和劳动者生产技能的提高，会促使劳动生产率提高，进而促进经济的增长与发展。因为现代经济增长与发展的主要原因是人的质量的提高。在生产过程中劳动者身上所具有的知识、能力越来越成为生产发展的关键。第二，在技术不断变动的经济条件下，人的“处理不均衡状态的能力”的提高，会使劳动生产率不断提高，使经济不断增长和发展。所谓“处理不均衡状态的能力”，也叫“分配能力”，是指在动态的经济条件下人们有意识地根据经济条件的变化重新分配（配置）自己的资源（如财产、劳动、金钱、时间等）的能力，人的这种能力是通过教育得到提高的。在经济不断增长、技术不断变动的情况下，生产条件和其他经济条件随时都会发生各种变化，谁最先察觉到这些变化，最迅速地作出反应，采取某种新技术并重新分配自己的资源，谁就能最先达到较高的劳动生产率，取得较多的经济利益。因此，人们都会尽最大努力对经济条件的变化作出反应。而社会劳动生产率的提高正是在这一过程中实现的。所以舒尔茨指出，在现代经济条件下的分配能力，是社会劳动生产率不断提高的重要原因和条件。第三，人们有效地分配和利用时间的能力的提高，也有助于劳动生产率的提高，促进经济的增长和发展。因为现代经济增长的属性之一是提高了时间的价值。很明显，人类时间的价值在具有现代经济的富裕国家中是很高的。相对于物质因素和货物价格讲，人类时间具有较高的价格。从人类的满足程度来说，物质的贡献比人的因素的贡献的价值要小。因此人类时间的价格可以解释大多数现代经济成本。这样，在现代经济条件下，人们不但要根据经济条件的变化有效地分配自己的物质资源，更重要的是要有效地分配自己的宝贵时间，以获得经济的上的利益。

我国的周天勇博士则从劳动者的身体素质和智力素质两个方面揭示了劳动力素质的提高对一个地区或一个国家经济增长和发展的贡献。从身体素质方面看，周天勇认为，“劳动力充沛的精力和健壮的体格使其在劳动过程中有干劲、耐力，从而使单个劳动力实际供给的劳动量增加；身体健康使生病时间减少，有效工作年龄延长，因体质较弱而形成的效率不高的劳动时间减少”①。从智力素质方面看，周天勇认为，劳动者智力素质的提高对经济增长和发展的贡献主要体现在以下五个方面：一是劳动者记忆能力增强，缩短了学习工艺操作的时间，使由于记忆不佳而产生的失误大大减少；二是创新能力的提高使得劳动者能从事发明、创造，寻找解决生产经营中难题的新思路、新方法，寻找更加节约资源、节约劳动、节约体力的生产方法，这一切都可以使投入劳动量不变的情况下增加产出量；三是劳动者独立工作的能力提高，使得某一工作需要的劳动力数量减少，或者一定数量的劳动力可以从事更多的工作，从而使产出在不增加投入的情况下增多；四是知识和自学能力的提高，使劳动者可以较快地接受新工艺、新操作方法，适应新技术、新机器，将发明和引进的新技术尽快与生产相结合，转化为生产力，使产出大规模地增加；五是劳动者动手和解决问题能力的提高，使生产上遇到的问题可以及时就地得到解决，从而使生产具有连续性，停工待修时间减少，产出相对增加②。

从上面的分析可以看出，由于劳动力素质的提高，劳动生产率随之提

---

① 周天勇．《劳动与经济增长》[M]，上海：三联书店，上海人民出版社，1994年版，第140页．
② 周天勇．《劳动与经济增长》[M]，上海：三联书店，上海人民出版社，1994年版，第141页．

高，于是劳动推动经济增长的动力加强。假定投入中劳动力的数量不变，由于劳动力素质的提高使得经济增长中实际劳动投入的增加，使经济在节约资本和更多地利用劳动力的格局下增长和发展。这种增长和发展正是由于劳动力素质的提高而引起的。而劳动力素质的形成既有先天发育和遗传的因素，更多地包含后天营养、饮食卫生、医疗保健、教育、社会文明的熏陶等因素。先天性遗传和孕产期因素，形成劳动者的遗传素质和身体素质；后天优生条件、医疗保健和教育形成劳动力的健康素质和智力素质。其中，教育可以提高劳动者的基本素质或整体素质。因为教育是依据人的发展和社会发展的实际需要，以全面提高人的基本素质或整体素质为根本目的，以尊重人的主体和主动精神、注重开发人的智慧潜能、注重形成人的健全个性为根本特征的活动。教育可以唤起人的主体意识，发展人的主动精神，形成人的精神力量，促进人生动活泼地成长，帮助人创造自信谦爱和朝气蓬勃的人生，进而在此基础上培养和提高劳动者的认知能力、发现能力、学习能力、生活能力、发展能力和创造能力等。同时，教育还可以使人的素质得到全面发展和整体发展，因为我们的教育要求兼顾学生的德、智、体等各方面，全面发展学生的生理素质、心理素质和文化素质，以适应经济增长和经济社会发展变化的需要。

由此可见，劳动者的素质是推动经济增长和发展的最重要因素，现代学校教育对提高人的素质起着关键作用。一定年限的义务教育不仅是个体适应社会发展的基本生存需要，还是经济社会发展的基本要求。无法获得受教育机会或者接受不充分的教育，都会使个体的发展受到影响，使个体的素质无法适应经济社会发展的要求，从而影响社会劳动力供给的质量，对经济社会发展产生消极影响。如前所述，流动人口子女无论是从留守儿童的数量来看，还是从流动儿童的数量来看，都是一个庞大的特殊群体。如此庞大的群体如果无法获得平等的入学机会或者不能受到良好的教育，必然会影响到劳动者素质的提高，使之无法适应现代经济发展的需要。

总之，流动人口子女的教育问题如果得不到有效解决，最终受影响的不只是流动人口子女本身，而是整个国家劳动者的素质。流动人口子女的教育出了问题，就意味着一代劳动者的素质出了问题，势必影响国民经济的发展。况且随着时间的推移，我国经济发展对劳动者素质的要求也必将不断提高，这就要求我们要大力发展教育，大力提高包括流动人口子女在内的未来劳动者的素质，以适应经济社会发展对劳动者素质日益提高的要求。目前在我国珠江三角洲和长江三角洲等经济发达地区所出现的“技工荒”，显然就是劳动者素质与经济社会发展不相适应的具体体现。所以，流动人口子女的教育问题绝不仅仅是这些孩子的教育问题，而是涉及劳动者素质的提高和经济社会发展的大问题。

3. 流动人口子女素质低下影响产业结构的调整

经济增长不仅决定于劳动力的行为和素质，也取决于劳动力在各产业中的配置结构合理与否。这是因为，经济增长必然要引起一系列结构性的变化，而一系列经济结构的变化又会推动经济的增长。各产业之间形成良性的经济联系，结构优化形成的效益将会较快地推动经济增长和发展；而如果各种经济要素在各产业之间配置不当，产业之间经济联系不顺畅、结构扭曲，将会影响经济增长的速度。产业结构要随着经济社会发展需要的不断变化而进行不断的调整，而在产业结构中，较之其他各种经济要素的变动，劳动力配置结构的变动是最难的。因为劳动力配置结构的变动与其他要素结构和产业结构的变动有所区别：其他要素结构的变动和产业结构（指物质生产力结构）的变动是物质资源的变化，而劳动力结构的变动却是有意识和行为的“经济人”分布的变化。尤其是发展中国家劳动力配置结构的变化关系到劳动力城乡分布结构变动、人口迁移、人的技能改变及提高、失业保障等一系列问题，比物质资源配置结构的调整难度要大，而劳动力配置结构的变动影响和制约其他要素结构和产业结构的变化。

由此可见，劳动力配置结构能否及时合理地与经济结构整体协同调整，直接影响国民经济的增长速度。而劳动力配置结构的调整和改善要求劳动力能适当流动。劳动力在同一技术水平或不同技术层次的岗位之间、企业之间和部门之间的流动，可以使劳动者找到适合自己能力和偏好的职业，促使劳动力配置结构的改善和与经济结构的整体协调，从而促进整个经济的增长。很难想象一个国家不存在劳动力流动，劳动力配置结构能够合理，经济会高速增长。而劳动者合理流动的前提条件是要有文化、懂技术，这显然只有通过多层次、多门类的教育培养。许多研究结果表明，在教育程度和人口流动之间存在着一种稳定的联系。在其他条件相同的情况下，人们所受的教育程度与参与人口流动的可能性成正比。正如恩格斯所说，只有“教育可使年轻人很快就能够熟悉整个生产系统，它可使他们根据社会的需要或他们自己的爱好，轮流从一个生产部门转到另一个生产部门”①，从一个工作岗位转到另一个工作岗位。如果没有教育过程的培养和帮助，没有充分的“教育准备”，我们所迎来的劳动力流动或转移，只会是一股股的“盲流”，不仅不会改善劳动力的配置结构，而且会在一定程度上影响社会的安定。

由于我国拥有数量庞大的农村剩余劳动力，且工资成本较低，吸引了大量的国内外制造业资本，他们纷纷将劳动密集型产业转移到我国，以降低生产成本。先天丰富的劳动力禀赋条件为我国赢得了“世界工厂”的美誉，也是改革开放以来我国经济持续高速增长的重要源泉。但是，这种劳动密集型产业基本上是以高耗能、高污染为代价换取发展的粗放型模式，对生态环境的破坏极为严重。因此，我们必须根据科学发展观的要求，对现有工业结构和发展模式作出调整，将发展与环境治理结合起来，走内涵式发展道路，实现产业结构的升级和换代。这就对劳动者的素质提出了专业化和技能化的更高要求。

与此同时，经济的持续高速增长、农村剩余劳动力的大量转移、社会就业压力的增大，使得我国的三大产业结构也需要不断优化并加以调整。一般来说，三大产业间，农业的比例越低，服务业的比例越高，就说明经济越发达。就我国目前而言，调整三大产业的结构就是减少农业在国民经济中的比重，巩固工业的现有地位，增加第三产业——服务业在国民经济结构中的比重。服务业之所以需要加强，主要在于它具有较高的知识含量，在知识经济时代对经济增长的贡献日益突出，同时还因为它具有较强的就业吸纳能力。

根据经济学中的佩蒂·克拉克定律，在一定的发展阶段，劳动力就业结构可能会因为国家的不同而呈现出较大的差异，但是其基本趋势是劳动力从第一产业向第二、第三产业等非农业部门转移，并且随着经济的发展，又会出现劳动力由第二产业向第三产业转移的现象。库兹涅茨的多国统计和钱纳里的多国模型的实证研究证明了佩蒂·克拉克定律的存在。我国当前的劳动力转移正是农民首先从农业部门向第二产业大量转移成为农民工，但是劳动

① 恩格斯．《共产主义原理》[A]，《马克思恩格斯选集》第1卷，人民出版社，1972年，第223页．

力由第二产业向第三产业大规模转移的迹象尚未出现。产生这一问题的根本原因在于劳动力的素质结构无法适应产业结构调整的要求，延缓了产业结构调整的速度。

此外，劳动力素质问题也将影响我国现有第二产业的发展。中国社会科学院的一项研究发现，我国近些年的劳动力剩余问题可能有被夸大的倾向，长江三角洲和珠江三角洲地区近些年普遍出现的民工荒就是明证。随着国内外投资规模的不断扩大和青壮年劳动力人口数量的减少，我国未来的劳动力将不再是无限供给，而可能会出现短缺。这就意味着我国现有劳动力工资成本较低的优势将不复存在，现有的以劳动代替资本的低水平制造业也将会被高科技加工工业所代替，资本替代劳动的趋势将明显加强，随之而来的必将是要求劳动力具有较高的素质和效率。当前正在受教育的流动人口子女正是未来劳动者的生力军，他们当前接受教育的状况，显然难以胜任未来产业结构的调整对劳动者素质的要求，所以必须引起高度的重视。

四、妨碍城乡统筹发展

统筹城乡发展，是党的十六大提出的我国现代化建设的大思路、大举措，是全面建设小康社会必须遵循的基本战略方针。在党的十七大报告中，胡锦涛总书记又进一步拓展了统筹兼顾方针的内涵、对象和范围，同时为科学发展观的深入贯彻、落实提供了根本切入点和重要实现途径。党的十七届三中全会通过的《中共中央关于推进农村改革发展若干重大问题的决定》，再次明确指出，加快推进社会主义新农村建设，大力推动城乡统筹发展，对于全面贯彻党的十七大精神，深入贯彻落实科学发展观，夺取全面建设小康社会新胜利、开创中国特色社会主义事业新局面，具有重大而深远的意义。

所谓统筹城乡发展，就是要在我国特定的工业化和城市化进程中，统一规划城市与乡村经济社会的发展，特别是针对城乡关系失调的领域，通过制度创新和一系列政策措施，理顺城乡关系，加强发展中的薄弱环节，为城乡协调发展创造条件。统筹城乡发展的直接目标是实现城乡一体化。这一过程包含三个相互关联的内容：工业化和城市化；城市与乡村无障碍的经济社会联系；农村地区的自身发展。统筹城乡发展的最终目标是实现城乡协调发展，走创新型工业化之路，建立中国现代社会结构，谋求国家竞争力长期持续的增强。

大力发展教育是城乡统筹发展的首要任务，也是实现城乡统筹发展的根本依托。目前我国农村人口以及农村劳动力在人力资本存量上同城镇居民和城市就业者有着巨大差距。全面建设小康社会的一个重要任务就是要解决中国农民如何在人力资本上的脱贫问题，把农民由人力资本“贫困者”转变为人力资本“小康者”。如果到2020年，近3亿的农村人口转移到城镇，达到城镇人口的同等受教育水平，就等于在人力资源上再造一个中国。反之，倘若不能有效开发这一庞大的人力资源，中国的工业化和城市化就会落空，实现城乡统筹发展的目标就会成为泡影。

1. 扩大城乡教育差距

由于城乡分割的二元教育的长期存在，城乡教育发展的不均衡成为当前我国教育中最大的不公平。缩小城乡教育差距，实现教育均衡发展成为当前和今后我国基础教育发展和城乡统筹发展的重大历史使命。城乡教育差距问题构成流动人口子女教育问题产生的重要背景并对其起着不利的影响，反过来，流动人口子女的教育问题因长期得不到有效解决而持续存在也会扩大城乡教育差距，影响城乡统筹发展目标的实现。

（1）城市公办学校歧视和排斥流动儿童使城乡儿童难以共享优质教育资源。流动人口子女的教育面临两种选择：要么在农村老家接受相对较差的教育，忍受亲子分离的痛苦，成为留守儿童；要么在城市接受相对优质的教育，成为流动儿童，但却要承受较重的经济负担。

随着我国经济和社会的发展，农村剩余劳动力向城市转移已经是一个不可逆转的趋势，农民进城务工已经不再是一个短期的现象，而成为一个长期的过程。他们进城的主要动机已由当初赚取高于农业生产的工资致富，转变为试图摆脱农村生活方式而在城市扎根生活。因此，农民工一旦工作稳定下来，他们便会举家向城市迁移。大批农村留守儿童因此随父母进入城市变为流动儿童。此外，一些有远见的农民工虽然无法实现举家向城市迁移，但在打工过程中了解到了城乡教育的巨大差距，为了孩子能有更好的未来，不惜付出高昂的代价，将孩子带入城市学校学习，为他们未来的发展奠定良好的基础。因此，解决了流动儿童的教育问题，就会有更多的义务教育阶段的农村段适龄儿童能有机会与城市儿童共享优质的教育资源，使更多的适龄儿童增加了享受优质教育的机会，缩短城乡教育的差距。

然而，农民工的子女在城市接受教育却受到了种种限制。一方面并非所有的公办学校都一视同仁地向他们开放，另一方面他们还受到了自身条件的种种限制而丧失了到公办学校就读的资格。学费和户籍制度从事实上剥夺了大量流动儿童进入城市优质学校就读的机会，使他们不得不进入民工子弟学校就读。农民工子女所怀有的城乡共享城市优质教育资源的梦想被森严的城乡壁垒无情地打破。尚在观望中的其他农民工，看到了周围进城农民工子女进城接受教育的遭遇，便打消了此前也希望带自己的子女进城读书的念头。这样大批农村适龄儿童依靠父母的城市转移进入城市读书、与城市儿童共享优质教育资源的道路实际上被现实所阻断，原本减少的在农村接受教育儿童的数量，反而因为城市流动儿童的返乡回流而增加，城乡教育差距因为缺乏缩减的途径而继续扩大，城乡统筹发展也会因此而受到阻碍。

（2）民工子弟学校办学受限减少了城市教育机会的供给数量。在城市流动儿童进入公立学校受阻之时，面对大量民工子弟的教育需求，民工子弟学校应运而生并得到较快发展。由于种种原因，民工子弟学校多数办学条件简陋，课程设置不规范，质量相对低下，但他们满足了民工子女教育的基本需要，在一定程度上起到了弥补公立学校不足的作用。因此，在早期，多数城市政府及教育主管部门都采取了不鼓励不取缔、默认民工子弟学校存在的政策。

实际上，民工子弟学校多是以市场需求取向而办学的，收费低廉而且方便流动儿童的就学，因此很受农民工家长的欢迎。在民工子弟学校出现的初期，由于政府当时对民工子弟学校的政策模糊，办学者投资预期不确定，缺乏长期投资意愿和学校发展的长远规划，再加上初始投资条件的限制和其他现实困难，办学条件简陋确属情理之中。但即使如此，它们的办学条件在整体上也并不低于农村教育的平均水平，否则理性的农民工家长更愿将孩子送回农村老家就读。如果政府继续采取鼓励和支持民工子弟学校发展的政策和措施，势必会在公立学校之外增加相对于农村更优质的受教育机会供给。这样既可以减轻公立学校接纳流动儿童就学的压力，也可以改变流动儿童在公立学校受排斥和文化上不适应的状况，大大缩短城乡教育的差距。

然而，2003年中央政府确立并出台“两为主”的城市流动儿童教育政策之后，不少城市教育行政管理部门根据这一政策，以城市办学的标准严格要求办学水平介于农村和城市之间的民工子弟学校，在这一过于苛刻的办学标准下，大量民工子弟学校由于条件简陋，办学不规范，短期内难以达标，因此被政府取缔和关停。而公办学校尽管办学条件较好，但由于就读成本高昂，农民工子女家庭一般都难以承受，他们更希望能够在收费低廉、就学方便的民工子弟学校就读。政府强行关停大量民工子弟学校，使得流动儿童丧失了可选择的余地。受制于经济因素，民工子弟要么承受高成本求学的代价在公办学校就读，要么失学在家。由此可见，政府对民工子弟学校不适当的政策，直接导致部分流动儿童无学可上。事实上，由于存在强大的社会需求，被取缔的民工子弟学校并不能从根本上消失，这些学校逐渐由公开转为地下，跟政府玩起了捉迷藏的游戏，流动儿童学生由此缺乏稳定的学习环境，失去管理后的民工子弟学校的教育质量也更加难以保障，结果流动儿童只能获得更加低劣的教育。

总之，民工子弟学校办学在政策上的受限，进一步剥夺了大量民工子弟在城市公办学校之外获取教育机会的权利。这实际上又减少了城市教育机会的供给，扩大了城乡教育差距，也在一定程度上妨碍了城乡统筹发展。

（3）农村留守儿童的大量存在降低了农村教育的整体质量。城乡教育的差距变化取决于城市和农村教育发展速度的比较。如果二者速度一致，差距不变；如果农村发展速度慢于城市，差距就会进一步扩大。在当前我国农村教育整体相对薄弱的情况下，农村教育只有在原有办学基础上加快发展速度，才能迎头赶上并缩短与城市教育的差距。

近年来，各级政府都加大了扶持农村教育的力度，农村教育质量与之前相比整体上有了明显改善。但城市教育的发展速度和质量也在同步提高，缩短差距的努力仍然作用有限，甚至仍然存在差距扩大的趋势。这除了城市教育的同步高速发展外，其主要原因在于：农村留守儿童的大量存在影响了农村教育质量的提高。由于农村留守儿童教育问题的日益严重和迫切，本可以直接用于改善农村教育质量的教育资源却被优先投入解决留守儿童教育的问题上，分流了一部分用于直接改善教育质量的教育资源，从而迟滞了农村教育质量提高的速度。

为了解决留守儿童的托管问题，政府不得不投资建立大量寄宿学校，而改善寄宿条件需要大量的投资；为了留守儿童的正常成长，学校和教师都不得不花费更多的精力来关注他们的学习和生活，部分学校甚至为他们配备了专职的心理健康辅导教师和专职生活教师，并对教师就留守儿童的教育问题进行专题培训；为了获得留守儿童家庭的配合，不少学校举办了家长学校，对留守儿童的父母或者监护人进行必要的家庭教育知识培训；为了让父母能及时参与到教育孩子的行动中来，部分学校专门为留守儿童开通了亲情热线电话，方便亲子之间的沟通和交流，凡此种种，都需要一定的投资。但这些投资主要是为了帮助留守儿童回归正常的教育起点，使他们达到农村学校其他学生的基本学业水平，并不是为了直接改善农村教育的整体质量而作用于全体学生。尽管上述措施在客观上也部分有利于提高农村教育的整体办学水平，但这种作用对缩小城乡教育差距却十分有限。

正是因为农村留守儿童的大量存在，使得农村教育投资的使用方向发生了改变，这些投资大部分并没有直接作用于改善整个农村教育质量上，农村教育质量的提高相对于城市教育的发展仍然显得缓慢，因此，城乡教育差距不仅没有缩小反而有所扩大。

（4）现行的教育投资体制导致城乡教育差距继续扩大。教育的发展是一定投资积累和沉淀的结果。教育投资是保证教育发展和质量的先决条件，在我国目前教育投资短缺的情况下，教育的差距在一定程度上可以用投资数量来衡量。这样，投资能力的大小就直接决定着当地教育发展的水平。在有限的投资中，决定城乡教育投资如何分配的投资管理体制事实上就决定着城乡教育差距的扩大和缩小。

在我国义务教育阶段，目前实行的是“地方负责、分级管理”的投资与管理体制，具体实施办法是：在农村以县为主，在城市以区为主。这种分级管理的投资体制是一种典型的属地化投资与管理模式。教育的投资能力在一定历史阶段主要受制于当地经济的发展水平。我国是一个发展中国家，受历史和国家政策的影响，各地经济发展差异很大，区域发展的不均衡现象十分严重。属地化教育投资和管理模式实际上默认了地区经济差异的合理性，在事实上承认了基于经济发展差异的教育发展的不均衡。在区域发展不均衡中，最严重的是城市与农村的发展不均衡。城市与农村在经济实力和教育投资能力上不能同日而语。因此，属地化投资与管理体制本身不利于缩短城市和农村教育的差距。

属地化投资管理模式是与20世纪末我国流动人口子女教育问题还没有提上议事日程时的教育状况相适应的。随着流动人口子女的大量增加，不少农民工子女离开原来的属地，进入城市接受教育，属地化投资管理模式按照属地内的学生数额核定教育经费标准的做法已经无法适应新形势下教育发展的需要。受户籍制度的影响，离开农村原来的属地进入城市读书的流动儿童，由于市民身份得不到承认而无法享受与城市儿童同样平等的教育机会，无法被纳入城市区一级的属地教育投资和管理；而流动儿童一旦离开了农村，原来的属地教育当局就在事实上取消了该生的教育经费。这样流动儿童在城市接受义务教育的投资实际上处于无人买单的地步。

这一投资体制的缺陷不仅从根本上造成了大量流动儿童无法进入公立学校共享城市优质教育资源的状况，而且因为生源的减少造成农村义务教育人头经费数额的下降，不利于农村教育的发展，扩大了城乡教育差距。近些年，全国各地，无论中央政府还是地方各级政府，都加大了对农村教育的投资力度，力图缩短城乡教育差距和实现城乡教育的统筹发展，但是由于长期以来政府对农村教育欠账过多，效果不尽如人意。

(5) 教育开支过大影响农村经济的发展。随着大量农民工涌入城市务工，民工工资收入已经成为农村家庭的主要收入来源。农民工将打工赚取的余钱几乎全部带回家中，成为农村经济发展的最重要的资本积累。农民工的工资收入也大大提高了农民的人均生活水平和消费水平，进一步刺激了农村消费市场的扩大。因此，农民工通过以工补农的方式对我国农村经济的发展和生活水平的提高作出了重要的贡献。

在我国特殊的社会文化背景下，农村父母普遍存在望子成龙和望女成凤的心理。受教育者在未进入就业领域之前是纯粹意义上的消费者，因此，子女受教育的开支已经成为农村家庭的一项重要经济负担。尽管我国实行了比较严厉的人口控制政策，但在农村，多子女家庭仍然占有很大比重。这样，农村多子女家庭的经济负担就更重。再加上我国农村中小学教育存在着较为严重的乱收费行为，农村家庭依靠农业收入维持子女的求学费用已经力不从心。为了维持子女相对高昂的教育费用和家庭其他生活开支，大量农民不得不离开家乡外出打工。除此之外，不少农民为了子女能够接受良好的教育而将孩子送到教育质量较高的学校就读，但由于这些学校普遍求学成本高昂，家庭难以承受，于是有部分农民纯粹是为了孩子的教育而外出打工。

在农村，尽管我国已经实行了免费的义务教育，一定程度上减轻了农村适龄儿童家庭的经济负担，但由于农村中小学布局调整后，为了实现办学的规模效益，一些规模小、布局分散的校点被撤销，原来在村办小学读书的学生需要到较远的中心学校就读，上学远、上学难问题突出。为此大量农村留守儿童不得不乘车上学或者在校寄宿，与此前在村办小学上学相比，其生活费、住宿费和交通费等开支都是额外增加的，求学成本与此前相比大大提高。这样一来，农村留守儿童家庭的教育开支也随之增加，农民工寄回家中的工钱相当一部分被用来维持孩子的求学和生活费用，最后能够用于投资和消费的经费就相应减少。在部分贫困地区，已经出现了因为有较多子女接受教育导致家庭陷入贫困的境地，出现“因教致贫”现象。这就说明当前农村的教育开支已经超出了部分家庭的经济承受能力，教育开支已成为农民工家庭的重要开支之一。

由此可见，相对较高的教育开支加大了农民工家庭的经济负担，不利于农民工家庭实际生活水平的提高，也不利于农村消费市场的扩大和农村经济的发展，从而扩大了城乡收入差距，不利于城乡经济社会的统筹发展以及三农问题的解决。

2. 迟滞我国城市化进程

城市化是以农村人口向城市迁移和集中为特征的历史过程，不仅表现在人的地理位置的转移、职业的改变，以及由此而产生的生活方式、消费行为的转变，而且此过程还伴随着精神、文化、观念的无形转变。“城市化”一词有四个含义：一是城市对农村影响的传播过程；二是全社会人口接受城市文化的过程；三是人口集中的过程，包括集中点的增加和每个集中点的扩大；四是城市人口占全社会人口比例提高的过程。从某种意义上说，人类文明史也是一部城市发展史和城市化进程史。

大规模的城市化发端于近代工业革命。工业革命带来大规模使用机器的生产活动，要求劳动要素的相对集中，再加上工业区域劳动力市场价格的吸引作用，造成了农村人口向某些中心区域的迅速集中。人口的集中带来了市场活动、商业经营以及服务业的发展，人口集中本身也带来了就业机会。上述因素的相互影响就使得工业化、城市化、市场化以及现代化成为同一个历史进程。因此，城市化既是城乡经济社会统筹发展的过程，又是一个逐步消除城乡二元结构、实现城乡一体化的过程。

城市化率，即一个国家城市人口占全部人口的比例，是衡量一个国家和社会人民的整体生活水平和现代化程度的重要指标。20 世纪中叶，西方发达国家基本实现了城市化，形成了多数人口聚居在城市的格局，这些主要国家的城市化率分别为：美国 72%，英国 87%，联邦德国 79%，荷兰 86%，加拿大 77%，澳大利亚 83%。而我国 2007 年的城市化率仅为 43.9%。据有关方面预计，今后我国每年将有 1200 万人成为城市居民①。与发达国家相比，我国显然是一个低城市化的国家。

我国当前的城市化以农民工进城为主，也就是说，我国的城市化实际上就是农民的非农化过程。随着越来越多的农村剩余劳动力离开农业部门进入城市就业和生活，他们在生活方式上与城市日渐融为一体，除了户籍身份之外，与市民已经没有什么本质区别。这一庞大的群体何去何从？农村剩余劳动力的非农化和城市化已经成为我国向现代化阔步迈进过程中亟待解决的问题。解决该问题的必要性在于：首先，农村人地关系紧张，要解决有限的农业用地与已经超载的农业人口的矛盾，就必须实现人口的聚居和非农化。其次，由于我国改革开放以前长期实行重工业发展战略和城乡隔离的政策，加上推行“自上而下”与“自下而上”相结合的二元城镇化发展模式等多种因素的作用和影响，使得城镇化的发展还不能完全适应经济社会发展的需要。最后，将过剩的农业人口吸引到城镇，对于提高劳动生产率，发展城镇第三产业，提高农民的收入和扩大就业规模都有着重要的意义。综上，加快我国城市化进程对于促进城乡经济社会统筹发展和解决三农问题都具有积极的意义。

美国著名经济学家斯蒂格利茨曾断言，21 世纪影响世界进程和改变世界

① 李同欣.《我国城市化水平达 43.9%，让城市更繁华也更安全》[N]，《人民日报》，2008 年 1 月 15 日.

面貌的有两件事：一是美国高科技产业的发展，二是中国的城市化进程①。流动人口子女的教育问题就是我国农民非农化、实现城市化及城乡经济社会统筹发展进程中的产物。城市化既是该问题产生的背景，反过来，该问题也影响正常城市化的进程。

（1）教育服务不到位将会影响和迟滞我国城市化进程。由于大量的农民工进城务工，低廉的劳动力价格已经成为城市经济发展的竞争优势。据北京市2003年统计资料显示，进城农民工对北京GDP的贡献率在10%左右。农民工尽管对城市经济发展的贡献功不可没，但工资待遇和生存状态却十分低下。

当前我国各地都把招商引资作为推动城市经济发展的重要手段，创设和培育良好的投资与发展环境成为政府的重要任务。城市的投资环境成为影响城市竞争力的重要因素。在影响投资环境的因素中，过去的很多研究者都注意到了基础设施、治安环境、政府服务效能和投资政策等因素的作用，却很少有人关注到促进经济发展最重要的人力因素——作为雇工主体的农民工问题。由于劳动权益和社会保障问题长期得不到解决，农民工根据工资和劳动条件对务工地点和企业作出选择，劳动力市场供求关系由此发生变化，致使城市劳动力价格改变，从而对城市的投资和产业发展环境产生负面影响。

根据马克思的劳动价值理论，工资是劳动力价值的价格表现。而劳动力的价值，同其他商品的价值一样，是由生产和再生产这种特殊商品的社会必要劳动时间所决定的，即也是凝结在劳动力商品中的一般的无差别的人类劳动。但是，劳动力存在于人的身体中，只有当它与生产资料相结合，在具体劳动过程中才能发挥出来，否则，它就只能是可能的劳动能力，劳动力的生产是以工人的存在为前提的。因此，劳动力的生产和再生产的社会必要劳动时间，就表现为雇佣劳动者能够劳动的状态和延续后代所需要的生活资料的价值。具体地说，劳动力的价值包括三个部分：劳动者本人所必需的生活资料的价值；劳动者养活家庭和子女所必需的生活资料的价值；劳动者接受教育和培训所需的一定费用。

根据马克思对工人工资的理解，工资应该包含养活家庭和子女所必需的生活资料的价值以及自身接受一定的教育和培训的费用。换句话说，工资水

① 庄秀琴．《流动儿童义务教育问题研究》[J]，《安徽农业科学》，2006年第22期．

平应该能够担负家庭生活和子女接受教育的开支。但是纵观我国当前的农民工工资的现实，不要说“养活家庭和子女所必需的生活资料的价值以及劳动者接受教育和培训费用”，就连“劳动者本人所必需的生活资料的价值”都无法实现，部分农民工经常辛苦一年却迟迟拿不到工资，农民工讨薪难已经成了屡见不鲜的事实。再从社会保障来看，城市公民所享有的医疗、卫生、保险、教育、就业和低保等福利待遇都没有将农民工纳入其中。农民工的劳动权益和社会保障体系得不到保障，是造成农民工收入水平低下、生存环境恶劣、子女上不起学的主要原因。

由于我国各个城市经济发展的不平衡性，各地的工资和社会保障水平不同，流动性强的理性农民工会根据各地工资和社会保障体系的差异选择最佳的务工地点。由于过去对我国农村剩余劳动力过剩的夸大，很少有城市政府关注农民工的劳动权益和社会保障，农民工因为工资过低和劳动权益长期得不到保证而不愿再进城务工，结果我国珠江三角洲和长江三角洲等加工制造业密集地区，出现了因为劳动力短缺所致的“民工荒”现象。劳动工人的短缺使得城市劳动力价格上涨，先前营造的投资环境因为缺乏劳动成本优势也遭到破坏。现有的工厂企业因为招不到工人而蒙受经济损失。长期下去，城市经济必将因为失去大量的廉价劳动力而丧失竞争优势。

在影响农民工选择务工地点的因素中，除了工资之外，最重要的就是农民工子女受教育的城市的服务状况。如前所述，部分农民就是为了让孩子进城读书才陪伴孩子一起在城市打工的。如果城市较好地解决了流动人口子女的教育问题，就解除了农民工的后顾之忧，从而可以使他们安心地在城市工作，这必将留住和吸引更多的农民工加入城市建设中。劳动力供给的大量增加会降低工资的实际价格，本地的经济发展由此具备人力低成本优势。但由于农村教育质量整体的改善和受教育年限的延长，加上计生政策带来的人口下降，在未来时间内，我国农村剩余青壮年劳动力增加并向城市转移的空间已经不大，农村剩余劳动力供求将会出现新的变化：由现在的供大于求，转为供需基本平衡，劳动力供求矛盾在未来也将主要表现为结构性矛盾，农民工的工资谈判能力和“用脚投票”能力都将会大大加强。如何吸纳劳动力进城务工将成为影响城市经济发展和竞争力的重要因素。

在我国传统文化中，家长对子女的成才往往是不计成本的。在城市各种恶劣的生存环境中，只要能够让子女出人头地，农民工再苦再累都愿意承受。因此，流动人口子女的教育问题是改善农民工社会保障和福利中最为紧迫的问题。流动人口子女的教育问题是一个系统工程，要解决这一问题，就必须解决与此相关的农民工工资待遇、降低学费和解除制度藩篱等多方面的问题。所以，流动人口子女的教育绝不仅仅是一个教育问题，它实际上还是农民工缺乏劳动权益和社会保障生存状态最集中的体现。如果该问题长期存在必将恶化农民工的社会保障状态，从而不利于确保城市劳动力供给数量的充足与稳定，进而影响城市经济发展和迟滞我国城市化进程。

总之，教育作为一项公共服务，已经成为影响城市经济发展环境的因素。教育服务不到位必将影响城市经济发展和迟滞我国城市化进程。

（2）农民工及其子女生存能力低下也将影响和迟滞我国城市化进程。教育对个体的重要作用在于通过增进人的知识和技能使其具备社会生存能力。在现代社会，个体的受教育水平已经成为影响个体在劳动力市场的就业竞争力的主要因素，进而影响个体的生存能力。

大量流动人口进城，并不意味着他们已经实现了城市化，虽然他们已经在职业上脱离了农业部门，但是由于他们从事的工作对知识和技能的要求不高，多为以出卖体力劳动的简单工作，工资低下，工作环境恶劣，再加上普遍缺乏社会保障，因此，进城农民工要适应现代城市生活首先遭遇的是经济上的障碍。他们没有能力在城市购买住房，相当一部分农民工无力承担子女的上学费用，遇到生病住院又无力负担昂贵的医药费用，农民工在城市的生活因此处于最边缘化的状态。这种低下的生存能力，与城市化的要求是不相符的，况且受户籍制度的限制，他们在身份上还不是真正意义的市民。可见，农民工的就业和生存能力是决定他们能否实现城市化的首要前提。

农民工及其子女的生存能力问题如果不能很好地解决，就会发生反城市化的“城市病”问题。在拉美国家的历史上就存在着一种逆向城市化现象，也就是说它是一个失控的城市化过程。许多研究拉美城市化的学者指出，城市在空间上的扩张比人口膨胀更快，使城市化失控，主要原因是由于移民数量不断增加和城市地价及生活费用的上涨，数量越来越多的低收入阶层（绝大多数是由农村转移出来的剩余劳动力组成）开始迁移，从原来相对靠近市中心的简陋住所向城市周边地带转移，逐渐形成环绕城市的大片贫民区。而从我国近些年城市化所取得的成效来看，城市化的质量并不高，类似拉美国家的“城市病”问题也日益严重。从全国来看，从 20 世纪末到目前为止，城市化率上升了大约五六个百分点，也就是说，大约有1亿新增的城市人口。这些人口都来自哪里呢？恰好目前全国大约有6000万因失地安置转为城市居民的农民。因此，失地农民是新增城市人口的重要组成部分。但是据国家统计局和九三学社等机构所做的调查，半数以上的失地农民的生活水平在下降。北京市街道中享受低保的居民多数也是失地的农民。因此，以剥夺农民土地使用权为代价的农民非农化和城市化模式造成了失地农民生存能力的下降，市民身份并没有改善他们的生活状态，显然这是城市化质量不高的一种表现。

造成农民工经济地位低下和生存能力不强的主要原因何在呢？主要跟他们所从事的职业有关。美国经济学家皮奥里（Piore）、戈登（Gordon）、多林格（Doeringer）、卡诺伊（Carnoy）等人的劳动力市场分割理论认为，劳动力市场可以分为主要劳动力市场和次要劳动力市场，主要劳动力市场为劳动者提供大公司、大企业、大机构的工作，工资待遇是由劳资双方谈判决定的，雇员有工作保险、明确的晋升程序以及较高的工资；次要劳动力市场为劳动者提供小企业、小公司和小机构的工作，这种工作在各个方面的福利待遇都明显低于主要劳动力市场。他们认为，两个市场之间的流动率不大，个人的工资收入主要由其所在劳动力市场的性质来决定。一般而言，主要劳动力市场雇佣比例较高的男性、白人以及受教育程度较高的人，而次要劳动力市场雇佣了比例较高的女性、有色人种以及教育程度较低的人，所以在主要劳动力市场上教育与工资呈现明显的正相关，在次要劳动力市场上，教育与工资的相关度微弱。所以，教育的重要作用就在于它决定着个人将来是在主要劳动力市场工作还是在次要劳动力市场工作。由于农民工的受教育程度大多为初中及以下水平，受教育程度低所带来的知识和技能的缺乏，使得他们只能在城市从事次要劳动力市场的工作。即使在次要劳动力市场，农民工所做的也是最苦、最累、最脏，甚至是最危险的工作，并且收入低下，生存状态不佳。

农民工在城市的生存状态以及城乡分割的户籍制度使得他们目前不可能真正实现向城市生活方式的转变，实现城市化。尽管他们已经进城，已经在城市就业，部分农民工已经是举家长期居住在城市，但经济和制度限制阻止了他们的城市化之路。未来10多年是中国城市化快速发展的重要阶段。据预测2010年中国城镇人口将达到6.5亿左右，城市化率将达到47%，平均年增长率为0.8%。2020年，中国的城市化水平将达到60%左右。如果届时全国总人口达到14.7亿，城市人口将是8.4亿，农村人口为6.3亿。未来城市化的对象正是当前或者未来接受义务教育的农民工子女。如果他们的受教育状况和生存能力仍然得不到改变，我国城市化进程必将受到影响。

作为流动人口子女，在城市接受教育的流动儿童及早熟悉了城市的生活方式和环境，但是由于不能在城市接受良好的教育，获得必要的城市生存技能，大多数农民工子女都逃脱不了初中毕业就失学就业，加入父辈打工大军的老路。农村留守儿童在农村生活和学习，由于父母不在身边，正常的身心发展受到影响，整体学业成就低下，难以获得继续读书学习的机会。同时，父母打工回家传递的城市生活信息增加了他们对城市生活的向往，升学难和就业难导致的农村“新读书无用论”的抬头，这些留守儿童一旦学业不佳就会加快厌学、失学和进城打工的速度。这一问题在农村初中显得更为突出，往往是初一三个班，初二两个班，到初三变成了一个班。由于教育不佳所导致的知识技能的欠缺，农民工子女成为新一代农民工后，仍然和父辈一样从事次要劳动力市场的工作，生存能力依然十分低下，同样不能实现真正意义上的城市化。但与父辈相比，他们又不懂农业生产技能，无法在农村生存，他们对城市生活有很多的向往和憧憬，他们不再像父辈一样候鸟式地打工，他们比老一代农民工更渴望获得城市生活的权利，更在意自己的非农化进程，但是自身的生存能力和外在因素的共同作用阻碍了他们的梦想。

总之，流动人口子女的教育问题如果不能得到妥善解决，必然因生存能力低下而阻碍下一代农民工的城市化。大批农民工不能正常城市化会进一步加重“城市病”，又在整体上对城市化形成障碍，进而妨碍城乡统筹发展。

第三章

原因：制度排斥

流动人口子女的教育问题，作为转型期我国社会中的一个突出问题，如果处理不好，不仅会影响这一庞大群体公平地接受教育，还会影响到经济社会的发展，必须引起全社会的高度重视。但流动人口子女教育存在着这样或那样的问题，其原因是相当复杂的，既有经济社会发展差距的影响，又有历史形成的体制、机制等方面的原因，但探寻产生这一问题的根本原因需要从制度的层面进行。制度是影响流动人口子女公平接受教育的最重要因素。

一、流动人口子女教育问题产生的根本原因：义务教育财政体制过度分权

教育投资是教育发展最根本的物质保证。教育的改革和发展，必须依赖于充裕的教育经费予以支持。美国教育行政专家罗森庭格认为："学校经费如同教育的脊椎。"① 但长期以来，我国义务教育财政管理体制一直是低重心、分散型的，在承认和接受各种差别的前提下，实行分级管理。如建国后至改革开放之初，我国中小学一直坚持的是"两条腿走路"的办学方针，即在强调政府通过财政预算内拨款直接举办中小学的同时，大力提倡城市企业和农村社队举办中小学。改革开放后的 1985 年，中央基于当时以"放权让利"为主调的经济体制改革所形成的制度环境，将义务教育财政管理和筹资责任下放到地方政府，为弥补地方政府义务教育财政经费投入不足，在具体制度安排中又引入了多元化的筹资机制。

如果说早期我国普及义务教育确实存在"穷国办大教育"的问题，把义务教育的部分筹资责任转嫁给社会是不得已而为之，那么，随着我国经济和财政收入持续多年的高速增长，政府再以财政困难为由，继续推卸办义务教育的责任就会受到社会的广泛质疑。与此同时，一些地方政府无节制地将义务教育筹资责任转嫁给老百姓，造成了老百姓负担过重，引起了民怨沸腾。迫于人们对义务教育财政公平的强烈诉求，加之政府发展观的转变和构建和谐社会的战略目标的提出，2001 年，中央在农村税费改革中取消了面向农民的教育集资和教育附加费，对义务教育财政体制进行了重大调整，其具体的制度安排，在 2001 年颁布的《国务院关于基础教育改革与发展的决定》和随后《国务院办公厅关于完善农村义务教育管理体制的通知》中作了具体的

① 转引自：蔡保田．《当前我国国民小学教育经费的实际问题》［J］，《国立政治大学学报》（台湾），1970 年第 22 期．

规定。这两个文件要求，义务教育实行“在国务院领导下，由地方政府负责、分级管理、以县为主”的体制，在城市则是以区为主。县区级人民政府对义务教育负有主要责任，省、地（市）、乡等地方各级人民政府承担相应责任，中央政府给予必要的支持。

1. “以县为主”的义务教育财政体制的责任划分

按照《国务院关于基础教育改革与发展的决定》和《国务院办公厅关于完善农村义务教育管理体制的通知》规定，省级人民政府负责统筹制定本省、自治区、直辖市义务教育发展规划；根据国家中小学教职工编制标准，制定具体实施办法，核批各县（市、区、旗，以下统称县）中小学教职工编制；逐县核实财力水平，统筹安排财力，对财力不足、发放财政供养人员工资确实有困难的县，通过调整财政体制和财政支出结构、增加省级财政转移支付资金、合理安排中央财政转移支付资金等办法，帮助并督促县级人民政府确保中小学教职工工资按时足额发放；核定本地区中小学公用经费的标准和定额，确定中小学收费项目和标准；增加危房改造专项资金的投入，建立消除中小学危房的工作机制；组织实施教育对口支持工作，推动建立助学制度；加强对下级政府教育工作的督导检查，组织开展督导评估工作。

地（市）级人民政府负责制定本地区义务教育发展规划，组织协调本地区义务教育发展；根据国家中小学教职工编制标准和省级人民政府的实施办法，审核上报本地区各县中小学教职工编制；根据省级人民政府的要求，对财力不足、发放财政供养人员工资确实有困难的县，给予财政支付，对中小学危房改造给予补助；组织实施助学活动；加强教育督导检查。

县级人民政府负责制定本地区义务教育发展规划，组织实施农村义务教育；从实际出发，因地制宜，逐步调整本地区中小学布局；根据国家中小学教职工编制标准和省级人民政府的实施办法，提出本地区中小学教职工编制方案，并根据省级人民政府核批的中小学教职工编制，核定学校的教职工编制；负责本地区中小学校长、教职工的管理；调整本级财政支出结构，增加教育经费预算，合理安排使用上级转移支付资金，确保按时足额统一发放教职工工资；统筹安排本地区中小学公用经费，安排使用校舍建设和危房改造资金，组织开展本地区中小学危房改造和校舍建设工作，改善办学条件；指导本地区中小学的教育教学工作；维护学校的治安和正常教学秩序；开展助学活动；对乡（镇）人民政府有关教育工作和农村中小学进行督导评估。

乡（镇）人民政府负责组织适龄儿童少年入学，严格控制义务教育阶段学生辍学的数量；维护学校的治安、安全和正常教学秩序，治理校园周边环境；按有关规定划拨新建、扩建校舍所必需的土地。经济条件较好的乡（镇）要积极筹措经费，改善中小学办学条件，支持农村义务教育发展。

2. "以县为主"的义务教育财政体制经费保障责任的划分

在划分地方政府间义务教育事权责任的基础上，两个文件又对义务教育的支出和筹资保障责任在政府间如何分配做出了初步规定。其要点如下：

（1）中小学教职工工资支出及筹资保障。县级人民政府按照省级人民政府核定的教职工编制和国家统一规定的工资项目和标准，结合本级财力和上级给予的转移支付资金，将本地区中小学教职工工资全额纳入本级财政预算，通过银行按时足额直接拨到教职工银行开设的个人工资账户中，保证教职工工资按时足额发放。同时，按照《中华人民共和国教师法》的规定，保证教师工资不低于当地国家公务员的平均水平。上级的工资性转移支付资金、农村税费改革转移支付资金和一般性转移支付资金，首先要用于保证本地区中小学教职工工资。

在合理确定中小学教职工编制的基础上，省级人民政府要统筹安排解决财力困难县中小学教职工工资的发放问题，并实行省长（主席、市长）负责制。通过调整财政体制和财政支出结构，逐县核实财力并建立确保农村中小学教职工工资发放的运行机制。根据各县财力状况和保障力度，增加工资性转移支付资金。安排使用中央下达的一般性转移支付和工资性转移支付，省、地（市）级不留用，全部补助到县，对所属各县也不能平均分配，主要补助财力困难而自身保障难度大的县的工资发放，并在年初将转移支付资金指标下达到县。财力较好的地（市）级人民政府也要安排相应的工资性转移支付资金。通过上述资金统筹安排，确保国家统一规定的中小学教职工工资按时足额发放，不再产生新的拖欠。县级人民政府负责清理历年拖欠的本地区中小学教职工工资，并制订计划，限期补发。

（2）中小学公用经费支出及筹资保障。县级人民政府要按照省级人民政府核定的农村中小学公用经费标准和定额，统筹安排，予以保证。经济和财力较好的县，标准和定额可以适当提高。农村中小学公用经费资金来源除学校按规定向学生收取的杂费外，其余部分由县、乡两级人民政府预算安排。农村中小学按省级人民政府规定向学生收取的杂费，全部用于公用经费开支，不得用于教职工工资、津贴、福利、基建等开支，不得用于平衡财政预算，不得从中提取任何性质的调节基金。国家扶贫开发工作重点县的农村中小学按国家有关规定实行“一费制”，并严格按标准收取，不得超标。对实行“一费制”后形成的中小学公用经费缺口，应按照省级人民政府核定的农村中小学公用经费标准和定额，在上级人民政府的转移支付资金中安排。

（3）中小学危房改造和学校建设经费投入保障。各地要建立定期的危房勘查、鉴定的工作制度和危房改造经费保障机制。县级人民政府要将新增危房的改造列入本级事业发展重点，多渠道筹措经费，确保及时消除新增危房。省、地（市）级和财力较好的县级人民政府要设立农村中小学危房改造专项资金，中央政府通过专项补助重点扶持困难地区的农村中小学危房改造。实行农村税费改革试点的地区，可以通过村民自愿提供劳务等方式，支持农村中小学校舍的维护和修缮。农村中小学进一步发展所需的校舍建设项目，由县级人民政府列入基础设施建设统一规划，经省级人民政府审批后，由省、地（市）、县级人民政府多渠道筹措建设资金。农村中小学购置教学仪器设备和图书资料所需的经费，由县级人民政府安排。中央和省级人民政府设立的专项资金，今后将继续扶持贫困地区、少数民族地区的农村中小学学校建设，改善办学条件。农村中小学不得举债建设。县级人民政府要采取有效措施，清理、核实农村中小学“普及九年义务教育”欠债，摸清债务来源和使用情况，并尽力偿还。

3. “以县为主”的义务教育财政体制的特点

与“以乡镇为主”的义务教育财政体制相比，税费改革后“以县为主”的义务教育财政体制呈现以下几个方面特点：

一是在义务教育财政管理体制上，由原来高度分散转变为适度集中。原体制下农村中小学名义上实行的是县乡两级管理，实际上主要是乡镇在管理。就筹资责任而言，公办教师的工资由乡镇财政预算安排，其他方面的筹资，初中由乡镇负责，小学由村负责，县级以上政府给予少量的专项补助。在“以县为主”的体制下，义务教育事权和筹资责任上移到县，省和地（市），尤其是省，负责制定中小学教育支出的标准，并负有辖区范围内义务教育统筹和平衡责任，乡镇主要责任是为学校发展提供土地支持和维护学校的安全，村基本上不再承担义务教育的筹资和管理责任。调整后的义务教育财政体制，至少在义务教育管理和经费筹措的政府级别方面，给予了农村和城市相同的待遇。

二是在义务教育筹资模式上，由原来的“多元化”变为以政府投资为主，突出政府对义务教育的投资责任。原体制下，义务教育尤其是农村义务教育经费采取了多元的筹资模式，即公办教师的工资部分由乡镇财政预算安排，部分靠收费，公用经费主要靠收费，民办教师工资和学校维修与新建主要靠农民的教育集资和附加，县级以上政府给予少量补助。税费改革后取消了面向农民的教育集资和教育附加，为规范学生收费，在贫困县还实行了“一费制”。这些措施将原来义务教育财政筹资模式由“多元”变为“以政府为主”，强化了政府的义务教育财政筹资责任，基本终结了过去长期依靠农民投入办义务教育的格局。这为构建公共财政体制下的义务教育财政体制和日后推行免费的义务教育迈出了关键一步。

三是着眼于摆脱税费改革后义务教育的财政困难。税费改革后的义务教育财政体制调整主要是基于乡镇财政困难，以及由此引发的农村中小学教师工资普遍被拖欠、学校运转失灵的问题。决策者试图通过筹资责任上移，即通过实行“以县为主”的义务教育财政体制，确保税费改革后农村中小学教职工工资按国家统一规定的项目和标准按时足额发放；确保农村中小学公用经费维持学校正常运转，特别要包括教师正常培训费用和新技术手段应用后的维持和运转费用；确保师生安全，保障学校危房改造所需的专项资金，这就是所谓的“三保”。

四是初步在各级政府间划分了义务教育事权、支出和筹资责任。但义务教育管理和筹资是实的，而县以上的省和地（市）责任仍比较虚。表面上看，国务院 2001 年颁布的这两个文件就义务教育的事权、支出和筹资责任在中央、省、地（市）、县和乡镇四级政府间进行了划分，但从相关规定来看，县一级政府，无论是义务教育的管理责任还是支出和筹资责任都是具体的、明确的，且具有硬性约束，而中央、省和地（市）都只是做了一些原则性规定，在落实中操作性较差。这充分体现了义务教育事权和筹资责任“以县为主”的特征。

4.“以县为主”的义务教育财政体制的缺陷

税费改革后农村义务教育财政体制的适度集中，以及采取旨在强化政府义务教育投入的一系列措施，经过几年运行，总的来看，切实增强了政府的义务教育投入力度，改变了农村义务教育长期依靠农民投入的格局，使得政府在义务教育投入中的主渠道作用日渐明显，政府预算内教育财政投入在三级教育结构中的比例更趋合理。仅就这些方面而言，“以县为主”的义务教育财政体制，经过几年的运行，其效果达到了决策者的预期。

在“以县为主”的义务教育财政体制安排中，占维持性支出较大比重的工资按省统一的标准要求全额纳入财政预算，且实行“领导责任制”的硬性约束，基本解决了农村长期拖欠教师工资的问题，同时也保障了政府对农村中小学维持性支出的投入。无疑，这对缩小城乡间义务教育维持性支出的差异是至关重要的。但在新制度安排中原则上要求乡镇财政继续负责农村初中和小学办学条件的改善，而乡镇财政原本就困难。在原制度安排下农村中小学办学物质条件的改善，除了上级政府少量的专款外，绝大部分经费主要来自于农民的教育集资和教育附加，这部分经费在税费改革前数额巨大，不仅改善了农村办学条件，且也起到了缩小城乡差距的作用。税费改革后，乡镇财政困难进一步加剧，加之部分财政收入上划到县确保教师的工资，在不允许向农民征收教育集资和教育附加的情况下，调查发现很多乡镇的财政预算已看不到教育拨款这一项了。目前农村初中和小学办学条件改善的经费来源主要是中央及省配套补助。虽然近几年中央加大了补助的力度，但远不能弥补农民教育集资和教育附加迅速退出留下的缺口。

造成这一问题的根本原因是，“以县为主”的义务教育财政和管理体制，其实质仍然是责任基层化。责任基层化，结果必然导致一些经济欠发达县（市）拼命压缩中小学教育经费。由于经济发展不平衡，我国相当一部分县（市），特别是中西部以农业为主的县（市）长期存在财政能力薄弱的问题。当前我国教育经费支出在县级财政中占有较大份额，教育支出已经成为欠发达地区县（市）的沉重负担。许多县级财政甚至被称为“教育财政”，其教育事业费的支出已经超过行政管理经费支出，成为财政支出的大头。在这种过于分权的财政体制下，把普及义务教育所需的资金交由地方负责筹措与分配，实际上等于默许了经济发展不平衡的客观差异对义务教育的不利影响和制约。其结果，只能使义务教育的发展取决于各地区的经济发展水平，取决于地方政府的财政收支状况。由于城乡的经济发展是不平衡的，城乡的财政收支总存在着一定甚至是比较悬殊的差距。那么在这样一种义务教育财政体制下，不可避免地使义务教育陷入非均衡发展状态中。以2005年义务教育生均拨款经费为例，在当年的小学生均预算内事业费支出中，城市1679元，农村1205元，城乡倍率1.4；在小学生均预算内公用支出中，城市236元，农村142元，城乡倍率为1.7。在初中生均预算内事业费支出中，城市1835元，农村1315元，城乡倍率1.4；在初中生均预算内公用支出中，城市307元，农村193元，城乡倍率1.6。① 在这种"二元"教育体制下，农村教育积贫积弱，无论是师资力量还是教学设备都远远落后于城市。许多农村学校实验仪器和图书严重匮乏，开不齐国家规定的课程，达不到教学的基本要求。在国家教育督导团发布的《国家教育督导报告2005》中显示：2004年，城乡的小学生均教学仪器设备值之比为2.9∶1；城乡初中生均教学仪器设备值之比为1.4∶1。农村中小学师资力量薄弱，至今农村教师队伍中仍有大约31万名教师未达到国家规定的合格学历，小学教师年龄老化现象十分严重。小学和初中教师中高级职务比例偏低，初中尤为突出，2005年城市初中高级教师所占比例为12.36%，而农村仅为2.33%。

此外，在这样一种城乡分割的义务教育体制下，由于把普及义务教育所需的资金交由城乡政府各自负责筹措与分配，因此，一个地方的学生越多，地方政府的财政压力就越大。仍以2005年为例，当年全国城镇小学生均预算内经费为1675元，城镇初中为1835元，照此计算，像北京、上海、武汉等大城市为流动人口子女支付的经费将是一个巨大的数目。这样一来，尽管中央政府反复强调，流入地政府要制订流动人口子女接受义务教育的收费标准，减免有关费用，做到收费与当地学生一视同仁。但一些学校和地方对流动人口子女上学仍持排斥态度。目前不少地方均抱怨财政困难，难以接受更多的流动人口子女入学，有的则认为由流入地政府单独承担流动人口子女的

① 李陈春.《构建符合科学发展观的农村基础教育投资体制》[J]，《中国发展》，2007年第1期.

教育费用不合理，提出应让其原籍政府承担全部或分担部分教育费用。有的甚至认为，流动人口子女的教育，就相当于择校读书，从较为落后的乡村转到相对发达的城市接受教育，就是一种择校，择校就意味着他们对当地政府提供的公共教育的放弃。由此推论，流入地政府不仅可以不承担流动人口子女的教育投入，而且可以对其收取较高的学费或借读费。

总之，流动人口子女教育问题产生的原因相当复杂，但制度是影响流动人口子女义务教育公平问题的最重要因素。当然，由于流动儿童与留守儿童是两个复杂的群体，他们所面临的教育问题既有相同之处，也有不同之处，因而流动儿童和留守儿童教育问题产生的原因同样既有相同之处，又有不同之处。

二、流动儿童教育问题产生的原因：遭遇以户籍制度为核心的社会排斥

流动儿童教育存在的根本问题是受教育权问题。教育权是一种基本的人权。美国《独立宣言》的起草者、第3位总统托马斯·杰斐逊有一句著名的教育名言：衡量教育是否造福于社会，主要不是看它造就了多少杰出人物，而是使大多数人能够享受到必要的教育。教育的基本作用，应该是使所有的社会成员能站到同一个起跑线上，得到一个平等的机会。教育具有普遍的外部性，教育是人类社会的一种重要的共同需求，全社会的受教育水平对于一个国家的发展具有重要的意义。

而流动儿童受教育权问题又与其遭受以户籍制度为核心的社会排斥而难以融入城市生活有着密切的关系。“社会排斥”一词起源于对贫困问题与社会不平等问题的研究，已成为解释当前各种社会问题的一个核心概念。它将非经济因素纳入了对社会问题的分析框架之中，不仅对于社会问题根源的解释更为深入，而且为解决社会问题提供了新思路。

社会排斥概念最初于20世纪60年代出现在法国。由于西方各国的政治

传统和意识形态不同，社会排斥也因此具有不同的含义。西尔弗（Silver）通过对西欧和美国有关社会排斥的文献进行分析和总结之后，概括出了关于社会排斥的三个范式：团结范式（solidarity）、专业化范式（specialization）和垄断范式（monopoly）。团结范式强调社会排斥是一种个人和社会之间的纽带的中断；专业化范式强调社会排斥是社会分化、劳动的经济分工和领域的分割等专门化的一个结果；垄断范式则强调社会排斥是群体垄断的结果。为了整合各成员国在意识形态方面的差异，欧洲委员会采用折中的办法将社会排斥定义为对基于公民资格（citizenship）的权利，主要是社会权利（social right）的否认，或者这些权利未充分实现①。

英国政府的"社会排斥办公室"将社会排斥定义为："某些人或地区受到的诸如失业、技能缺乏、收入低下、住房困难、罪案高发的环境、丧失健康以及家庭破裂等交织在一起的综合性问题时所发生的现象。"② 国内学者唐钧则认为，社会排斥是游戏规则造成的。所有的游戏规则都是双刃剑，它在使一部分人成为"赢者"时，另一部分人就会成为"输者"。社会政策研究在某种意义上就是要代表贫弱群体的利益来参与修订游戏规则，使之趋于更合理、更公平③。

虽然社会排斥在不同的范式或话语之下，具有不同含义，但这些不同的定义具有一些共同的特征：第一，强调社会排斥不仅是社会变迁的结果，更重要的是一个过程。它既捕捉到了贫穷和剥夺的情境，同时也捕捉到了致使它们产生的机制。第二，强调社会排斥是多面向而不是单一面向的。它不单纯指物质方面，而且包括社会、政治和文化等方面。第三，强调社会排斥是累积性的，亦即各个方面的排斥效果会互相催化和加强。第四，社会排斥研究把焦点放在社会行动者和代理人之上。处理社会排斥问题的一个重要方法就是确认排斥行动者，并理解他们如何和为什么排斥其他人④。现在社会排斥一词的含义已经被泛化，意指主导群体在社会意识和政策法规等不同层面

① 曾群，魏雁滨．《失业与社会排斥：一个分析框架》[J]，《社会学研究》，2004年第3期．

② 张世文，王洋．《"社会排斥"视角下的农民工子女教育问题》[J]，《长春工业大学学报》(社会科学版)，2008年卷第1期．

③ 唐钧．《社会政策的基本目标：从克服贫困到消除社会排斥》[J]，《江苏社会科学》，2002年第4期．

④ 陈树强．《社会排斥：对社会弱势群体的重新概念化》 [EB/OL]，http：//www. social _ policy. info/952. htmo．

上对边缘化的贫弱群体的排斥。它是一种被抛弃、被隔离和被边缘化的情感体验，是一种非短暂性的、局部性的现象，是个人、历史过程与国家相互推拉与强化的结果。

从上述对社会排斥的简述和对社会现实的反思，不难发现，流动儿童的教育问题与社会排斥之间存在某种内在的逻辑关联。接受义务教育是中华人民共和国每个适龄儿童理应享有的一项基本权利，且具有强制性。而作为流动儿童群体，虽然我们不能武断地认为他们的受教育权利被剥夺，但至少可以肯定的是他们在城市的受教育权利并没有得到充分实现。流动儿童在城市受教育的艰难，如“上不了学”“上不起学”“上不了好的学校”，应该是对他们的受教育权没有得到充分实现的最好描述。所以，单从上述欧洲委员会对社会排斥的定义来看，不难发现，流动儿童受教育机会的不公平与社会排斥之间存在着内在的逻辑联系。作为进城农民工群体，他们普遍缺乏操作技能，且文化水平偏低，加上农民身份的“出身”，使他们在寻求城市就业的过程中屡遭排斥，一个很明显的表现便是绝大多数进城农民工只能在次要劳动力市场寻求就业机会。因此他们普遍从事的是低收入、低社会认可度、高强度的体力劳动。由此带来一系列严重的后果：城市流动人口家庭经济状况普遍较差，根本没有经济实力购买城市商品房，所获经济收入，除去房租、水电费等其他日常生活相关开支外，基本上就不会有什么剩余。如果再加上流动儿童教育的各种费用支出，大部分城市流动人口家庭感到负担过重，其中不乏因无力承担子女在城市受教育的费用而不得不选择“回流”的进城农民工。因此，从英国政府“社会排斥办公室”对社会排斥的定义来看，同样可以发现流动儿童的教育问题与社会排斥之间确实存在内在的逻辑联系。

城市社会和社区对流动人口子女教育中的社会排斥，既包括制度排斥，也包括经济排斥，既包括文化排斥，也包括社会关系排斥。其中，最严重的排斥是制度排斥。

1. 制度排斥

制度排斥是我国社会排斥的一个主要方面，这种社会排斥是由国家或某些组织在政策制定过程中造成的，是由政策制定本身的导向所造成的，还有一些是无意识的政策失误或不正当的政策导向所引起的，而这种排斥还受到国家政策、法律、社会习俗的认可。在我国，作为社会弱势群体的农民工子女被制度性安排排斥的情形十分突出，最严重的排斥性制度就是户籍制度。

户籍制度是在计划经济体制下形成的，它的形成虽然有着特殊的历史缘由，甚至也有着特定的历史价值与意义，但由此带来的消极影响与作用不可低估。户籍制度最突出的弊端在于它以“农业”和“非农业”户口把中国公民分成标志鲜明的两大类别，从而也导致了农村劳动力进城务工就业的高“门槛”。农民虽已进城务工就业，但始终戴着写有“农民”二字的大帽子，在劳保、社保、医保和子女教育等方面不能完全享受和城镇居民同等的待遇，其就业范围也受到很大限制。许多进城务工人员最大的心愿就是能拥有城市户口，能和城里人一样平等地生活与工作。现实中，农民工面临着以下两方面的问题：一是城里人观念上的误区使农民工受到歧视，这种歧视直接导致农民工在就业中存在工资歧视、雇用歧视和职业歧视。二是他们和城里人同工不同酬、同工不同时、同工不同权，经济上得不到应有的收益，政治上也缺少地位，沦为二等公民。并且在部分舆论的诱导下，农民工不断被丑化，因此经常遭受人身攻击，基本人格都无法得到尊重。他们过着既不单纯是农民又不单纯是工人的两栖生活。与农民工相关的许多问题都无法直接放到农民或工人阶级的范畴中去解释和解决，农民工已成为我国新出现的一个特殊的阶层。

长期以来，农民工不能与城里人享有相同的福利待遇，他们在身份、地位、就业、机会等方面都遭遇不平等的待遇。这种城乡分割的户籍制度不仅将城乡居民严格区分开来，而且也将城市儿童与农村儿童割裂开来，让城乡儿童在不同的制度架构中获取不均等的教育资源，农村青少年要摆脱农村的身份，唯一的途径是通过教育，进入城市高等学校或中等专业学校，改变农村户口。因此，户籍像一道强有力的闸门，维护着二元社会结构。改革开放后，随着农村适龄儿童不断向城市流动，原有僵化的城乡户籍制度和教育制度遭受巨大冲击。为了维护这种僵化的户籍制度和教育制度，即使政府制定了“流入地政府为主”和“公办学校为主”的政策来解决进城就业农民子女上学的“两为主”方针，不少城市公办学校仍以种种理由拒收或少收进城就业农民的子女入学，有的地方政府则采取指定部分学校招收进城就业农民子女，而其他学校特别是优质学校则不允许招收进城就业农民子女，有的接受进城就业农民子女的公办学校则将这些孩子单独分班，与当地学生分班学习。这是对进城就业农民的子女的一种“隔离”和歧视的做法，它严重阻碍了进城就业农民的子女教育公平问题的解决，并带来了一系列的社会问题。

2. 经济排斥

经济排斥是指个人和家庭未能有效参与生产、交换和消费等经济活动。经济排斥主要有三个指标：劳动力市场排斥、收入贫穷和消费市场排斥。而这三个指标又是紧密联系在一起的，劳动力的市场排斥必然导致贫穷和消费市场排斥。而劳动力市场排斥包括两种情况：失业或被排斥出劳动力市场及劳动力市场内部排斥。从经济层面上看，社会排斥的一个最直接后果就是造成贫困。而流动儿童的教育问题，在很大程度上与进城农民工所遭受的经济排斥是有直接联系的。正是由于进城农民工在城市遭受了经济排斥后，才导致了他们的生活比较艰难，最明显的体现就是家庭经济状况不佳，打工所获收入只够勉强维持家庭日常基本生活开支，至于子女的城市受教育费用，支付起来，难度更大，许多家庭也因此放弃了子女的受教育机会，导致了流动儿童“上不起学”。那么，进城农民工面临的经济排斥包括哪些方面呢？

进城农民工面临的经济排斥主要体现在城市劳动力市场排斥和消费市场排斥两个方面。前者主要是指被排斥出劳动力市场，具体有以下几种表现形式：没有指望的长期失业；临时的或不安全的就业；劳动力市场内部的排斥，即虽然有工作可做，但所从事的不是“好”工作，而是“差”工作。后者主要是指农民工由于经济状况拮据而被限制使用与之相关的商品和服务，并被排斥在城市社会的主流消费方式之外。

城市劳动力市场排斥实质上是传统二元劳动力市场的延续。因为就城市工人而言，他们拥有城市户口，在传统的体制下他们通过国家安排或毕业分配进入国家企事业等正规单位工作。这些工作单位福利待遇好，工作环境优良，能为他们提供稳定的工资收入，并且提供医疗、住房、失业、养老等优越的社会保障。而进城农民工由于是农村户口，因此他们很难进入城市正规的就业行列。他们只能通过亲朋好友的介绍和帮助成为短期合同工、城市临时工或自行小本经营，只有极少数人成为雇佣其他人进行经营的雇主，大部分人只能从事工资收入水平低、工作环境差等城市人认为苦、脏、累的工作，且雇主还能随意拖欠和克扣他们的工资甚至解雇他们，更谈不上社会保障。

故与城市工人相比，进城农民工无论是在经济收入还是所享受的社会保障程度上都与之相差甚远，他们的生活也因此而贫困。在这样一种贫困的生活状态中，进城农民工子女的教育支出便显得相当高，这主要体现在高额的赞助费与借读费上。由于城市公办学校在招收流动儿童入学时，除规定要交纳正常的学杂费之外，一般都要加收较高的赞助费和借读费。如"在上海，如果借读公办学校要交2000元，而外来务工农民在上海打工的平均月工资为868元，如果要借读公办学校，农民工就无法支付每月的房租等基本生活费用；如果农民工有两个以上的孩子，并且都去公办学校借读，费用开支更是让他们无法承担。又如，在成都，市中小学教育收费标准明确规定，按学校的不同类型，城区及高新区'借读费'的标准为，小学每生每年800至3600元不等。高额的门槛费，使公办学校对于农民工而言可以说是'想说爱你不容易'，昂贵的受教育成本最终使进城农民工子女被挡在了城市公办学校之外。而只有少数农民工子女能够通过支付较高的借读费在公办学校借读。但是相对于进城农民工的收入来说，学杂费、借读费仍然是一个沉重的负担"①。

2003年公布的一份对北京市31000户流动家庭的调查显示，在京的外来人口家庭以个体小商贩、清洁工、废品收购人员和近郊菜农为主，其中月收入在500元以下的家庭占20.2%，500～800元的占16.1%，800～1000元的占27.1%。北京市民政局于2000年7月开始实行的最低生活保障线是家庭人均月收入280元，如果按一家三口的最低标准来计算，月收入在800元以下的家庭基本处于城市的最低生活保障线下。在公办学校上学，农民工子女每年至少要交700～800元的借读费，一些学校还要收取资料费、校服费、订餐费等，对于大部分月收入微薄的农民工来说是无力负担公办学校昂贵的求学成本的。经济原因成为阻碍这些学龄儿童进入公办学校读书的门槛②。

虽然从2004年开始，北京、武汉、浙江、江西、江苏等地陆续取消或减轻了流动人口子女的借读费，但流动儿童上公办学校难的局面实际上还是没有得到很大的改善。直接原因在于，政府部门强制取消了借读费后，会导

---

① 李玉雪.《农民工子女教育问题透视》[J],《政府法制》,2006年第8期.

② 陆波.《关于农民工子女义务教育公平问题的探讨》[J],《常熟理工学院学报》,2006年第3期.

致两种后果：一是学校的财政压力进一步加大；二是学校对招收流动儿童的热情不高。此时，校方往往想方设法对流动儿童另外多收费，如上机费、校服费、资料费等，以维持学校正常运转。这样算起来，进城农民工子女的上学费用还是没有真正减下去。再加上一些公办学校对招收流动儿童入学并不"感冒"，往往人为制造障碍，拒农民工子女于校门之外，使得流动儿童在城市的求学之路显得异常艰难。之所以会这样，根本的原因还是在于进城农民工遭受了城市劳动力市场的内部排斥，导致了绝大部分人只能从事低收入的工作。

众所周知，资源是稀缺的，教育资源也不例外，尤其是优质教育资源，更为稀缺。最终决定人们上什么层次的学校，是否能享受优质的教育服务，是由家庭和个人收入分配的差异来决定的，经济学家托达罗先生曾经一针见血地指出：如果财富和劳动收入是在非常不平等的情况下分配的，那么平等的教育机会就没有任何实际意义①。因此，对于一个收入不高的城市流动人口家庭而言，承担子女在流入地公办中小学的受教育成本的能力还是很有限的，大部分家庭还只能通过其他较低成本的入学途径来解决子女的受教育问题。

消费市场排斥实质上是对进城农民工购买能力相对低下的一种歧视与认可。据国家统计局《2009 年农民工监测调查报告》提供的资料，2009 年，外出农民工月平均收入为 1417 元，比上年增加 77 元，增长 5.7%。外出农民工月均收入在 600 元以下的占 2.1%；600～800 元的占 5.2%；800～1200 元的占 31.5%；1200～1600 元的占 33.9%；1600～2400 元的占 19.7%，2400 元以上的占 7.6%。受雇人员的收入和自营人员的收入差异明显，受雇人员月均收入 1389 元，自营人员的月均收入为 1837 元。这种现象表明：农民工的收入是比较低的。过低的收入又限制了他们的消费能力和消费方式，从而导致了消费市场排斥。其他一些研究同样也表明，许多农民工往往由于经济拮据而不能使用城市日常生活的必需品。一项调查显示：在住房消费上，住房狭窄、拥挤是进城农民工住宿的基本特征；住宿的基本设施也比较

① M.P. 托达罗.《第三世界的经济发展》上册［M］，北京：中国人民大学出版社，1988 年，第 475 页.

差，其中13.5%的农民工住宿处没有自来水，10.2%的农民工住宿处没有电①。自来水和电早已成为日常生活中不可缺少的要素，一些农民工能够忍受没有自来水或电的住宿，足可见其经济能力对消费能力的限制。以上调查还表明，大多数农民工基本上奉行“能省则省”的原则，日常消费中的恩格尔系数很高，每天用于文化娱乐等方面消费的费用极少，许多农民工并没有享用城市里的各种文化设施，他们的生活没有因为在大城市而变得丰富多彩②。这说明了农民工的消费方式与城市的主流消费方式差别很大，主要原因还是在于进城农民工消费能力及消费方式受到经济条件的制约。

受消费能力及消费方式的制约，进城农民工无法像城市人一样为自己的子女选择学校。而对于城市儿童而言，他们对就近入学习以为常。同时，家庭富有的人还可以为其子女选择档次更高的学校，这是择校行为的表现，同时也是对这部分人良好消费能力的肯定。而进城农民工则不同，首先他们的子女进入流入地后，实现就近入学的难度比较大。主要原因是大部分农民工家庭无法承受高额的借读费和赞助费，他们只能通过其他途径让自己的孩子完成九年义务教育，或者干脆让孩子辍学在家做帮手。其次，部分流动儿童即使实现了在流入地公立学校上学的梦想，但这并不是择校行为的表现。因为流动儿童是在老家得不到应有的照顾和教育的前提下，才跟随父母进城，而处于义务教育适龄阶段的他们，又不得不在城市完成九年义务教育。况且，接受流动儿童的公办学校，一般都是城市普通中小学，几乎没有重点学校③。

在这种情况下，相当一部分人只能选择收费较为低廉的民工子弟学校，而不是流入地的公办学校。目前来看，民办中小学及民工子弟学校承担了相当数量的流动人口子女的教育，这在很大程度上缓解了公办学校及政府的财

---

① 钱雪飞.《进城农民工消费的实证研究——南京市578名农民工的调查与分析》[J]，《南京社会科学》，2003年第3期.

② 钱雪飞.《进城农民工消费的实证研究——南京市578名农民工的调查与分析》[J]，《南京社会科学》，2003年第3期.

③ 实际上，大部分进城农民工还是希望自己的子女能在城市接受良好的教育，以期将来能获得较高的社会地位和收入。能把自己的孩子送进流入地公办学校就读，他们就已经很满意。至于重点学校或贵族学校，他们基本上是不奢望的，因为这些学校要求交纳的各种费用，对于一个普通的城市流动人口家庭而言，是很难有这样的支付能力的。与城市人相比，农民工的消费能力无疑要低得多，这也导致了他们无法享受城市资源服务，遭受城市消费市场的排斥，其子女上学难就是一个很好的体现。

政压力，分担了政府的责任。但是，从实践来看，公办学校和民办学校及民工子弟学校存在明显的不平等性。尤其是政府的财政投入主要是面向公办学校，几乎不能顾及民办学校及民工子弟学校。有人甚至认为民办学校或民工子弟学校与公办学校争生源、争教师，损害了公办学校的利益，对这些学校采取不同程度的限制、排挤甚至打击和取缔。当然，为了给流动人口子女提供安全和良好的学习环境，政府对民工子弟学校的办学条件进行相应的规范是必须的，对一些违规办学实行取缔也是必要的，但这种规范应当是在积极鼓励和支持的前提下进行，而现行的规范恰恰是在缺乏支持的情况下进行的，并且一律都是按城市学校的标准来规范的，对于绝大多数民工子弟学校来说，它们往往很难达到这个标准，这样，这些民工子弟学校便被归入“不合法”的范围。民工子弟学校就在这种“自生自灭”的状态下生存。“自生自灭”的状态制约了这类学校的进一步发展，而无法进一步发展又加大了其达标的难度。这就在相当程度上制约了民办学校和民工子弟学校的发展，增加了公办学校的压力，减少了流动人口子女接受教育的机会。

当然，近几年来，中央及地方政府制定了一系列方便城市农民工子女上学的相关政策，比如“两为主”的政策，再有就是部分省市从2004年开始已陆续取消了“借读费”等。可以说，这些政策的实施，确实降低了流动儿童的入学门槛，从近几年相关统计数据来看，流动儿童入读城市公办学校的比例也在逐年递增，这只能说明流动儿童平等受教育机会的权利正在逐步得到有效的保障。但流动儿童入校后，还要面临教育过程以及教育结果的公平问题。现实当中，流动儿童进入城市公办学校以后，他们的智育应该说是得到了基本的保障，至于其他方面则基本是一片空白。流动儿童也有自己的兴趣爱好，但却不能像城市儿童一样去自由地施展；他们想参加一些培训班，来培养和提高自己的特长，这也很难实现。根本原因还是农民工的低收入限制了他们在子女教育上的额外经济支出，动辄几百乃至上千的各种培训和参赛费用，对于农民工现有的经济支付能力来说，这是很难达到的，因此像这样的一些机会基本上是与流动儿童“擦肩而过”，这也导致了流动儿童受教育的不公平。

3. 文化排斥

文化排斥有两层含义：第一层是指失去根据社会认可的和占主导地位的行为、生活发展方向及价值观模式而生活的可能性；第二层是指少数的个人和团体不能享有他们的文化权利，即保有自身的传统、仪式、宗教信仰和语言等①。这种排斥大多是因为偏见造成的，加强了解与沟通就可以使文化上的排斥得到消减。

这里的文化排斥包括三个方面：第一，城市居民对进城农民工及其子女的文化排斥；第二，城市儿童对流动儿童的文化排斥；第三，城市学校教师对流动儿童的文化排斥。以上三个方面的排斥，可以归纳为由偏见造成。对于以“农民”身份进城的农民工，他们从事的大都是城里人不愿意或者说“瞧不起”的苦、脏、累的工作，因此，从农民工进城的那一刻起，对于他们这种生活方式，大部分城市人的潜意识中就已经存在了排斥心理。加上部分社会舆论认为农民工的到来，将会给城市带来诸多社会问题，其中住房、交通、犯罪等问题可能会尤为突出，现有城市生态平衡就极有可能被打破，而作为城市居民，他们不希望也不愿意面对这样一个局面，于是对进城农民工自然就会产生排斥心理，而且这种排斥心理极易传递到自己的子女身上。他们会向自己的子女灌输对城市流动儿童的一些偏见，让他们刻意与这些来自农村的孩子保持距离。最明显的表现就是：城市儿童“打心眼儿里就瞧不起来自农村的这帮孩子”，拒绝和他们一起玩游戏、交朋友，更多的则是冷漠和拒绝。遭受排斥的流动儿童往往感到：“有的教师、同学看不起我们，他们有钱，我们没钱，他们是城里人，我们是乡下人。”② 这导致了城市儿童与流动儿童之间的摩擦性互动，促使流动儿童在社会交往中囿于城市里的流动儿童，囿于文化的同质性，他们便无法通过与城市儿童交往来习得新的社会规范，从而强化了城市儿童对流动儿童的排斥。

当然，流动儿童能否平等地参与受教育过程，习得现代性，起决定性作

① 曾群，魏雁滨.《失业与社会排斥：一个分析框架》[J]，《社会学研究》2004 年第 3 期。
② 张业祥.《农民工子女凸现歧视、心理等危机》 [EB/OL]. http://www.525xinlir.com/show.asp? id=595.

用的还是学校教师。在学校教育中，教师对学生的身心发展起着主导作用，更多的时候是由他们决定了学生在参与教育过程中的地位与角色。只有教师在施教过程中无差别地对待流动儿童和城市儿童，流动儿童公平参与教育过程才能得到根本的保障。

流动儿童当前在参与教育过程中，与城市儿童相比，是否获得了应有的地位呢？答案是否定的。因为在现实当中，部分教师对流动儿童还存在文化排斥（或者说是偏见心理）。在升学率、学校优秀率这一指挥棒的指挥下，教师的教育也带有功利目的和精英教育的色彩，对学习成绩较差的学生缺乏责任感。

首先，公办学校教师为了减轻自己的工作负担，向学校领导施压，在学校实行流动儿童与城市儿童分班制；如果不分班，就要求学校对教师的考评不将流动儿童学习成绩和操行计入。公办学校和教师公开歧视和排斥流动儿童。

其次，在教育过程中，教师在学生座位的安排上，常常把那些学习成绩好、父母社会地位较高的学生安排在较好的位置上，而把那些学习成绩较差、父母社会地位低的学生安排在较差的位置上。同时，在课堂交往中，教师和学习成绩好、父母社会地位高的学生互动频率往往较高，给他们较多的发言和回答问题的机会，并给予积极的认可，而对学习成绩普遍较差、父母社会地位低下的流动儿童视而不见、漠不关心、缺乏责任感。这使得流动儿童感到不被重视、自卑、缺乏自信心。一项在 3 所公办小学所做的抽样问卷调查研究显示[①]，当问及流动儿童“愿不愿意到公办校上学”时，得到的回答中，86.7%的是否定的，有孩子甚至表示，即使不用交学费，他们也不愿意去公办学校。理由各种各样，但都与歧视有关，归纳起来大概有这样几种：担心家里穷抬不起头做人，担心学习成绩跟不上被人耻笑，担心带方言的普通话被老师同学嘲笑等。调查中还发现，3 所公办小学中有 1 所将流动儿童与城市儿童分开单独编班，3 所学校都或多或少存在学校默许教师忽视流动儿童的情况，这些孩子的成绩不列入教师的考评范围，与教师教学业绩和奖金利益无关，甚至还出现了让流动儿童顶替当地学生参加学科竞赛之类的活动，得了奖就归当地学生的种种奇怪现象。

---

① 李朝晖．《农民工的流动儿童生存环境与就学的相关分析》[J]，《南方人口》，2006 年第 4 期．

另一方面，每个学生都有自己的个性、兴趣和爱好，学习基础各异，特别是流动儿童，由于特殊的经历，他们的学习基础与城市学生有较大的差距，相互之间也有差异。但多数教师并没有意识到这些差异，或者虽然意识到了但未给予重视，在课堂教学中未做到差异性教学，而是根据强势群体的预设而进行教学，“平等地对待不平等的”，使大多数流动儿童成为城市儿童的“陪衬”。另外，对流动儿童，教师对他们的关注非常少，使他们在教育教学过程中受到许多不公平对待，对他们的学习和心理产生了极为消极的影响。可见，教师对流动儿童存在较为严重的文化排斥，这是导致流动儿童教育问题的重要原因之一。

4. 社会关系排斥

社会关系排斥或社会孤立是指个人被排斥出家庭和社会关系的现象。自布迪厄等人提出社会资本这一概念以来，关于社会资本的研究风靡国内外。在传统文化中尤为重视社会关系的我国，很多学者对社会资本或称社会关系的研究更为关注。社会资本理论认为，在影响人的发展过程中，除了教育所积淀的人力资本外，社会资本也起着十分重要的作用。教育本身也是积累社会资本的过程。

社会学家豪斯等从三个方面考察了社会关系。首先是社会关系的存在数量方面，包括交往数多少、交往的频率如何。其次是社会关系的结构方面，主要指社会网络的密度、同构性、多样性或分布。最后是社会关系的质的方面，即社会关系所能提供的社会支持如何。

依据以上的分析框架，社会关系排斥或社会孤立是指交往人数和频率下降、社会网络分割和社会支持减弱的现象。进入城市的流动儿童，其同龄群体发生了巨大的变化，原有的社会关系网络断裂，流动儿童期望建立新的社会关系网络。这样，除了与其他流动儿童组成群体之外，他们也倾向与流入地的儿童建立伙伴关系，以丰富他们在城市中的生活。然而现实并非如此，随着市场经济体制的转型，人际关系的格局发生了变化，儿童在新的基础上重新组合，这个基础就是经济条件。在流动儿童与城市本地儿童之间的交往过程中，流动儿童可能因为家庭的生活条件较差，买不起高档的生活和学习用品，无法融入流入地儿童的生活当中，正常的社会交往受阻。因此对于流动儿童来说，即使是在城市，他们的社会关系也主要限于与他们有着相同经历的流动儿童。有关数据表明：从心理接近度来看，流动儿童的一半左右的同伴来自流动儿童群体。可见，流动儿童的社会关系网络具有明显的同质性、单一性。从豪斯考察社会关系的角度看，流动儿童在这三方面都存在问题，其原因是受到流入地儿童的排斥。

总之，由于以户籍制度为核心的社会排斥的存在，流动人口子女无法习得城市中心价值的文化和生活方式，因而难以融入城市生活，无法实现真正意义上的城市化和市民化，从而导致流动儿童教育问题的产生。

三、留守儿童教育问题产生的原因：家庭、学校和社会缺乏实质性的关注

如果说流动儿童教育问题产生的根本原因是由于遭受社会排斥使其受教育权得不到充分实现所造成的，那么留守儿童教育问题产生的主要原因，则是家庭、学校和社会缺乏实质性的关注使监护权得不到落实所造成的。

1. 家庭教育的缺失

家庭是社会的细胞，是一种独特的文化圈。家庭成员之间的联系纽带具有深厚的自然生理因素，带有不可更改的血缘的遗传性联系。子女的诞生既是生物意义上的人的培育，又是社会意义上的人的诞生。家庭不仅具有生儿育女的功能，而且是人生的摇篮。父母对子女的责任主要不是养育而是教育。特别是小学和初中这个年龄段的子女更需要父母的关爱、指导和家庭的早期教育支持。如果这个时期，父母一方甚至双方的“缺席”，就会使孩子与父母缺乏正常的情感交流和亲子互动，孩子没有机会向父母表达自己的感受，父母也没有机会传达自己对子女的爱。长此以往，将会使父母与子女产生心理上的隔阂，使儿童丧失基本的心理归属和心理依恋。而“人生最重要

的关系是父母和子女的关系，任何一种人生哲学如果不讲求这个根本的关系便不能说是适当的哲学，甚至不能说是哲学”①。因此，父母与子女的关系（简称亲子关系）作为一种教育因素直接影响着教育的质量和孩子的发展水平。

然而，大部分农民外出打工原本是为了支付子女的教育费用，使之尽可能接受较好的教育，但是由于他们只想到城里赚钱而置子女的要求和情感于不顾，甚至有人外出多年都没有回家看看孩子，平时和孩子的联系也很少，这就等于放弃了自己监护和教育子女的责任。

对留守儿童群体的特殊亲子关系而言，留守儿童的父母虽然不在他们身边，但留守儿童的情况仍然好于离异、单亲或无亲儿童，因为他们还有自己的父母，至少在形式上家庭是完整的，还有亲子感情的依靠和寄托；而离异、单亲儿童尽管有父亲或母亲在身边监护，但在实际上却丧失了家庭另一方的关爱和依靠，特别是在农村，夫妻因感情破裂而离婚后，孩子的监护方往往会拒绝父母亲中的另一方与孩子见面或联系，这就等于孩子永远失去了亲生父母中的另一半。比较留守儿童与离异、单亲儿童的情况可见，家童分离只是留守儿童问题产生的表面原因，造成这一问题的实质则是孩子父母是否尽到监护的责任。

留守儿童父母外出打工后，法定监护权并没有移交他人，只是将部分监护权委托给别人，父母仍然应当通过一切可能途径对留守儿童进行遥控监护。其中一个最重要的途径就是与孩子保持电话联系。调查中，一些教师反映，父母与留守儿童月均联系次数的多少对留守儿童的成绩有显著的影响，联系次数越多，留守儿童的成绩从整体上看就相对越好。由此可见，留守儿童父母对孩子的遥控监护越尽力，留守儿童的成绩就越好。但调查中我们也了解到，大多数留守儿童父母与孩子每月的平均电话联系只有1～2次，甚至有的父母与孩子月均电话联系不到1次。

父母对留守儿童进行遥控监护的另一个重要的途径就是与学校老师保持联系，但在访谈中，当问及在校教师和学校管理人员，留守儿童的外出打工父母是否经常主动与学校保持联系时，几乎所有受访老师都回答很少有留守

① 林语堂.《人生的盛宴》[A]，转引自《古今中外伟人智者明言精粹》，北京：中国国际广播出版社，1993年，第168页。

儿童家长经常主动与学校联系。可以说，留守儿童的外出打工父母并没有主动联系学校、积极配合学校共同教育留守儿童的意识。这一方面是因为留守儿童父母的责任心不强，另一方面是由于留守儿童父母文化素质较低和教育意识不强，缺乏沟通的自信心和主动性。

由此可见，留守儿童父母对子女监护责任放弃和监护权行使不充分直接影响亲子关系，并导致留守儿童教育问题的产生。

当然，留守儿童父母外出打工后，通常都是将孩子委托给爷爷奶奶或外公外婆监管。学生卷的数据分析显示，在1618名双亲外出务工型留守儿童中，由爷爷奶奶或外公外婆隔代监护的样本占78.8%。因此双亲外出型留守儿童的监护绝大多数以隔代监护为主。这种监护是一种代理监护，不同于亲子之间的直接监护。

尽管父母进城务工的留守儿童大多是被交给爷爷奶奶、外公外婆照料或寄住在亲戚家中，但如前所述，爷爷奶奶和外公外婆都是50岁以上的老人，文化层次偏低且文盲居多，往往只能照顾孙子们的日常起居，学习上的事情大多是心有余而力不足。据我们调查，部分祖父母对孩子在校读几年级几班、班主任姓名都不知道。加之祖父母对孙辈的溺爱，他们更加放任孩子，即便是管教，也存在交流、沟通上的“代沟”。因此，隔代监护人不仅大多缺少监督孩子学习的意识，而且孩子也往往不服其管教。至于寄养在亲戚家中，亲戚一般不会像对自己的子女那样管教这些孩子，认为管得太严，孩子不理解。因此往往疏于管理，从而使这些孩子失去有效的监管。同辈或自我监护下的孩子根本就没有监督，只有自律。

这样一来，相当一部分留守儿童由于缺乏父母的管教而任性妄为，在家中不听从爷爷奶奶、亲戚的话，在学校经常不遵守校纪班规，甚至与社会上的一些“三无”人员浪迹在一起，不但学习成绩差，而且还存在比较严重的性格缺陷和行为偏差问题。有的进城务工的父母认为在感情上对子女有所亏欠，想通过金钱来弥补，而这些子女则往往不珍惜父母在外辛苦赚来的钱，花钱如流水，进一步助长了他们养成不良习气的势头。还有的父母分隔两地，多年不在一起，感情淡漠，造成离婚或近似于离婚的事实，使孩子成为“单亲家庭”的孩子，心灵遭受到更大的冲击和伤害。

由此可见，亲子监护责任的放弃和代理监护的失效造成了家庭教育的缺失，这种家庭教育的缺失是导致留守儿童教育问题产生的直接原因。

2. 学校管理的失控和教育的失误

农村留守儿童由于父母双方或一方已离开家庭外出打工，他们很难得到父母的关怀，而关怀与被关怀是孩子的基本需要。如果家庭不能满足孩子对关怀的需要，那么其他机构必须满足这一需要，这就需要从其他途径寻求有力的责任者。学校就是这样一种机构和责任者，因为学校是负有培养人这一特殊使命的场所，当然也是留守儿童的教养主体，理应全面承担起孩子的教育与管理的责任，使他们与非留守儿童一样公平地接受教育。然而在现实中，学校对留守儿童的教育却存在着管理的失控和教育的失误的问题。

从目前来看，对于留守儿童较好管护的措施是实行寄宿制，即将他们统一安排在学校住读，由学校进行统一管理。学校寄宿的集体生活，可以增强师生、同伴之间的交往，在一定程度上能消解留守儿童的心理问题，提高他们生活自理能力和与人合作的能力，对于他们的成长无疑具有积极的作用。但是从所调查的县市来看，大部分农村中小学缺乏寄宿条件，甚至根本没有将寄宿制纳入中小学的发展规划之中，特别是具备寄宿条件的小学所占比例更小。即使是住校，一般条件都较差。从我们调查的几十所农村寄宿制学校的情况来看，基本上是两个学生挤一个铺位，一张高低床睡 4 个学生，一间宿舍一般睡几十个学生。此外，由于编制的限制，农村中小学对于寄宿学生一般都没有配备专门的生活教师，住校生的管理基本上是由任课教师和班主任负责。而这些任课教师和班主任往往又是义务服务，没有额外的津贴补助，他们每天从早上 5 点多钟一直要工作到晚上 10 点多钟。

由于学校的寄宿条件较差，许多打工家长宁可将孩子寄养在亲戚家，也不让其住校，而这些孩子也认为寄养在亲戚家里比住校自由。这样一来，在一些地方，留守儿童寄养多于寄宿。据湖北省京山县曹武镇初中校长介绍，该校住校生只有 60%，除了家在学校附近的学生以外，相当一部分路远的学生寄住在学校附近的亲戚家中。在这些学生中，绝大部分是留守儿童，于是这部分孩子在学校和亲戚之间就形成了一种管理上的失控区。在这个失控区间，留守儿童自然很容易沾染社会上的不良习气，如乱花钱，泡网吧、赌博、打架斗殴、与社会上的小混混搅在一起等。

对学校而言，除了对非住宿留守儿童的管理失控外，在时间上也存在管理失控的地方。那就是到了周末，学校对所有留守儿童的管理都失去控制。由于留守儿童的监护人无法在此时对留守儿童继续进行有效的监管，在学校接受了五天严格监管的留守儿童在心理和行为上的紧张感骤然消失，利用周末上网、打游戏，参与其他不利于其成长和发展的活动，五天在校的管理和教育成效因为缺乏连续性而大打折扣。这就是所谓的“五减二等于零”现象。这一现象当前在我国中小学生中普遍存在，但相对于非留守儿童而言，留守儿童受的影响更大。

与此同时，当前不少农村中小学的教育工作仍存在较为严重的缺陷。一般来说，留守儿童由于缺少父母监管或其他原因，大多数学习成绩较差，常常被忽视，很难得到老师和同学的帮助，甚至在不少教师眼里，“留守儿童”已与“双差生”画上了等号，属于不讨人“喜欢”的一群，他们从教师那里得到的关爱明显要少于非留守儿童。留守儿童在家中得不到应有的关爱和温暖，如果在学校也得不到鼓励和帮助，反而经常受到批评、讽刺和怀疑，长此以往，孩子就会感到没有安全感，缺乏生活的乐趣，结果出现心理缺陷或行为变异的问题。如湖北省随州市曾都区一位服毒自杀和另一位卧轨自杀的留守学生，他们都是因平时成绩差，不大受老师和同学的欢迎，感到思想苦闷而走上绝路的。这些做法，显然是伤害了孩子的自尊心，孩子的心灵一旦受到伤害，就会留下长久的阴影，形成恶性循环，导致其厌学甚至厌世心理的产生。即使有的学校对留守儿童的教育问题虽有认识，但由于经费的紧张，师资的短缺，也没有能力采取相关的措施来帮助这些孩子。访谈中不少农村中小学校长反映，目前农村的学校都是入不敷出，教师流失严重，对于留守儿童的教育问题只能是心有余而力不足了。

学生卷在向 2664 名留守儿童问及老师对学生的关心程度时，有 8.3%的学生认为老师不关心或非常不关心自己的学习和生活，另有 17.2%的学生不能确定老师对自己的关心程度。还有部分教师甚至根本不知道本班同学中谁是留守儿童，更遑论对留守儿童的关爱和照顾。只是近些年由于社会和教育部门加强了对留守儿童的关注，留守儿童不受重视的情况才有所改善。由此可见，尽管留守儿童的问题已经引起了全社会的积极关注，但在学校内部，教师对留守儿童漠不关心的现象仍然很严重。

上述问题的出现，究其原因，主要是当前中小学教育仍然着眼于应试和追求升学率，学校对教师的评价，主要看学生的成绩，至于用什么方式，采取什么手段教育学生，则不在管理考核之列，因而导致有的老师方式粗暴，用体罚、辱骂等极端行为管教学生。还有的教师对留守儿童不闻不问，放任自流，在班上造成这些孩子是“嫌弃儿”的印象。除此之外，有部分教师只对学习成绩靠前的留守儿童在各个方面都给予优先照顾，而对于学习成绩靠后的留守儿童则关心甚少甚至歧视。访谈中，不少老师认为本班的“双差生”都是留守儿童，言谈中对留守儿童群体带有明显的偏见。这样的做法，显然伤害了孩子的自尊心，孩子的心灵一旦受到伤害，就会留下长久的阴影，形成恶性循环，导致其厌学甚至厌世心理的产生。即使有的学校对留守儿童的教育问题虽有认识，但由于经费的紧张，师资的短缺，也没有能力采取相关的措施来帮助这些孩子。访谈中不少农村中小学校长反映，目前农村的学校都是入不敷出，教师流失严重，对于留守儿童的教育问题只能是心有余而力不足了。

3. 社会缺乏实质性的关注

留守儿童是伴随农村剩余劳动力转移所出现的一个特殊群体。较之流动儿童，农村留守儿童出现更早，数量更多，涉及面更广，教育问题更加严重。早在20世纪80年代中期我国流动人口开始大规模出现以来，农村留守儿童的教育问题就产生了，但作为一个突出问题，当时并没有引起社会的关注。20世纪90年代中期以后，随着流动人口“家庭化”趋势的出现，流动儿童数量急剧增加，第二代移民公平接受义务教育的问题得到各方关注，各地制订了相应的政策和措施。这一系列政策和措施的出台有助于流动儿童公平接受教育的问题的解决，但对大量农村留守儿童的教育问题仍然没有引起重视。这与长期以来重视城市教育，而忽视农村教育的政策取向是密切相关的。只是在2003年以后这一问题才引起了社会的关注。

2004年6月，《教育部关于学习贯彻＜中共中央国务院关于进一步加强和改进未成年人思想道德建设的若干意见＞的实施意见》对农村留守儿童的教育问题提出了指导性的意见。2005年，《教育部关于进一步推进义务教育均衡发展的若干意见》对农村留守儿童的教育问题又作了专门规定。各地方政府，尤其是县级政府教育主管部门在农村留守儿童的教育和管理方面更是倾注了大量心血，做了大量的工作。尽管如此，到目前为止，政府并没有颁布指导性的政策文件。

从全国各地的情况来看，对留守儿童教育问题的报道主要是某些地区和学校的一些经验总结。从我们调研的湖北、河南和安徽三省的情况来看，地方政府（主要指县乡两级政府）对农村剩余劳动力转移都很关注，并认为这是带动当地经济发展的一个重要途径。不少地区的县乡政府还实施过很多鼓励农民外出务工的政策和措施，如组织对农民的技能培训，联系打工的地点等。但在谈及留守儿童教育问题时，很多县乡负责人尽管承认农民外出打工确实会给留守儿童带来诸多影响，但是这些县乡负责人对留守儿童教育问题却了解甚少，也没有针对留守儿童教育采取任何相应的措施。尽管地方教育行政部门对这一问题比较重视，做了大量工作，但其主要做法是要求学校建立留守儿童档案，可是下面执行的情况并不理想，有相当一部分学校并没有建档。社会的漠不关心必然要反映到学校中来，学校教育也很少给予农村留守儿童以特别关注。特别是在广大农村学校，学生两极分化现象比较严重，学校更是把注意力放在所谓“优等生”上，“差生”或多或少都欠缺一些关爱。即使有的学校、有的教师意识到了问题的重要性，但面对留守儿童教育这样一个系统工程，处于方方面面孤立无助的境地，学校和教师也常常表现出一种爱莫能助的心态。

从社区层面看，村干部对于留守儿童的教育更是没有采取过任何措施，甚至在访谈时谈起“留守儿童教育问题”时，部分村干部仍未觉得这是“问题”，而且认为，“父母外出打工是他们自己家庭的事情，家长外出后，自然要把孩子安排好”。甚至还有部分村民认为，“留守儿童的大量存在已经是大势所趋，当大部分学生都是留守儿童时，他们就是学生群体的主流，当前所谓的问题以后就不成问题了”。这就是说，村干部和群众在意识上根本就没有留守儿童教育的概念，更谈不上采取什么措施，甚至对留守儿童的教育问题持盲目乐观态度。

由此可见，尽管目前关于流动人口子女的教育问题已引起社会的广泛关注，但这种关注主要是在流动儿童教育方面。即使有些媒体和学者注意到了留守儿童教育问题，但大多只是停留在报纸杂志和学术文章里，而在留守儿童实际的生活环境中，无论是家庭还是学校，无论是社区还是政府，都不同程度地忽视了这个群体的教育问题的存在。

当然，流动儿童和留守儿童是两个可以相互转化的群体，流动儿童教育问题的解决有助于留守儿童教育问题的解决。但从总体来说，农村留守儿童远远多于流动儿童。而且从中国城市化进程的特殊路径来看，即从农民工到市民的转变，大部分农民工目前的生存状态及其众多因素的影响决定了他们不可能都举家全迁和将孩子带到城里上学，农村留守儿童会在相当长的时间内大规模地存在，而且流动人口的流动特性和其他因素的影响还会促使流动儿童有返回农村重新转换成留守儿童的可能，所以解决留守儿童的教育问题对解决流动人口子女的教育问题有根本性的作用。因此，忽视农村留守儿童教育问题的解决对于他们来说是极不公平的。只有采取切实的措施来解决留守儿童的教育问题，才能保证流动人口子女的教育问题得到真正的解决。

综上所述，留守儿童家庭教育的缺失、学校管理的失控和教育的失误、社会缺乏积极的关注，是导致留守儿童教育问题出现的根本原因。这说明只有发挥家庭、学校、社会和政府各方面的积极作用才能有效解决留守儿童的教育问题。

第四章

社会：逐步重视

流动人口子女是伴随农村剩余劳动力转移出现的一个特殊群体，他们数量众多，分布广泛，既有留在农村的留守儿童，也有进入城市的流动儿童。由此而产生的流动人口子女教育问题已成为中国社会转型期的一个独特的社会问题，引起了社会的广泛关注，各级政府、教育行政部门及社会各方为此做了大量工作，自20世纪90年代末期开始陆续出台了一系列保障流动人口子女教育的政策、法规，采取了一系列相应的措施，并取得了显著的成效。

一、国家关于流动人口子女的教育政策逐步明确

20世纪90年代初，随着政府放宽农民进城务工的条件，对进城务工人员的管理政策由“控制盲目流动”调整为“鼓励、引导和实行宏观调控下的有序流动”，大批农村剩余劳动力开始进城务工，流动人口子女数量也急剧增加，这些孩子或是留在老家成为留守儿童，或是被父母带到城市成为流动儿童。由此所引发的流动人口子女教育问题也就开始暴露出来。

针对这一情况，早在1995年，原国家教委就将研究解决流动人口子女教育问题列入当年的议事日程，原国家教委基础教育司义务教育处与北京市教育科学研究所开始调查、研究流动人口子女入学问题。同年，原国家教委在北京丰台等全国6个区进行了试点，在此基础上于1996年印发了《城镇流动人口中适龄儿童少年就学办法（试行)》，对“流动人口”及“流动人口子女”进行了界定，指出，“城镇流动人口，是指在流入地从事务工经商等经济活动或其他社会活动，并持有流入地暂住户口的人员”，“城镇流动人口中适龄儿童、少年，是指年满6至14周岁（或7至15周岁)，有学习能力的子女或其他被监护人。”

文件第一次对流动人口子女的就学作出了规定，要求：

“流入地人民政府（市、区、镇，下同)，要为流动人口中适龄儿童、少年创造条件，提供接受义务教育的机会。流人地教育行政部门，应具体承担城镇流动人口中适龄儿童、少年接受义务教育的管理职责。”

“城镇流动人口中适龄儿童、少年户籍所在地教育行政部门，应建立严格的适龄儿童、少年流动管理制度。凡户籍所在地有监护条件的，必须在户籍所在地接受义务教育；户籍所在地没有监护条件的，流动期间在流入地接受义务教育。”

“城镇流动人口中适龄儿童、少年户籍所在地教育行政部门，应建立严格的适龄儿童、少年流动管理制度。凡户籍所在地有监护条件的，必须在户

籍所在地接受义务教育；户籍所在地没有监护条件的，流动期间在流入地接受义务教育。”

“城镇流动人口中适龄儿童、少年就学，应以在流入地全日制中小学借读为主。没有条件进入全日制中小学的，可以入各种形式的教学班、组，接受非正规教育。”

“城镇流动人口适龄儿童、少年入学，应由其父母或其他监护人，持流入地暂住证，向流入地住所附近中小学提出申请，经学校同意后即可入学。”

“城镇流动人口中适龄儿童、少年在流入地接受教育，流入地学校或教学班、组，可以向其父母或其他监护人收取一定的费用。收费标准由学校或办学者根据教育培养成本提出方案，报请市、区教育行政部门和物价管理部门批准后执行。借读生收费，按流入地教育行政部门的规定执行。”

该试行办法出台后，城市公办学校大门逐渐向流动人口子女开放，这相对于之前流动人口子女“无学可上”的状况来说，已经有了很大的改观。但把流动人口子女进城上学称为“借读”，并且要“收取一定的费用”。

为了使流动儿童少年依法接受规定年限的义务教育，根据《中华人民共和国义务教育法》及《中华人民共和国义务教育法实施细则》的规定，结合流动儿童少年实际情况，1998年3月2日，原国家教委、公安部联合颁布了《流动儿童少年就学暂行办法》，对解决流动儿童就学问题进行了较为详细的规定：流动人口子女在有监护条件的户口所在地入学，户口所在地无监护条件的，在流入地入学；流入地政府负责管理流动儿童的教育，流动儿童入学以在公立学校借读为主；经流入地县级以上政府审批，允许企事业组织、社会团体、社会组织、公民个人办民工子弟学校或简易学校；公办学校招收流动儿童可以收取借读费，但不能以盈利为目的收取高额费用。在整体办法中只是抽象地规定“流动儿童少年常住户籍所在地人民政府和流入地人民政府要互相配合，加强联系，共同做好流动儿童少年接受义务教育工作”，但没有出台实施细则。

这一文件的出台表明，政府已认识到解决流动人口子女教育问题的紧迫性，也试图通过各种途径来解决这个问题。但是，文件对进城务工就业农民子女进城上学仍采取限制政策，要求“流动儿童少年常住户籍所在地人民政府应严格控制义务教育阶段适龄儿童少年外流”。进城就业农民子女流入城市是被“严格控制”的，在城市学校上学也只能是在“有条件的地方借读”，而且要缴纳一笔数额不菲的借读费才能入读。

随着流动人口数量与规模的不断增大，从2000年下半年开始，国家对进城务工人员政策发生了一些更为积极的变化。在清理和取消进城务工人员进城务工的各种不合理限制的同时，也积极推进就业、社会保障等多方面的配套改革，为进城务工人员创设了良好的就业环境。于是流动人口在数量与规模不断增大的同时，其流动方式也发生了明显的变化。越来越多的农村剩余劳动力由过去分散的“单身外出”逐渐转变为“举家迁徙”，“家庭化”的人口流动模式开始出现，而且这一态势仍在延续，由此所引发的流动人口子女“上学难”的问题引起了社会各界的高度关注。

为了解决这一问题，2001年5月22日国务院颁布了《中国妇女发展纲要（2001－2010年）》（以下简称《妇女发展纲要》）和《中国儿童发展纲要（2001－2010年）》（以下简称《儿童发展纲要》），对流动人口子女的就学问题和妇女儿童的卫生保健问题都提出了具体的目标要求和应采取的策略措施。《儿童发展纲要》明确规定“全面普及九年义务教育，保障所有儿童受教育的权利。小学适龄儿童净入学率达到99%左右，小学5年巩固率提高到95%左右。流动人口中的儿童基本能接受九年义务教育”。同年5月29日，国务院颁布《国务院关于基础教育改革与发展的决定》，重申要重视解决流动儿童少年接受义务教育问题，并基本上确定了农民工子女教育“两为主”的方针，提出以流入地政府管理为主，以全日制公办中小学为主，采取多种形式，依法保障流动儿童少年接受义务教育的权利。国家对农民工子女进城上学逐渐从“限制”转向“支持”。

2002年6月，教育部在《答复致公党中央“关于改善外来务工人员子女入学状况的提案”函》中，就流动人口子女入学难问题进行了分析，指出“目前流动人口子女就学仍存在不少问题。一是对流动人口管理滞后。一些地方发放流动人口暂住证时只登记年满16周岁以上的，6～15周岁的未予登记，导致教育部门难以合理制订招生计划。二是我国基础教育实行分级管理的体制，公办中小学经费主要由当地县区供给，流动人口子女就学人数大量增加，给当地县区政府和中小学校经费支出带来很大压力。三是民办学校（包括民工子弟学校）有的未经审批，有的异地办学，流入地难以管理，部分学校缺少必备的办学条件，安全、卫生隐患较大，教师素质低，内部管理混乱，办学不够稳定，教学质量难以保证。四是流出地不能主动配合流入地，对流出儿童少年和异地办学的学校进行有效管理”。该文件的出台，一方面表明了流动人口子女的教育问题，已经引起了社会各界的普遍关注，它不再是一个单纯的教育问题，从某种程度上来说，已经上升到社会问题层面；另一方面则说明政府及教育行政部门对流动人口子女教育问题有比较清醒的认识，这无疑对加快解决流动人口子女教育问题是很有帮助的。

随着我国城镇化进程进一步加快，中央开始高度重视进城务工人员就业权益的保障以及就业环境的改善，并于2003年前后制定和出台了一系列相关政策。各地方政府部门在认真落实中央有关政策的同时，也进行了大量认真细致的工作，取得了明显成效。与此同时，对流动人口子女教育问题的处理方式也更加清晰化。当年1月5日，国务院办公厅印发了《国务院办公厅关于做好农民进城务工就业管理和服务工作的通知》，提出“要保障农民工子女接受义务教育的权利”。该文件要求“流入地政府应采取多种形式，接收进城务工人员子女在当地的全日制公办中小学入学，在入学条件等方面与当地学生一视同仁，不得违反国家规定乱收费，对家庭经济困难的学生要酌情减免费用”，“流入地政府要专门安排一部分经费，用于农民工子女就学工作。流出地政府要配合流入地政府安置农民工子女入学”。另外，在民工子弟学校的问题上，文件也作了明确的规定：“要加强对社会力量兴办的农民工子女简易学校的扶持，将其纳入当地教育发展规划和体系，统一管理。简易学校的办学标准和审批办法可适当放宽，但应消除卫生、安全等隐患，教师要取得相应任职资格。教育部门对简易学校要在师资力量、教学等方面给予积极指导，帮助其完善办学条件，逐步规范办学，不得采取简单的关停办法，造成农民工子女失学。”对流出地政府，文件要求他们配合流入地政府安置流动人口子女入学，对返回原籍就学的，当地学校应当无条件接受，不得违规收费。

2003年教师节，温家宝总理专程赴北京石景山区玉泉路小学看望在那里上学的流动人口子女，并在黑板上写下“同在蓝天下，共同成长进步”。温家宝总理强调，一定要让进城务工人员子女有书读、有学上。这充分显示了中国政府解决流动人口子女教育问题的决心。

同年9月19日，全国农村教育工作会议在北京召开。国务院总理温家宝发表重要讲话。时任国务委员的陈至立在工作报告中指出，要重视和认真解决好进城务工人员子女的就学问题。会议再次强调以“两为主”的方针来指导解决进城务工就业农民子女接受义务教育的问题。根据这次会议的精神，9月30日，《国务院办公厅转发教育部等部门关于进一步做好进城务工就业农民子女义务教育工作意见的通知》第一次把政策对象指向“进城务工就业农民子女”，其核心内容是强化一个“责任”，实行两个“一视同仁”。所谓强化一个“责任”，就是明确指出：流入地政府负责进城务工就业农民子女接受义务教育的工作，以全日制公办中小学为主。地方各级政府特别是教育行政部门和全日制公办中小学要建立完善保障进城务工就业农民子女接受义务教育的工作制度和机制。“教育行政部门要将进城务工就业农民子女义务教育工作纳入当地普及九年义务教育工作范畴和重要工作内容，指导和督促中小学认真做好接收就学和教育教学工作。”所谓两个“一视同仁”，就是指“进城务工就业农民子女九年义务教育普及程度达到当地水平”，在缴费方面，“流入地政府要制订进城务工就业农民子女接受义务教育的收费标准，减免有关费用，做到收费与当地学生一视同仁。”“在评优奖励、入队入团、课外活动等方面，学校要做到进城务工就业农民子女与城市学生一视同仁。”

2003年9月13日教育部、中央编办、公安部、发展改革委、财政部、劳动保障部《关于进一步做好进城务工就业农民子女义务教育工作的意见》就流动人口子女教育作了相关规定。

一、做好进城务工就业农民子女义务教育工作，是实践“三个代表”重要思想的具体体现，是贯彻落实《中华人民共和国义务教育法》、推动城市建设和发展、推进农村富余劳动力转移以及维护社会稳定的需要，是各级政府的共同责任。各级政府要以强烈的政治责任感，认真扎实地做好这项工作。

二、进城务工就业农民流入地政府（以下简称流入地政府）负责进城务工就业农民子女接受义务教育工作，以全日制公办中小学为主。地方各级政府特别是教育行政部门和全日制公办中小学要建立完善保障进城务工就业农民子女接受义务教育的工作制度和机制，使进城务工就业农民子女受教育环境得到明显改善，九年义务教育普及程度达到当地水平。

三、流入地政府要制定有关行政规章，协调有关方面，切实做好进城务工就业农民子女接受义务教育工作。教育行政部门要将进城务工就业农民子女义务教育工作纳入当地普及九年义务教育工作范畴和重要工作内容，指导和督促中小学认真做好接收就学和教育教学工作。公安部门要及时向教育行政部门提供进城务工就业农民适龄子女的有关情况。发展改革部门要将进城务工就业农民子女义务教育纳入城市社会事业发展计划，将进城务工就业农民子女就学学校建设列入城市基础设施建设规划。财政部门要安排必要的保障经费。机构编制部门要根据接收进城务工就业农民子女的数量，合理核定接收学校的教职工编制。劳动保障部门要加大对《禁止使用童工规定》（国令第364号）贯彻落实情况的监督检查力度，依法查处使用童工行为。价格主管部门要与教育行政部门等制订有关收费标准并检查学校收费情况。城市人民政府的社区派出机构负责动员、组织、督促本社区进城务工就业农民依法送子女接受义务教育，对未按规定送子女接受义务教育的父母或监护人进行批评教育，并责令其尽快送子女入学。

四、充分发挥全日制公办中小学的接收主渠道作用。全日制公办中小学要充分挖掘潜力，尽可能多地接收进城务工就业农民子女就学。要针对这部分学生的实际，完善教学管理办法，做好教育教学工作。在评优奖励、入队入团、课外活动等方面，学校要做到进城务工就业农民子女与城市学生一视同仁。学校要加强与进城务工就业农民子女学生家庭联系，及时了解学生思想、学习、生活等情况，帮助他们克服心理障碍，尽快适应新的学习环境。

五、建立进城务工就业农民子女接受义务教育的经费筹措保障机制。流入地政府财政部门要对接收进城务工就业农民子女较多的学校给予补助。城市教育费附加中要安排一部分经费，用于进城务工就业农民子女义务教育工作。积极鼓励机关团体、企事业单位和公民个人捐款、捐物，资助家庭困难的进城务工就业农民子女就学。

六、采取措施，切实减轻进城务工就业农民子女教育费用负担。流入地政府要制订进城务工就业农民子女接受义务教育的收费标准，减免有关费用，做到收费与当地学生一视同仁。要根据学生家长务工就业不稳定、住所不固定的特点，制订分期收取费用的办法。通过设立助学金、减免费用、免费提供教科书等方式，帮助家庭经济困难的进城务工就业农民子女就学。对违规收费的学校，教育行政部门等要及时予以查处。

七、进城务工就业农民流出地政府（以下简称流出地政府）要积极配合流入地政府做好外出务工就业农民子女义务教育工作。流出地政府要建立健全有关制度，做好各项服务工作，禁止在办理转学手续时向学生收取费用。

建立并妥善管理好外出学生的学籍档案。在进城务工就业农民比较集中的地区，流出地政府要派出有关人员了解情况，配合流入地加强管理。外出务工就业农民子女返回原籍就学，当地教育行政部门要指导并督促学校及时办理入学等有关手续，禁止收取任何费用。

八、加强对以接收进城务工就业农民子女为主的社会力量所办学校的扶持和管理。各地要将这类学校纳入民办教育管理范畴，尽快制订审批办法和设置标准，设立条件可酌情放宽，但师资、安全、卫生等方面的要求不得降低。要对这类学校进行清理登记，符合标准的要及时予以审批；达不到标准和要求的要限期整改，到期仍达不到标准和要求的要予以取消，并妥善安排好在校学生的就学。要加强对这类学校的督导工作，规范其办学行为，促进其办学水平和教育质量的提高。地方各级政府特别是教育行政部门要对这类学校给予关心和帮助，在办学场地、办学经费、师资培训、教育教学等方面予以支持和指导。对办学成绩显著的要予以表彰。

九、加强宣传引导，营造全社会关心和支持进城务工就业农民子女义务教育工作的良好氛围。地方各级政府要及时总结工作经验，改进工作方法，广泛动员全社会关心支持进城务工就业农民子女义务教育工作。要将保障进城务工就业农民子女义务教育工作作为城市精神文明建设的一项重要内容，充分发挥各种宣传媒体的作用，宣传各级政府及有关部门制定的方针政策、工作规划、办法措施和实际工作中取得的成绩和经验。

由此可见，该文件较之以往的政策有了更为明显的进步，明确地将1998年《流动儿童少年就学暂行办法》中的“借读”一词去掉，变成了流入地政府对流动儿童的“接收”；在经费问题上，从允许收取“借读费”到制定统一的标准。文件的出台为从根本上解决流动人口子女就学问题提供了政策依据，也表明了中央全力解决进城务工人员子女义务教育问题的决心。10月22日，教育部负责人在北京表示，教育部和国家有关部门提出将以流入地政府管理为主，各级政府把进城务工就业农民子女义务教育纳入城市社会事业发展计划，将较多承担进城务工就业农民子女就学学校的建设列入城市基础设施建设规划[①]。同时，各地根据当地的实际情况针对流动儿童义务教育问题也出台了相应的地方法规。

2004年1月，《中共中央国务院关于促进农民增加收入若干政策的意

① 胡云生.《流动人口子女教育：飘飞的蒲公英也该有春天》[J]，《民主》，2004年第7期.

见》，要求把对进城农民工的职业培训、子女教育、劳动保障及其他服务和管理经费，纳入城市的正常财政预算。2月，《中共中央国务院关于进一步加强和改进未成年人思想道德建设的若干意见》要求“高度重视流动人口家庭子女的义务教育问题。进城务工就业农民流入地政府要建立和完善保障进城务工就业农民子女接受义务教育的工作制度和机制。流出地政府要积极配合做好各项服务工作”。3月25日，财政部发出通知，要求各地“对在城市中小学就学的流动人口子女，其负担的学校收费项目和标准要与当地学生一视同仁，不得收取借读费、择校费或要求农民工捐资助学及摊派其他费用”。同年，先是北京市降低了流动儿童在公办中小学上学的借读费用，接着陕西省、长春市、青岛市、武汉市分别宣布取消对进城务工农民的子女收取“借读费”。上海则计划将进城民工子女在公办学校中的就读比例，从37%提高到50%以上。广州市实行政府主导与市场化运作相结合。长沙、南京等地也采取相应措施，最大限度地让农民工子弟上学①。

特别值得指出的是，2004年农村留守儿童的教育问题也引起了政府的高度关注和重视。5月，教育部基础教育司召开了“中国农村留守儿童教育问题研究”研讨会，邀请了全国妇联、公安部、共青团中央、国家统计局、中央教科所、国家教育发展研究中心及部分高校的专家、学者参加。会议围绕农村留守儿童教育、生活、发展面临的现实问题及其解决途径展开对话与交流。会上，专家、学者一致认为农村留守儿童问题是当前和今后相当长一个时期内存在的一个严重问题，开展这方面的研究具有非常重要的现实和长远意义。6月，《教育部关于学习贯彻〈中共中央国务院关于进一步加强和改进未成年人思想道德建设的若干意见〉的实施意见》对农村留守儿童的教育问题提出了指导性的意见。其实，较之流动儿童，农村留守儿童出现更早，数量更多，从一定意义上讲，教育问题更加严重。早在20世纪80年代中期，我国流动人口开始大规模出现以来，农村留守儿童教育问题就产生了，但作为一个面临的突出问题并没有引起社会的关注。20世纪90年代中期以后，随着流动人口“家庭化”趋势明显，流动儿童数量急剧增加，第二代移民公平接受义务教育的问题得到各方关注，相关部门制定了一系列政策和措施。这一系列政策的出台有助于流动儿童公平接受教育的问题的解决，但对大量农村留守儿童公平接受教育问题仍然没有引起重视。这与长期以来重视城市

① 胡云生.《流动人口子女教育：飘飞的蒲公英也该有春天》[J]，《民主》，2004年第7期.

教育而忽视农村教育的政策取向是密切相关的。

2005年5月，《教育部关于进一步推进义务教育均衡发展的若干意见》对农村留守儿童的教育问题又作了专门规定，明确要求“地方各级教育行政部门和学校要有针对性地采取措施，及时解决进城务工农民托留在农村的留守儿童在思想、学习、生活等方面存在的问题和困难”。各地方政府，尤其是县级政府教育主管部门在农村留守儿童的教育和管理方面更是倾注了大量心血，做了大量的工作。

2006年3月27日，在经历了一年多调研的基础上，国务院颁布了《国务院关于解决农民工问题的若干意见》，要求“保障农民工子女平等接受义务教育”。为了实现这一目标，国务院明确提出了“两为主”的原则：即以流入地政府为主，负责农民工子女义务教育；以全日制中小学为主，接受农民工子女入学。该文件强调“输入地政府要承担起农民工同住子女义务教育的责任，将农民工子女义务教育纳入当地教育发展规划，列入教育经费预算，以全日制公办中小学为主接收农民工子女入学”。同时，要求“城市公办学校对农民工子女接受义务教育要与当地学生在收费、管理等方面同等对待，不得违反国家规定向农民工子女加收借读费及其他任何费用”。国务院出台的这一文件，充分肯定了农民工在我国经济社会发展中的地位和作用，深刻阐述了解决好农民工问题的紧迫性、重要性和长期性，明确提出了做好农民工工作的指导思想、基本原则和政策措施。落实好这个文件，解决好农民工外出务工遇到的困难和问题，必将会极大地保护和调动广大农民工的积极性，推动城乡共同繁荣，促进社会和谐稳定。

同年6月，全国人大常委会审议通过了新修订的《中华人民共和国义务教育法》，明确规定“父母或者其他法定监护人在非户籍所在地工作或者居住的适龄儿童、少年，在其父母或其他法定监护人工作或者居住地接受义务教育的，当地人民政府应当为其提供平等接受义务教育的条件”。这在很大程度上标志着流动人口子女公平接受义务教育问题不再是一个有无法律保障的问题，而是提上了法律层面，转变成一个以法律为依据的政府行为①。

8月28日，《公安部关于做好留守儿童有关工作的通知》（公治［2006］273号），明确要求：

---

① 范先佐.《进城务工就业农民子女的教育公平与制度保障》[J]，《河北师范大学学报》（教育科学版），2007年第1期.

一、充分认识做好留守儿童工作的重要意义

近年来，随着我国经济社会的快速发展，流动人口特别是进城务工就业农民的规模不断扩大，农村留守儿童的数量也随之大量增加，留守儿童在生活环境、身心健康、道德养成、人身安全等方面的问题逐渐显现，已经成为社会广泛关注的焦点和热点。留守儿童的生存状况和他们的发展趋势，是关系国家和民族未来的大事，保障留守儿童健康、茁壮成长是全社会的重大历史责任。各级公安机关要站在实践“三个代表”重要思想、落实科学发展观的高度，从构建社会主义和谐社会、推进社会主义新农村建设的大局出发，深入认识做好留守儿童工作的重要意义，把这项工作摆上重要议事日程，切实加强组织领导，加大工作力度，努力为留守儿童的健康成长创造良好的环境，提供有力的保障。

二、密切会同有关部门做好留守儿童的有关工作

各级公安机关特别是公安派出所要结合开展户口调查和日常管理工作，注意了解掌握辖区内留守儿童的底数和有关情况，并及时通报有关部门。要积极配合教育等部门做好留守儿童入学工作，为他们接受并完成规定年限义务教育创造条件。要积极会同司法、教育等部门做好有违法和轻微犯罪行为的留守儿童的帮助、教育和转化工作，帮助其树立正确的世界观、人生观和价值观，促使其改过自新。要积极配合教育、妇联等部门，加大《义务教育法》和《未成年人保护法》等法律、法规的宣传力度，在全社会形成关爱留守儿童的良好社会氛围。

三、严密防范、严厉打击侵害留守儿童人身安全的违法犯罪活动

各级公安机关要针对留守儿童监护权的缺失导致合法权益特别是人身安全易于受到侵害的实际状况，加大对留守儿童安全保护的力度，严密防范、严厉打击侵害留守儿童合法权益的违法犯罪活动，切实保障他们的人身安全。要结合开展“平安校园”建设和落实“八条措施”工作，将配合有关部门开展留守儿童相关工作纳入社区和驻村民警的工作职责，深入开展对留守儿童的法制、安全宣传教育，增强其自觉守法意识，提高其自我防范能力。要依法严厉打击残害、虐待留守儿童以及利用、教唆、胁迫、引诱留守儿童进行违法犯罪的行为，通过发动群众举报、日常治安管理、查破案件等方式，深挖幕后的组织者和操纵者。拐卖儿童犯罪活动突出的地区要建立和完善被拐卖留守儿童信息档案，及时发现和打击拐卖留守儿童犯罪活动。要积

极协调检察院、法院，对侵害留守儿童合法权益的违法犯罪活动快审快结，依法从重从严惩治犯罪分子。

四、积极稳妥地推进户籍管理制度改革

进一步改革户籍管理制度，逐步调整城市户口迁移政策，积极解决包括农民工在内的广大群众在城市的落户需求，是适应经济社会发展和民主法制建设要求，维护农民工及其子女合法权益，促进社会主义和谐社会建设的一项重要举措。各级公安机关要根据本地经济社会发展水平和综合承受能力，积极稳妥地推进户籍管理制度改革，逐步实行以具有合法固定住所为基本条件的户口迁移准入制度，允许符合条件的进城就业农民本人及直系亲属在其经常居住地落户，为保障其子女在入学等方面与当地原有居民享有同等权利创造条件。

这是我国政府有关部门第一次就做好农村留守儿童相关工作专门发出的通知，它表明农村留守儿童的教育及其相关问题已引起政府的高度重视。2008年7月30日温家宝总理主持国务院常务会议，决定从2008年秋季起城市义务教育免除学杂费。会议要求“要切实解决好进城务工人员随迁子女就学问题。进城务工人员随迁子女接受义务教育以流入地为主、公办学校为主解决；对符合当地政府规定接受条件的随迁子女，要统筹安排在就近的公办学校就读，免除学杂费，不收借读费。”对“在接受政府委托、承担义务教育任务的民办学校就读的学生，按照当地公办学校免除学杂费的标准，享受补助”。国务院的这一决定，无疑是我国教育史上又一座里程碑。它对保证流动人口子女公平接受义务教育无疑会起到决定性作用。

2010年5月5日通过的《规划纲要》则进一步要求“坚持以输入地政府管理为主、以全日制公办中小学为主，确保进城务工人员随迁子女平等接受义务教育，研究制定进城务工人员随迁子女接受义务教育后在当地参加升学考试的办法。建立健全政府主导、社会参与的农村留守儿童关爱服务体系和动态监测机制。加快农村寄宿制学校建设，优先满足留守儿童住宿需求。采取必要措施，确保适龄儿童少年不因家庭经济困难、就学困难、学习困难等原因而失学，努力消除辍学现象”。依据文件的要求，5月16日教育部决定将开展流动人口子女平等接受义务教育的试点，即将流动人口子女在流入地平等接受义务教育和参加升学考试、推进高校招生考试制度改革，纳入教改“先行先试”范畴。

由此可见，国家政策在对流动人口子女的教育态度、政策的转变是和国家对他们的父辈——农民工的政策转变紧密联系在一起的。在我国城市化和发展过程中，农民工为国家的建设发展作出了巨大的贡献，与此同时，国家对他们的政策经历了一个由紧到松、从无序到规范、由歧视到公平的过程。相应的，国家在流动人口子女的教育政策上，也经历了一个由“限制”到“认可”，由“重视”到“强化”的过程。

二、地方政府对流动人口子女义务教育采取了一系列重要措施

近年来，各地政府和教育部门为了认真贯彻中央和国务院关于解决流动人口子女教育问题的一系列指示精神，都高度重视流动人口子女义务教育，大力加强了有关制度建设，陆续出台了一系列做好流动人口子女公平接受教育的法规、政策性文件。这些文件明确要求，各地人民政府要坚持以流入地管理为主，以公办中小学为主的原则，切实担负起统筹安排流动人口子女接受义务教育的责任，并明确了教育、财政、编制、劳动等部门和社区在流动人口子女义务教育工作中的职责，采取了一系列重要措施。

1. 北京市人民政府关于做好流动人口子女义务教育工作的意见

北京是中华人民共和国首都，四个中央直辖市之一，全国第二大城市及政治、交通和文化中心，是全国三大流动人口的流入地之一。为了认真贯彻中央和国务院关于解决流动人口子女教育问题的一系列指示精神，2004 年 8 月 27 日，《北京市人民政府办公厅转发市教委等部门关于贯彻国务院办公厅进一步做好进城务工就业农民子女义务教育工作文件意见的通知》（京政办发［2004］50 号）指出：做好来京务工就业农民子女义务教育工作，关系到儿童少年的健康成长和全面发展，对于推动首都经济建设和社会发展以及维

护社会稳定具有重要意义。各级政府要高度重视，以强烈的政治责任感，从实践“三个代表”重要思想的高度，依照《中华人民共和国义务教育法》，积极创造条件，采取有效措施，切实保障来京务工就业农民子女在京接受义务教育的权利，使他们享有与首都儿童少年同等的受教育条件和机会。

该文件还明确规定，来京务工就业农民子女义务教育工作要遵循“政府负责、齐抓共管、公办为主、依法规范”的原则。此项工作主要由各区县政府负责。市政府通过制定政策进行宏观调控，并对来京务工就业农民相对聚集的区县给予专项补助。市政府有关部门和单位要按照职能分工，相互配合，各司其职，齐抓共管，不断提高管理水平，切实维护来京务工就业农民子女受教育的权益。对来京务工就业农民子女实施九年义务教育，以公办中小学接收为主，鼓励社会各界投资举办以接收来京务工就业农民子女为主的民办学校，教育行政部门可通过提供闲置校舍或合作办学方式等给予支持。教育行政部门应结合实际情况，对流动人员自办学校进行清理登记和规范化管理，引导和规范社会各界依法办学。文件还要求各地区、市政府各有关部门要通过建立有效工作机制，采取多种形式，确保符合就学条件的来京务工就业农民适龄子女在京接受义务教育。来京务工就业农民子女在京接受义务教育的收费与本市户籍学生一视同仁。自 2004 年 9 月新学年开始，全市实施义务教育的公办小学和初中，对符合来京务工就业农民子女条件的借读生免收借读费。各区县政府负责保证公办中小学办学所需正常经费，区县财政要按学校实际在校学生人数和定额标准划拨生均经费。

近期，《规划纲要》（征求意见稿），对于义务教育阶段的适龄流动儿童，明确提出以公办学校接收为主，并针对外来务工人员子女就读问题颁布实施三年规划方案，今年公办校接收外来务工人员随迁子女比例达到 70%以上，到 2012 年基本解决外来务工人员随迁子女在京接受义务教育的问题。该纲要首次提出，对符合条件的来京务工人员随迁子女将满足他们接受高中阶段教育的需求。这意味着北京在流动人口子女在京就读享受同城待遇的问题上又迈出了实施性的一步。

2. 上海市人民政府关于切实做好流动人口子女义务教育工作的要求

上海是我国第一大城市，是我国的经济、金融、贸易和航运中心，也是全国流动人口的主要流入地之一，流动人口及其子女占全市人口的四分之一以上。为了认真贯彻“以流入地政府管理为主、以全日制公办中小学就读为主”的原则，2004年2月10日，《上海市人民政府办公厅转发市教委等七部门关于切实做好进城务工就业农民子女义务教育工作意见的通知》（沪府办发〔2004〕12号）要求：

市政府有关部门要将进城务工就业农民子女的义务教育纳入全市社会事业发展计划和本市义务教育工作规划，制订切实有效的具体政策措施，在加强指导、协调和管理的同时，在经费、编制等方面给予相应的支持。各区县政府要按照“两级政府、三级管理、四级网络”的要求，制定具体实施办法，建立相应的工作机制和保障机制，在充分挖掘现有全日制公办中小学潜力的同时，积极创造条件，采取多种形式，确保符合就学条件的进城务工就业农民子女在本市接受义务教育，确保已就学的进城务工就业农民子女得到与本市同龄学生同等的义务教育。

凡持有流出地政府开具的证明，证实其确属进城务工就业农民，并由本市有关部门和单位证明其确实在本市务工就业、有合法固定住所并居住满一定时间的，可到暂住地所属区（县）教育部门或乡镇政府为其子女提出接受义务教育的就学申请。凡符合规定就学条件的，有关部门应准予其到相应的学校办理入学事项。支持社会力量举办以接受进城务工就业农民子女为主的学校，并将其纳入本市民办学校管理范围。在进城务工就业农民比较集中的地区，符合法律规定的社会组织和公民个人可以参照本市义务教育的办学条件和标准，在报经所在区（县）教育行政部门审核批准后，可举办以接收进城务工就业农民子女为主的学校，就近招收符合条件的进城务工就业农民子女入学。教育部门要对这类学校的师资培训、教育教学等方面予以支持和督导。努力减轻进城务工就业农民子女教育费用的负担，切实维护进城务工就业农民子女在学校的权益。学校要根据物价部门核定的本市义务教育阶段各类学校收费项目和收费标准，向就学的进城务工就业农民子女收取费用。对家庭确有困难的学生，可参照《上海市中小学学杂费分期付款和减免及实行助学金制度的办法》执行。对进城务工就业农民适龄子女转学或返回原籍就学的，学校要按照《上海市中小学学籍管理办法》等规定及时为其办理相关手续，不得收取任何费用。学校对就学的进城务工就业农民子女要一视同仁，在接受教育、参加团队组织、担任学生干部、评优奖励、课外活动等方面，应与本市学生同等对待。

3. 武汉市人民政府将流动人口子女义务教育问题列入政府应给市民办的实事之一

武汉市是华中地区最大都市及中心城市，中国长江中下游特大城市，也是中部地区流动人口最集中的城市，目前其流入人口占全市人口的八分之一以上。为了做好进城务工就业农民子女义务教育工作，早在2004年武汉市政府就将解决进城务工就业农民子女义务教育问题列入当年政府应给市民办的十件实事之一，当年7月2日，《武汉市人民政府办公厅关于进一步做好进城务工就业农民子女义务教育工作的通知》（武政办〔2004〕124号）要求相关部门要提高认识，增强做好进城务工就业农民子女接受义务教育工作的责任感和紧迫感。

该文件指出，“农民进城务工就业，是新时期我国社会主义市场经济发展的必然趋势，是社会进步的重要表现。解决进城务工就业农民子女的就学问题，保证每个儿童都享有义务教育的权利，是《中华人民共和国义务教育法》的基本要求。各区人民政府、市人民政府各有关部门要从实践‘三个代表’重要思想、关心帮助弱势群体和为民办实事的高度，从促进社会经济发展的大局出发，以强烈的政治责任感，切实保障进城务工就业农民子女接受义务教育。”

对于怎样切实保障进城务工就业农民子女接受义务教育的权利，文件要求：

第一，“以流入地政府管理为主，切实保障进城务工就业农民子女接受义务教育的权利”。

进城务工就业农民子女入学的管理，以流入区人民政府为主。流入区人民政府要建立和完善保障进城务工就业农民子女接受义务教育的工作制度和机制，使进城务工就业农民子女受教育环境得到明显改善，九年义务教育普及程度达到当地水平。各流入区人民政府要建立非常设领导机构，积极协调各有关部门，统筹安排好进城务工就业农民子女的入学工作，努力形成政府统筹、部门参与、分工负责、齐抓共管的局面。

进城务工就业农民的身份由公安和劳动保障部门共同认定，即凡非我市城镇户口而在居住地派出所办理了暂住证，同时在居住地社区居委会办理了就业证的外来打工、经商人员，均视同为进城务工就业农民，其子女接受义务教育工作由各区教育部门统筹安排。每学期初，由学生家长或其他监护人在规定时间内，持暂住证、就业证和相关证明材料向暂住地教育部门提出申请，暂住地教育部门按照有关规定，向学生发放《义务教育入学通知书》，并就近安排到指定的学校就读。公安和劳动保障部门要对进城务工就业农民的身份认定及暂住证、就业证的办理工作把关，确保进城务工就业农民子女的入学工作有序进行；街道办事处要组织社区居委会动员、督促本社区进城务工就业农民依法送子女接受义务教育，对未按规定送子女接受义务教育的父母或其他监护人要进行批评教育，并责令其尽快送子女入学；计划部门要将进城务工就业农民子女义务教育纳入城市社会事业发展计划，将进城务工就业农民子女就学学校建设列入城市基础设施建设规划；财政部门要安排必要的保障经费；编制部门要根据接受进城务工就业农民子女的数量，合理核定接受学校的教职工编制；劳动保障部门要加大对《禁止使用童工规定》（国务院第 364 号令）贯彻落实情况的监督检查力度，依法查处使用童工行为。

第二，“解决进城务工就业农民子女入学问题，要以全日制公办中小学为主，充分发挥其在解决进城务工就业农民子女入学问题中的主渠道作用”。

一是将进城务工就业农民子女入学纳入各区教育发展规划，在计划安排和设点布局上予以统筹考虑，根据人口分布特点和发展趋势，在进城务工就业农民集中的地区新建或扩建一批公办中小学校。二是挖掘现有公办中小学校的潜力，扩大其办学规模，在保证服务区内生源就学的前提下，招收一些进城务工就业农民子女入学，力争使进城务工就业农民子女在公办中小学就学的比例在60%的基础上稳中有升。三是进城务工就业农民子女在指定的公办中小学接受义务教育免收借读费，确保其能够接受良好的义务教育。

第三，充分发挥全日制公办中小学在接受进城务工就业农民子女入学中的主渠道作用。“鼓励社会力量办学，多渠道多途径解决进城务工就业农民子女入学问题。”所属各区“要在以政府办学为主的基础上，积极拓宽教育资源渠道，发挥公民个人和社会团体作用，积极支持和鼓励社会力量举办专门招收进城务工就业农民子女的学校或简易学校”。为此，文件要求，一是“将简易学校纳入社会力量办学管理范围，把好审批关”。二是“加强对简易学校办学的指导、帮助和管理。各区要积极创造条件，在招生考试、学籍管理、师资培训、督导评估等方面将简易学校纳入各类中小学校的统一管理范围，予以支持和指导”。三是“对无证举办的学校要坚决予以取缔，并妥善安排好在校学生”。“按照属地管理原则，各区人民政府要组织民政、教育、公安、地税、房产等相关部门联合执法，各负其责，各司其职，建立起取缔无证办学的长效管理机制，其中，民政部门是撤销、取缔无证办学单位的执法主体，教育部门负责学生的分流安置，公安部门对无证办学单位违反社会治安的行为进行处罚，地税部门负责税收征管，房产部门负责敦促业主收回出租房屋等工作，从而确保进城务工就业农民子女有一个相对安全和良好的学习环境。”

第四，“建立经费保障机制，将多渠道筹措办学经费的措施落到实处”。

各区人民政府要认真贯彻《国务院关于基础教育改革与发展的决定》（国发〔2001〕21号），坚持以区为主的管理体制，做到对进城务工就业农民子女就学与常住户口适龄儿童少年接受义务教育一视同仁。将接受进城务工就业农民子女实施义务教育学校所需费用纳入区级财政预算。对接受政府委托，履行实施义务教育相关义务的民办学校，区人民政府应当在资金上给予适当的补助或奖励。同时，积极鼓励企事业单位、社会团体和公民个人捐款、捐物，用于资助接受进城务工就业农民子女就学的学校办学和家庭经济困难的进城务工就业农民子女就学。

第五，“积极创造条件，确保进城务工就业农民子女享受高质量的义务教育”。

各区教育部门和全日制公办中小学校应当将随班就读的进城务工就业农民子女纳入市正式学籍，在学籍管理、事业统计和教学评价上实行单列，但在教育教学管理上，要做到与其他在籍学生一视同仁，在评优奖励、竞赛活动等方面执行同一标准，同等对待。引导招收进城务工就业农民子女入学的中小学校特别是简易学校不断改善办学条件，加强学校建设，提高教育质量。要把社会力量办简易学校的教师培训纳入到全市中小学教师培训体系中予以统筹考虑，以提高简易学校教师队伍素质；要把简易学校的校舍安全纳入各自的工作职责和范围，加强对简易学校校舍安全工作的检查和督办力度，定期聘请具备资质的房屋安全鉴定机构对简易学校的校舍进行安全鉴定，确保简易学校校舍安全和教学工作正常进行；要加强对社会力量办简易学校教学装备的指导和管理，指导学校配备基本的教学仪器，并建立相关的管理制度；鼓励全日制公办中小学校开展“手拉手”等帮扶活动，在图书仪器、教育教学、教研课改及管理等方面对简易学校给予帮助和扶持。在教育教学、教研课改、安全卫生等方面定期进行督导检查，引导学校规范办学，全面实施素质教育，不断提高教育质量。

第六，“加大宣传力度，积极营造全社会关心支持进城务工就业农民子女接受义务教育工作的良好氛围”。要“充分发挥新闻媒体的引导作用，通过多种形式、多种途径，加强宣传和教育，努力营造全社会关心、支持进城务工就业农民子女接受义务教育工作的良好氛围，从而进一步增强各方面保障进城务工就业农民子女接受义务教育的社会责任意识，增强进城务工就业农民送子女接受义务教育的法制意识”。

以上列举的主要是就解决随父母进城上学的流动儿童接受义务教育而言的，随着进城务工就业农民的数量越来越多，留守儿童接受义务教育的问题也越来越引起各级政府及教育主管部门的重视。

1. 福建省教育厅关于加强农村留守儿童教育工作的意见

2006年，福建省义务教育阶段学校就约有73.4万名农村留守儿童，占全省义务教育阶段在校生数的16.3%。这些留守儿童在学习、生活、心理、安全等方面存在诸多问题，已成为义务教育工作中的难点，为政府和社会所关注。为了贯彻实施新修订的《义务教育法》，进一步加强对农村留守儿童的教育和管理，福建省教育厅于2006年9月30日颁布了《关于加强我省农村义务教育阶段“留守儿童”教育工作的意见》。

文件根据福建省农村人口比重大，剩余劳动力外出务工数量较多，“留守儿童”问题将在相当长时期内存在的实际，指出，“农民进城务工就业，是新时期我国社会主义市场经济发展的内在需要，是社会进步的重要表现，也是社会发展的必然趋势。做好‘留守儿童’教育工作，关爱‘留守儿童’的健康成长，是贯彻《义务教育法》和《中共中央国务院关于进一步加强和改进未成年人思想道德建设的若干意见》的基本要求，它关系到我省义务教育的普及与巩固，关系到流动人口的切身利益和社会的稳定、发展。‘留守儿童’的教育问题解决不好，将影响一代人的健康成长和全面发展，同时可能引发一些社会问题。”因此，“各级教育行政部门和学校要从全面提高民族素质，促进农村经济发展，建设海峡西岸社会主义新农村的大局出发，将做好农村‘留守儿童’的教育工作，作为贯彻实施《义务教育法》，提高义务教育发展水平的一项重要任务，认真研究，专题部署，抓好落实”。

各级教育行政部门要在地方政府的领导下，积极推进农村学校“四有工程”建设，加强城乡、校际间校长和师资队伍的交流，加大改造农村学校和城镇薄弱学校的力度，逐渐缩小学校之间办学条件的差距。要因地制宜整合教育资源，加强农村寄宿制中小学的建设和管理，努力解决好寄宿制学生的食宿问题，制定切实可行的寄宿制学校宿舍和学生管理办法，为学生提供一个学习、生活、安全等方面的良好环境。

各级教育部门和学校，要将农村“留守儿童”中的贫困生纳入“两免一补”计划，通过免收杂费、书本费，提供寄宿费补助等方式，确保他们完成国家规定年限的义务教育。

各级教育行政部门要在地方政府的领导下，积极向家长宣传《义务教育法》和《未成年人保护法》，明确家长作为子女第一监护人的责任，要求农民在进城务工时，妥善安排好子女接受义务教育。夫妻双方同时外出打工而将孩子留在农村的，要指定法定监护人，并经常与孩子所在的学校保持联系。

学校要对在校的“留守儿童”进行认真的调查和登记，建立每个“留守儿童”的专门档案和联系卡。其基本内容包括：学生的基本情况、家长姓名、家庭详细住址、联系电话，家长务工单位详细地址、联系电话，或其他法定监护人的职业、详细地址、联系电话等。学校要指定专人负责建档及管理工作，并根据学生变动情况，及时补充或变更联系卡的有关内容。通过建立“联系卡”，加强学校与学生家长或其他法定监护人的联系，对“留守儿童”开展有针对性的管理和教育。

农村中小学要根据“留守儿童”的实际情况，动员和组织学校的教职员工对他们进行分组结对开展帮扶活动，随时掌握孩子的思想、学习、生活方面的情况及困难，并尽最大可能及时帮助解决。农村寄宿制学校要优先解决有寄宿要求的“留守儿童”寄宿；对走读的孩子，老师要定期家访，及时反馈孩子在校期间的情况，会同学生的其他法定监护人共同做好孩子的思想教育工作，使“留守儿童”得到学习、生活、心理健康、情感交流和思想上的关怀和帮助。

各级教育部门和中小学校要建立完善安全教育和管理的各项规章制度，层层建立安全工作责任制和安全工作预案，建立“留守儿童”突发事件的应急机制。“留守儿童”在校期间如遇突发事件，要依法迅速采取适当的救助处理措施，并立即告知“留守儿童”的法定监护人和在外务工的家长，同时按规定及时报告上级有关主管部门。

文件同时要求学校“注重心理疏导，转变教学方式，构建学校、家庭、社会共同关心‘留守儿童’健康成长的教育网络”。

针对一些“留守儿童”的品德行为偏差和心理障碍问题，学校要加强思想道德教育，把“留守儿童”的教育工作与加强未成年人思想道德建设结合起来，培养他们良好的行为习惯，帮助儿童健康、和谐发展。学校要加强学生的日常行为规范的指导和训练，结合实际开设好有关德育课程。要开展针对“留守儿童”身心发展规律的心理健康教育，化解心理压力，引导他们走过人生发展的关键时期。有条件的学校，可设立“心理咨询室”或“倾诉信箱”等，有针对性地开展心理咨询活动，增强学生的心理调适能力。要加强对“留守儿童”家长、监护人的教育和指导，建立“留守儿童”与其父母或其他法定监护人交流与沟通的“绿色通道”，有条件的学校可开设亲情专用电话或电子信箱，让学生家长与孩子定期保持联系，使家长在外务工放心，学生在校学习安心。要通过定期举行文艺、体育、科技和社会实践活动，让“留守儿童”在欢乐和睦、积极向上的环境中学习、成长。

农村中小学要结合义务教育课程改革，转变教学方式，努力减轻学生的课业负担。要注重因材施教，激发学生学习兴趣，培养学生的个性、爱好和特长，避免“留守儿童”因厌学而流失。要尝试在义务教育地方课程和综合实践活动中进行初级职业教育渗透，使学生经过学习训练掌握1—2门实用技术，增强服务家乡的意识和参与家乡建设的能力。

各级教育行政部门和学校要与当地文化、公安、工商等部门密切配合，加强校园周边环境的整治，彻底根治“黄、赌、毒”等对学生的污染。对农村中小学校园周边的舞厅、网吧等娱乐场所进行清理和规范，用先进的文化占领农村文化阵地，为农村孩子提供健康的精神食粮。

文件的目的是“努力做到每一个农村‘留守儿童’都能接受良好的义务教育，在全社会的呵护下愉快学习，在关爱中健康成长”。

2. 安徽省教育厅、财政厅关于建设农村留守儿童之家的举措

安徽省教育厅、财政厅根据该省进城务工就业农民数量较多、留守儿童规模巨大的实际情况，依据《安徽省人民政府关于2010年实施33项民生工程的通知》(皖政〔2010〕1号)精神，制定了关于《农村留守儿童之家建设实施办法》。

该文件明确要求，“要认真贯彻落实科学发展观，从统筹城乡发展、解决‘三农’问题、促进农村新一代人才健康成长的战略高度出发，加强农村留守儿童课外场所建设，改善农村留守儿童课外活动条件，学校、家庭、社会相配合，校内教育与校外教育相结合，基本建立起农村留守儿童课外健康成长关爱体系，使所有农村留守儿童爱有所依，能得到正常的良好教育”。根据“地方建设、省级配套，部门协同、整合资源，分步实施、区域推进”的原则，“2010年～2012年，按照省委省政府实现留守儿童工作系统化、网络化、全覆盖、全关爱的要求，在全省农村地区建立2万个农村留守儿童之家，覆盖全省农村中小学校。到2012年，使全省200多万农村义务教育阶段留守儿童校内有监管，课余有去处，得到政府、学校及社会各方面的关爱”。具体做法是，“依托全省现有农村中小学校，确定2万个农村留守儿童之家建设点”，2010～2012年，由省级财政设立专项资金6000万元，按每个留守儿童之家3000元额度进行配套建设，为每个留守儿童之家配置电视机、电话或电脑等。“项目建设实行以县为主建设、学校为主管理、省级统筹配套的建设与管理模式。由各县、区教育行政部门根据农村留守儿童分布情况确定项目建设点，学校提供留守儿童之家活动用房。省教育厅牵头，会同省关爱留守儿童工作协调小组有关成员单位，按照项目建设内容统一配套内部基本设施，统一采购，统一配送，统一挂牌。”

3. 重庆市关爱农村留守儿童行动计划的实施

为了切实培养和照顾好重庆市130万农村留守儿童，解除进城务工就业农民的后顾之忧，2010年9月13日，重庆市委办公厅、市政府办公厅联合下发《重庆市关爱农村留守儿童行动计划》，“决定在全市实施关爱农村留守

儿童六大行动计划，努力形成‘党政主导、部门联动、家庭配合、社会参与’的农村留守儿童培养关爱机制，努力实现全市农村留守儿童‘学业有教、监护有人、生活有助、健康有保、安全有护’的工作目标。”这六大行动计划是：

一是实施农村寄宿制学校建设计划。高质量完成市委关于新增400所农村寄宿制学校的建设任务，到2012年，全市累计建成2000所农村寄宿制学校。加快农村寄宿制中小学标准化建设步伐，到2012年，全市农村寄宿制学校办学条件标准化率要达到70%，切实解决好农村寄宿制学校学生生活用房不够、设备设施配备不齐、生活管理和卫生保健人员不足等问题，努力为农村留守儿童提供良好的学习和生活条件。市和区县两级财政设立农村寄宿制学校建设专项资金，纳入财政预算。市“希望工程”资金重点用于支持“两翼”地区农村寄宿制学校建设。

二是实施农村幼儿园建设计划。逐步建立以公办园为主体的农村幼儿园办园体制，努力形成公益公平、普及普惠的农村学前教育服务体系，切实解决好农村学前留守儿童“入园难”的问题。新增农村乡镇中心幼儿园700所，到2012年，累计建成农村乡镇中心幼儿园1000所，保证每个乡镇有1所公办中心幼儿园；同时，利用中小学闲置校舍办好乡村幼儿园（班），使全市农村学前三年幼儿入园率达到75%。各区县（自治县）政府要加大农村乡镇中心幼儿园建设投入，市级财政每年安排专项资金采取以奖代补方式予以支持。有条件的区县要开展农村学前留守儿童保教经费资助工作。

三是实施农村留守儿童培养模式创新计划。发挥中小学校在农村留守儿童教育管理中的主导作用，培育一批农村留守儿童培养项目实验学校，推广以思想政治教育、人格品质教育、心理情感教育、行为养成教育和身体健康为重点内容的留守儿童培养模式。加强农村留守儿童心理健康教育，农村中小学每学期至少开设7课时心理健康课；加快心理咨询室建设，选派师范院校学生、青年志愿者到农村寄宿制学校担任心理咨询志愿者；发挥共青团和少先队组织的引导作用和服务功能，针对农村留守儿童的身心特点，积极开展丰富多彩的主题实践活动，引导激励农村留守儿童勤奋学习、快乐生活、全面发展、健康成长。做好农村留守儿童亲情关爱工作，到2011年，全市建成2000个“亲情视频聊天室”，安装“亲情电话”5000部，为农村留守儿童与父母沟通和交流创造条件。建立农村留守儿童个人成长档案，健全农村留守儿童成长的动态监测机制。

四是实施农村留守儿童社会共育计划。有条件的乡镇要利用文化站、敬老院、村级活动中心等资源，建立农村留守儿童校外托管机构，到2012年，建成100个示范性农村留守儿童托管中心；在严格托管机构准入制度的前提下，鼓励和支持企业、公民个人、社会组织建立农村留守儿童托管机构；市和区县财政要设立农村留守儿童托管机构建设奖补资金。动员社会各界人士担任农村留守儿童“代理家长”和“知心哥哥姐姐”，开展青年志愿者对农村留守儿童的假日爱心接力行动，支持依托村级公共管理服务中心建立农村留守儿童之家，重点打造100个示范性农村留守儿童之家，切实加强对农村留守儿童的校外管理和教育。建立农村留守儿童家长学校1000所，免费培训农村留守儿童监护人，不断提高农村留守儿童监护人素质。区县青少年宫（活动中心）要组织开展“流动少年宫”下乡镇活动，每年免费培训50000人次农村留守儿童。鼓励各人民团体、企业和公民个人组织开展资助农村留守儿童节假日探望外出务工父母、夏令营、参观游览等公益活动。建立重庆市农村留守儿童关爱基金，纳入重庆教育发展基金会统一管理，专项用于农村留守儿童培养照顾工作。

五是实施农村留守儿童营养健康促进计划。开展农村留守儿童营养指导、生长发育监测、计划免疫、儿童常见病诊断等基本卫生保健服务。将改善农村留守儿童营养状况作为中小学生营养促进工程的重点，免费为非寄宿农村贫困家庭留守儿童提供“爱心午餐”，逐步免费为农村寄宿制学校留守儿童提供饮用奶或鸡蛋。市级财政设立学生营养促进奖补资金，有条件的区县要逐步提高农村寄宿学生生活费补助标准，为改善在校农村留守儿童营养状况提供经费保障。加强农村中小学校食堂建设与管理，到2012年全市农村中小学食堂要基本达标，安全饮用水达到100%。各区县（自治县）政府要安排资金定期为农村留守儿童进行免费体检，并购买校方责任险。

六是实施农村留守儿童权益保障计划。认真贯彻落实《重庆市未成年人保护条例》，广泛开展农村留守儿童权益维护宣传和咨询活动。各区县（自治县）要依托未成年人保护委员会和妇联组织，建立农村留守儿童维权中心，开通农村留守儿童维权热线电话。完善农村留守儿童就学状况动态监测机制，加大义务教育执法检查力度，确保农村留守儿童不因家庭经济困难、就学困难、学习困难等原因失学，消除农村留守儿童辍学现象。建立健全农村中小学校园安保队、校园民警、保卫干部、保安人员、护校队“五位一体”的校园安全新型警务体制，预防和制止侵害农村留守儿童权益的恶性案件发生。加强对农村留守女童的监护管理，对侵害留守女童的违法犯罪案件要及时侦破、依法从严处理。加强校园周边网吧、歌舞厅等场所的整治和监管，净化农村留守儿童成长的文化环境。加强农村留守儿童法制教育和安全教育，增强农村留守儿童的守法意识和自我保护能力。

这表明，随着社会主义市场经济的发展和城镇化建设步伐的加快，进城务工就业农民子女接受义务教育的问题已引起了各级政府的高度重视。为依法保障他们接受义务教育的权利，各地政府都结合当地的实际，采取了一些强有力的措施保证这一特殊群体受教育的权利。

三、社会各界对流动人口子女教育所做的富有成效的工作

随着进城务工人员的大量涌入，流动人口子女的教育问题不仅引起了各级政府的高度重视，而且也引起了社会各方面的普遍关注和重视。社会有关各方为流动人口子女公平接受教育已进行了大量有益并富有成效的工作。

早在2003年5月13日，中华全国妇女联合会在《关于2003年“六一”国际儿童节的联合通知》中，就要求各省、自治区、直辖市妇联，总工会，共青团，科协，教育厅（教委），文化厅（局），卫生厅（局），广播电影电视局（厅），工商行政管理局，质量技术监督局，残联，要“关心流动人口中的儿童，关心城乡困难家庭的儿童，办好事、办实事，切实帮助他们解决一些学习、健康和生活中的实际问题，把党和政府以及社会各界的关爱送到他们的心中”。2004年4月29日，全国妇联、全国总工会、共青团中央、中国科协、教育部、文化部、卫生部、广电总局、工商总局、质检总局、中国残联在《关于庆祝2004年“六一”国际儿童节的联合通知》中又要求“特别要关注农村和贫困地区的儿童、流动人口子女、下岗失业人员子女、单亲特困家庭子女、孤残儿童、女童等弱势群体。要采取有效措施，对他们的学

习、生活和心理给予必要的扶持和关心”。

同年11月，中国青少年发展基金会等单位举办了以“关注”和“爱”为主题的“北京市农民工子女教育巡展”，旨在吸引公众和社会对农民工子女教育给予更多的帮助，促使农民工子女教育得到健康发展。同年年底，“中国流动儿童工作经验交流暨研讨会”在北京召开。国家妇女儿童工作委员会、联合国儿童基金会的官员以及来自北京、河北、福建等7个省份的妇女儿童工作部门和教育部门的代表以及进城务工人员子女的家长代表参加了会议。这是北京首次举行如此大规模的有关“流动儿童”的专门会议。会议认为，流动儿童是随着“民工潮”而发生的。从20世纪80年代开始，中国农民从农村进入城市打工，他们的子女或者在家乡出生被带到城市，或在城市出生继续留在城市，其人数呈增长的趋势。但流动儿童的受教育状况不及全国儿童的平均水平，主要表现为他们无法进入当地公办学校学习，他们的失学率较高，不能适龄入学问题表现尤为突出。此外，流动儿童因为跟随家庭四处流动，很多人有过辍学的经历，失学也是一个突出问题。这些问题反映了中国目前在教育和社会体制上存在的问题。中国现行义务教育体制明确规定，适龄儿童少年应在户口所在地接受九年义务教育，所需教育经费由当地政府负责筹措，当地政府也只对本地学龄儿童少年的普及九年义务教育负责，没有义务也不会去管外来儿童的教育问题。这是因为，中国的社会体制使流动到城市的农村人口被当做廉价劳动力，不被当做城市社会的一员，因此他们在城市里的种种社会性需求都被无意甚至有意地忽视。这种现状完整地复制了中国城乡之间的不平等关系，也损害了基础教育的义务性、公平性、完整性的原则。基于此，会议建议大幅减少乃至取消公立学校的所谓“赞助费”，使公立学校成为吸收流动儿童的主要渠道。会议认为，吸纳流动儿童的“打工子弟学校”虽然是存在于国家义务教育体制之外的一种社会现象，但已成为解决流动儿童就学的重要渠道，政府应明确承认这类学校存在的合法性，并采取更为灵活和符合实际的管理措施。今天的流动儿童也是城市将来的主人，从长远来看，帮助这些儿童和谐融入城市生活、认同城市主流文化和价值观，对于城市经济持续发展和社会稳定以及缩小城乡差别具有重要作用，因此，会议还建议开展力所能及的社会救助活动，为流动儿童的教育创造良好的环境。此次会议的召开，表现出了社会各界对进城务工人员子女教育问题的高度重视。

2005年5月21日至22日，由全国妇联和中国家庭文化研究会共同举办的首届“中国农村留守儿童社会支援行动研讨会”在郑州召开。会议认为，随着大量农村成年男女向城镇转移就业，农村留守儿童教育问题不仅是一个教育问题，如果任其发展下去，最终将演变成严重的社会问题。因此，做好农村留守儿童教育工作，是“进一步改进和加强未成年人思想道德建设的重要举措；是服务于‘三农’工作大局、促进农村经济社会和谐发展的重要举措；是维护最广大人民的根本利益，切实为广大农民做好事、办实事的重要举措，必须充分认识做好农村留守儿童教育工作的重要意义，并将其作为服务‘三农’工作大局的题中应有之义，作为开展文明家庭建设的重点工作，作为未成年人家庭教育工作的重大课题，以创新的思路、有效的举措、务实的工作，努力开创未成年人思想道德建设工作的新局面”。

为了做好农村留守儿童教育工作，会议要求，“各级妇联组织要积极发挥优势，以求实创新的精神开展农村留守儿童家庭教育工作。要把握机遇、提高认识，不断加强调查研究，切实把握农村留守儿童的实际需求；创新工作思路，优化服务于农村留守儿童的工作载体；深化农村家庭美德建设，使农村留守儿童在幸福和睦的家庭环境中健康成长；适应农村留守儿童的需求，积极为他们提供有效的家庭教育服务。”与此同时，会议强调，“要加强对策研究，整合社会资源，深入开展社会支援行动。要加强宣传，引起社会对农村留守儿童问题的广泛关注，促使更多的社会单位和组织积极参与；要切实加强合作、增进协调配合，发挥社会各界的作用，努力推动构建‘党政领导、群团协同、社会参与、齐抓共管’的关怀农村留守儿童的社会化、开放式的工作格局；要从实际出发，进一步明确社会支援行动的思路、内容、途径和开展工作的组织机制与措施，向社会发出“关爱农村留守儿童，大力开展社会支援行动”的号召。”

为了认真贯彻落实《中共中央国务院关于进一步加强和改进未成年人思想道德建设的若干意见》和《国务院关于解决农民工问题的若干意见》精神，2006年10月19日，国务院农民工作联席会议办公室成立了农村留守儿童专题工作组。专题工作组由国务院农民工作联席会议办公室、教育部、公安部、民政部、司法部、财政部、农业部、卫生部、国家人口和计划生育委员会、中央文明办、全国总工会、共青团中央、全国妇联、中国关心下一代工作委员会等相关部门组成，全国妇联承担牵头任务。

成立农村留守儿童专题工作组的指导思想是："围绕构建社会主义和谐社会，紧紧抓住当前关系到农村留守儿童切身利益的突出问题，深入开展调查研究，提出对策建议，完善政策措施。逐步建立健全农村留守儿童工作机构，形成政府统一领导，部门分工负责的有效工作机制，有效解决农村留守儿童问题。"

专题工作组的目标任务是："努力建立农村留守儿童工作长效机制，推动此项工作科学化、规范化和制度化；深入开展调查研究，及时掌握农村留守儿童状况，逐步建立和完善保护留守儿童合法权益的法律法规体系和政策措施；推动建立农村留守儿童指导服务机构，促进学校、家庭、社会相结合监护网络，扩大农村留守儿童社会宣传，努力营造农村留儿童健康成长良好环境。"

专题工作组的中长期工作计划主要包括：

1. 开展调查研究。深入开展有关流动人口子女、农村留守儿童问题调查和理论研究，了解留守儿童工作现状，掌握农村留守儿童在生存、发展中存在的突出问题，积极探索解决问题的有效办法，不断总结梳理解决问题的对策建议，为政府决策提供科学依据。

2. 制定相关政策。在充分调查研究的基础上，针对问题研究制定和部署开展农村留守儿童工作的意见。推动制定和完善涉及留守儿童问题的法律法规和政策措施。

3. 加强宣传倡导。围绕关爱农村留守儿童主题，积极宣传国家保护儿童权益的法律法规和有关政策，宣传农村留守儿童先进典型，宣传各地开展留守儿童工作的好经验、好做法，努力营造关爱留守儿童的良好社会氛围。

4. 深化指导服务。推动各地创办一批指导服务机构，对农村留守儿童、家长及临时监护人提供指导和服务。加强对指导服务机构的建设和管理，推动农村留守儿童工作规范化、科学化、法制化，努力形成学校、家庭、社会三结合的监护网络。

5. 依法维护权益。逐步消除对农村留守儿童的忽略和歧视，保障留守儿童生存、发展、受保护和参与的权利；加强对侵害流动人口子女、留守儿童违法犯罪行为的打击力度；建立健全法律援助机构，为留守儿童提供法律援助，切实维护农村留守儿童合法权益。

6. 多办好事实事。结合各部门各单位工作实际，进一步关注留守儿童，开展关爱留守儿童慰问活动，为农村留守儿童解决实际困难，使农村的家长和儿童充分感受到党和政府的关怀和温暖，把关爱农村留守儿童工作做实做好。

专题工作组成员单位职责是：

1. 全国妇联：(1) 发挥在农村留守儿童工作中的牵头作用，在国务院农工办的领导下，统筹推进农村留守儿童各项工作，开展关爱农村留守儿童行动；(2) 进一步建立健全农民工子女、农村留守儿童示范家长学校和家庭教育指导中心，对农村留守儿童、家长及临时监护人提供家庭教育指导和服务；(3) 制定和实施家庭教育工作“十一五”计划，将“关爱留守儿童行动”纳入“十一五”规划目标，切实抓好农村留守儿童工作；(4) 以提高农村儿童和家长道德素养为目标，以农村儿童和家长自主参与、自我教育、亲子互动、共同提高为特征，依托家庭、社区、家长学校、家庭教育指导中心和妇女儿童活动中心等阵地，精心组织关爱农村留守儿童的各项特色活动；(5) 配合有关部门做好农村留守儿童社会宣传，努力营造农村留守儿童健康成长良好社会环境；(6) 做好国务院农工办交办的有关工作。

2. 教育部：(1) 参与农村留守儿童工作专项调研以及有关农村留守儿童工作的会议和活动；(2) 积极做好《义务教育法》修订颁布后的贯彻落实工作，切实保障农民工子女、为农村留守儿童接受义务教育的权益；(3) 加快对农村寄宿制学校的建立和完善，推动学校教育与家庭教育有机结合，为农村留守儿童健康成长创造良好的条件。

3. 公安部：(1) 参与农村留守儿童工作专项调研以及有关农村留守儿童工作的会议和活动；(2) 在推进户籍管理制度改革中，切实维护流动人口子女、留守儿童权益；(3) 加大对侵害农村留守儿童权益行为的打击力度，切实维护农村留守儿童合法权益。

4. 民政部：(1) 参与农村留守儿童工作专项调研以及有关农村留守儿童工作的会议和活动；(2) 把留守儿童工作作为农村基层组织建设工作的重要内容，整合利用各种工作资源、教育资源和活动场所，开展丰富多彩的思想教育和文化体育活动；(3) 对贫困家庭留守儿童给予社会救助，真正在基层做好留守儿童合法权益保障工作。

5. 司法部：(1) 参与农村留守儿童工作专项调研以及有关农村留守儿童工作的会议和活动；(2) 通过加强法制宣传教育、法律援助、法律服务和基层人民调解组织的工作，加强对留守儿童权益的保护；(3) 对流动人口及农村留守儿童进行法律知识教育，增强流动人口及留守儿童的法律意识和自我保护能力。

6. 财政部：(1) 参与农村留守儿童工作专项调研以及有关农村留守儿童工作的会议和活动；(2) 了解留守儿童工作情况，对农村留守儿童工作给予必要的经费支持，并监督经费使用情况。

7. 农业部：(1) 参与农村留守儿童工作专项调研以及有关农村留守儿童工作的会议和活动；(2) 将流动人口和农村留守儿童工作纳入新农村建设的总体规划，在出台有关政策文件时，充分考虑到农村留守儿童的合法权益，把发展农村经济同优化农村留守儿童生存发展环境结合起来，统一部署，全面把握，重点推动。

8. 卫生部：(1) 参与农村留守儿童工作专项调研以及有关农村留守儿童工作的会议和活动；(2) 发展农村卫生服务，为留守儿童提供系统保健服务、营养指导、生长发育监测、计划免疫、儿童常见病诊疗等基本卫生保健服务。(3) 广泛开展宣传教育和卫生知识普及工作，不断提高农村留守儿童的卫生保健和利用卫生服务的能力，倡导文明健康科学的生活方式。

9. 国家人口和计划生育委员会：(1) 参与农村留守儿童工作专项调研以及有关农村留守儿童工作的会议和活动；(2) 利用和发挥人口和计划生育管理和服务工作网络的优势，积极做好流动人口家庭及留守儿童的随防和服务工作；(3) 通过计划生育奖励扶助、关爱女孩行动等各种活动，关心流动人口家庭和留守儿童，落实计划生育各项奖励优惠政策，维护实行计划生育的流动人口家庭和留守儿童的合法权益。

10. 中央文明办：(1) 参与农村留守儿童工作专项调研以及有关农村留守儿童工作的会议和活动；(2) 把农村留守儿童工作纳入未成年人思想道德建设之中，作为有关创建活动的重要内容，统一进行检查指导；(3) 重点指导和推进农村留守儿童思想道德建设，督促检查各地各部门开展农村留守儿童思想道德建设工作情况，组织协调社会各方面共同做好农村留守儿童思想道德建设工作。

11. 全国总工会：(1) 参与农村留守儿童工作专项调研以及有关农村留守儿童工作的会议和活动；(2) 深入贯彻国办《关于做好农民工进城务工就业管理和服务工作的通知》精神，配合有关部门了解和掌握农民工家庭及留守儿童生存状况；（3）实施送温暖工程，继续开展职工互助互济活动。通过多种形式为特困农民工家庭和留守儿童提供救助和服务。

12. 共青团中央：（1）参与农村留守儿童工作专项调研以及有关农村留守儿童工作的会议和活动；（2）宣传普及《中华人民共和国未成年人保护法》、《中华人民共和国预防未成年人犯罪法》等保护儿童的法律法规，提高全社会保护儿童合法权益的责任意识；（3）加强对留守儿童的纪律教育、法制教育和安全教育，增强留守儿童的法律意识，提高留守儿童自我保护和防范能力；（4）实施“希望工程”等助学行动，保障贫困留守儿童的就学权利。

13. 中国关心下一代工作委员会：（1）参与农村留守儿童工作专项调研以及有关农村留守儿童工作的会议和活动；（2）发挥“五老”队伍的优势，对留守儿童进行理想信念教育、法制教育、科技文化教育；（3）参与留守儿童家长学校建设和各种家教知识普及活动；（4）发动社会力量帮助贫困留守儿童，优化留守儿童成长环境。

这就将政府与社会各方的力量统一起来了，形成了政府统一领导，部门和社会各方分工负责的有效工作机制，有利于解决农村留守儿童的问题。

2006 年 7 月 17 日全国妇联颁布了《关于大力开展关爱农村留守儿童行动的意见》，文件指出，“开展农村留守儿童工作是加强社会主义新农村建设，构建社会主义和谐社会的需要，是践行‘三个代表’重要思想，树立和落实科学发展观的具体体现；是关系家庭和谐、社会稳定、民族发展的大事。各级妇联组织要站在推动经济社会发展和社会主义新农村建设的全局高度，充分认识做好农村留守儿童工作的重要性，增强责任感和使命感，把深化关爱农村留守儿童行动作为一项重要工作，摆正位置，列入议事日程，切实抓好落实。”对于怎样才能扎实有效推进关爱农村留守儿童各项工作，文件提出应采取以下措施：

一是开展调查研究。在城市化进程中，留守儿童现象不仅会长期存在，而且其数量也会逐渐增加。要深入基层，认真开展调查研究，及时反映他们的呼声和意愿，推进解决一些实际困难和问题。深入学习和研究相关政策，积极争取资源，为留守儿童工作提供有效的指导和服务。从实际出发，在已开展的各项工作基础上，不断总结经验，推广典型，充分发挥典型的指导和示范作用。注重研究留守儿童成长中的问题，力争推出一批有分量的研究成果，提出有效的对策建议，争取相应的政策支持，为开展农村留守儿童工作提供理论依据和实践指导。

二是纳入家庭教育"十一五"规划。关爱农村留守儿童是一项长期而重要的工作。各地要从本地区的实际出发，根据留守儿童的发展需求和实际问题，制定关爱农村留守儿童行动计划，并将其纳入家庭教育"十一五"规划，作为开展农村儿童工作，发展农村家庭教育的重点内容之一。结合工作开展，制定切实可行的中长期目标、具体落实措施和监测评估办法，使这项工作目标明确、任务清晰、措施得力、富有成效。加强与有关部门协调，加大对这项工作的投入，加大力量，推动家庭教育规划有效实施，推进关爱留守儿童行动取得实质性进展。

三是发展一批示范家长学校。家长学校是指导和服务家庭教育的主阵地，也是开展留守儿童工作的主要渠道。要进一步规范对家长学校的建设和管理，完善教学方法，创新活动载体，不断提高教学质量。组织编写适合农村家长和儿童特点的家庭教育辅导材料，培训一批家庭教育骨干。要通过家长学校积极向留守儿童家长或第二监护人宣传普及科学的家庭教育观念、知识和方法，使他们能真正承担起教养孩子的责任和义务。今年全国要建立1000所流动人口子女、农村留守儿童示范家长学校，并逐步扩大，使其发展得更快更好。各地也要不断建立并发展一批流动人口子女和农村留守儿童示范家长学校、新市民家长学校、家庭教育指导中心（站）、留守儿童指导服务站等，积极创建一批农村家庭教育工作示范县（乡、村）。

四是开展丰富多彩的主题活动。主题活动是普及家庭教育知识的有效载体。要以提高农村儿童和家长的道德素养为目标，以农村儿童和家长自主参与、自我教育、亲子互动、共同提高为特征，依托家庭、社区、家长学校、家庭教育指导中心和妇女儿童活动中心等阵地，精心组织实施内容丰富、形式新颖、吸引力强的关爱农村留守儿童的各项特色活动，并与全国妇联已开展的双合格、小公民道德建设、"知荣辱、树新风、促和谐"亲子携手同行实践活动等主题活动有机结合起来，不断地创新载体，打造品牌，广泛动员和组织留守儿童和家长积极参与到各项活动中，在整体联动中深化关爱留守儿童行动。

五是加强关爱留守儿童的社会宣传。要充分发挥报刊、广播、电视、互联网等大众传媒优势，利用宣传橱窗、标语画册、公益广告等宣传载体功能，精心组织开展关爱留守儿童行动宣传教育。紧紧围绕关爱留守儿童的主题，积极宣传“以人为本”、“儿童优先”、“尊重儿童、支持儿童”、“为国教子、以德育人”等新观念、新风尚，宣传国家保护儿童权益的法律法规和有关政策，宣传留守儿童及家长的先进典型事迹，宣传各地开展关爱留守儿童行动的好经验、好做法。通过广泛的宣传教育，在全社会形成关爱留守儿童、促进未成年人健康成长的良好社会环境。

六是为留守儿童办好事实事。要充分发挥妇联组织协调、维权职能，加强源头参与，推动出台解决农村留守儿童问题的相关政策和规定，不断优化农村留守儿童生存、保护和发展的法制环境。充分发挥社会化协调机制、法律服务机构和妇联五级信访网络的作用，帮助农村留守儿童依法维护自身权益。通过健康宝贝课堂热线、中英大龄女童技能培训和能力建设、家庭教育与性别平等、艾滋病防治社会动员等项目和“春蕾计划”、“安康计划”等公益性活动，为留守儿童办好事实事。抓住“六一”等契机，开展关爱留守儿童慰问活动，为农村留守儿童解决实际困难，使农村的家长和儿童充分感受到党和政府的关爱和温暖。不断探索和创新关爱行动的新途径，如建立留守儿童档案、推行“代理家长”制度、推动建立留守儿童社会服务机构，开展社会服务工作等，把关爱留守儿童工作做实做好。

在此基础上，2007 年 5 月 27 日，全国妇联又联合 12 家部委办共同发起“共享蓝天”全国关爱农村留守流动儿童大行动，通过实施支持行动、维权行动、关爱行动、宣传行动，总结推广一批农村留守流动儿童关爱模式，重点推进“代理家长”等关爱留守流动儿童行动，发展儿童公益项目，开展“五个一”宣传活动，即在全国推出一批宣传口号、宣传一批先进典型、制作一批公益广告、聘请一批形象代言人、编印一批宣传资料，扩展关爱行动的覆盖面，营造有利于农村留守流动儿童健康成长的良好氛围，切实推进农村留守流动儿童问题有效解决，促进农村留守流动儿童健康成长。

此外，中国教育学会、中国计划生育协会、中华慈善总会、中国社工协会志愿者工作委员会和众多全国性协会、各类基金会、公司企业都为流动人口子女的教育殚精竭虑，做了大量的工作。如成立于 2007 年 5 月 11 日的南都公益基金会（简称南都基金会）是一家经民政部批准成立的非公募基金会，业务主管单位为民政部。南都基金会原始基金 1 亿元人民币，来源于上海南都集团有限公司。南都基金会的使命是支持民间公益，即：“关注转型期的中国社会问题，资助优秀公益项目，推动民间组织的社会创新，促进社会平等和谐。中国城市化进程的加速，越来越多的农民工进城，农民工子女（包括‘流动儿童’和‘留守儿童’）的教育、心理健康、道德养成等方面存在许多困难和问题，这些问题如得不到妥善解决，不仅对农民工子女个人的成长产生不利影响，而且对国家和社会的未来也将带来严重的后果。”为改善农民工子女的成长环境，南都基金会决定实施新公民计划，以项目招标的方式，资助非营利组织开展农民工子女教育、心灵关怀的志愿服务和公益创新项目，捐建民办非营利的农民工子女学校，希望在政府和社会各界的支持下，走出一条除了政府公立学校和私立的民办学校之外的动员公益捐赠资源办学的第三条道路。

“新公民学校”的性质属于民办公助，有利于吸收民间公益资源，配合政府解决农民工子女教育的困难。现在南都基金会已经在北京创办了3所义务教育阶段的“新公民学校”，1所百年新公民职业学校。最近，基金会还和银川市、温州市政府教育部门协商，与政府合作创办新公民学校。政府愿意出公办学校的校舍和设施支持“新公民学校”办学，同时，按照“新公民学校”接收的学生数量，给予财政支持。银川和温州地区政府作出这样的决策，是因为他们看到解决农民工子女教育的困难完全依靠政府的力量是不行的。现在，私立的民办学校普遍存在着投资少、设施简陋和教学质量低的问题，在落实免费教育国家政策的时候，对这些学校怎么补贴，补贴多少，也让政府感到为难。但是，支持和鼓励公益性的民办学校，一方面，政府补贴没有任何障碍，因为公办学校姓“公”，公益学校也姓“公”。同时，这类公益性的民办学校还有一个公办学校所不具备的优势，就是可以敞开大门，吸收民间公益的资源，包括企业和个人的捐赠，包括吸引志愿者的服务。所以，上海、银川、温州市政府采取鼓励民办公益学校发展的措施，是一个明智之举。公益学校的发展不仅可以为进城读书的农民工子女提供更多的接受公平教育的机会，而且为农民工子女融入城市也提供了比较好的环境。因为这样的学校在发展过程中，不仅可以得到政府的补贴，让孩子们享受到公共政策的“阳光”，同时，还会得到城市社会各界的支持和帮助，让他们沐浴到爱和关怀，这对他们融入城市是非常有帮助的。

流动人口子女的教育不仅引起了中央相关部门的关注和重视，而且也引起了地方各级部门的重视。如安徽省为了加强对全省农村留守儿童工作的领导，建立全省留守儿童关爱服务体系，强化各级政府的主导责任和各职能部门的职责，强化家长监护的法律意识，营造社会关爱氛围，成立了关爱农村留守儿童工作协调小组。协调小组建立了协作工作制度，定期召开协作会议，统筹领导和协调全省农村留守儿童工作。成员单位从各自职能出发，发挥自身优势，找准工作切入点，制定并落实相关规划，加大人、财、物投入，做到资源共享、优势互补、协调配合、共同推进。求真务实，把农村留守流动儿童工作落到实处。具体来讲，协调小组各成员单位的职责是：

1. 省委组织部：发挥基层党组织和广大党员在推进农村留守儿童工作中的积极作用，把解决农村留守儿童问题作为党员承诺、设岗定责的重要内容，指导农村基层组织活动场所增加适应农村留守儿童需要的服务项目和留守儿童喜闻乐见的内容。广泛动员广大党员热情关心帮助农村留守儿童，开展"手拉手"、"结对子"活动，为农村留守儿童办实事、献爱心。把农村留守儿童工作成效作为考核基层党组织的一项重要内容，建立有效的激励机制。

2. 省委宣传部：组织指导全省各级宣传部门把关爱留守儿童工作纳入社会主义精神文明创建活动，纳入加强和改进未成年人思想道德建设工作中。积极做好宣传工作，引导媒体高度关注农村留守儿童问题，加强正面典型宣传，充分调动社会各界关爱力量，营造积极健康的良好关爱氛围。

3. 省委政策研究室：加强农村留守儿童工作相关政策研究，总结提炼各地在实践中探索出来的经验做法，反映基层要求和愿望，分析研究工作推进过程中的问题，为党委政府决策提供咨询。

4. 省人大内司委：关注农村留守儿童权益保护工作，加强留守儿童相关法律法规实施情况的监督和调研。

5. 省发展改革委：将农村留守儿童工作纳入全省国民经济和社会发展规划，在农村寄宿制学校等农村公共服务基础设施建设中，充分考虑留守儿童教育和生活需要，为其提供必要的学习和生活条件。

6. 省教育厅：贯彻落实《义务教育法》的要求，依法制定保障农村留守儿童平等接受教育的政策，采取有效措施，保障农村留守儿童接受并完成义务教育。加强农村寄宿制学校建设，优先满足留守儿童的寄宿学习需求，努力提供良好的学习、生活和监护条件。充分发挥教育部门的作用，主动协调家庭、社会等各方面力量，建立关爱留守儿童工作机制和各项工作制度，保障留守儿童在学校的人身安全和身心健康，促进留守儿童健康成长。加强农民工子女教育，将农民工随迁子女就学问题纳入城镇中小学建设规划中统筹规划，保障农村留守儿童在需要随父母进城就学时能拥有平等就学的机会和条件。加强教师队伍建设，建立工作激励机制，打造一支师德高尚、有着高度的责任感和爱心的教师队伍，努力做好留守儿童教育工作。

7. 省公安厅：加强农村留守儿童户籍管理，为开展义务教育、卫生保健、社会援助等方面的服务提供依据。严厉打击侵害儿童权益的犯罪行为，特别是侵害农村留守儿童的恶性案件，切实维护儿童合法权益；深入开展平安村（社区）、平安学校、平安家庭等创建活动，把加强农村留守儿童关爱教育，促进健康成长工作纳入综合治理目标考核内容。

8. 省民政厅：牵头抓好农村留守儿童的社会救助工作，保障贫困留守儿童和流浪儿童享受应有的社会救助。指导村委会把加强农村留守儿童关爱教育作为乡风文明、构建和谐社会的大事落实到位，制定关爱留守儿童村规民约；开展亲情关爱活动，形成人人关爱留守儿童的民风，预防和制止轻视、歧视、放任、伤害留守儿童现象。

9. 省司法厅：大力开展“法律进学校”活动，将《中华人民共和国妇女儿童权益保护法》、《中华人民共和国未成年人保护法》纳入普法宣传范围，大力宣传保护儿童合法权益的法规，强化对农村留守儿童的法制观念、安全防范知识等方面的教育和引导，切实提高他们的维权意识。提高少年儿童及其监护人自我保护的法律意识和能力，提高全社会保护儿童的法律责任意识。发挥律师、公证员及基层司法所、各级法律援助机构的职能作用，积极开展法律咨询和法律援助，优先受理、精心办理涉及农村留守儿童合法权益的法律援助案件。

10. 省财政厅：安排资金资助贫困地区改善办学条件，加强农村中小学校寄宿设施建设；将农村留守儿童相关工作经费纳入同级财政预算，确保关爱农村留守儿童工作持续有效开展。

11. 省人社厅：注重提高农村外出务工人员抚养教育子女的法律责任意识；将父母对留守子女应履行的义务、责任纳入劳动力转移培训中，提高农村外出务工人员教育子女的责任意识；鼓励外出务工人员返乡创业，为农村剩余劳动力就近转移提供更多的就业机会。

12. 省国土资源厅：支持农村寄宿制学校项目建设，依法依规解决好项目建设用地。

13. 省文化厅：切实加强农村文化市场管理，重点整治农村中小学校周边游戏室、歌舞厅、卡拉OK厅和网吧等文化娱乐场所。充分发挥乡镇综合文化站、文化信息资源共享工程基层点等基层文化阵地作用，积极开展形式多样的青少年文化活动，努力为农村留守儿童营造健康、文明、安全的文化环境。

14. 省卫生厅：牵头抓好农村留守儿童卫生保健工作，广泛宣传科学养育儿童少年的知识，倡导文明健康的生活方式，开展关爱农村留守儿童健康成长的知识讲座、咨询和义诊。乡镇卫生院、村卫生室要为农村留守儿童提供营养指导、生长发育监测、计划免疫、儿童常见病诊疗等基本卫生保健服务。完善与发展新型农村合作医疗制度，确保农村留守流动儿童享受合作医疗补偿待遇。

15. 省政府省法制办：做好保护未成年人和农村留守儿童的法规、规章和规范性文件的审查、修改或者备案审查工作，加强相关执法活动的监督检查。

16. 省政协社会和法制委员会：调动政协委员力量，关注留守儿童问题，积极建言献策。

17. 团省委、少工委：组织和指导各级共青团和少先队组织大力宣传普及《中华人民共和国未成年人保护法》和《安徽省未成年保护条例》等法律法规，加强对农村留守流动儿童的思想道德教育、法制教育、安全教育和心理健康教育，提高农村留守儿童的自我保护意识和防范能力。广泛开展“手拉手”、“留守小队”等活动，加强关爱留守儿童志愿者队伍建设和阵地建设。

18. 省妇联：各级妇联组织要把农村留守儿童关爱教育，促进健康成长工作作为重要的职责，充分发挥自身优势，积极开展关爱农村留守儿童行动。会同教育部门进一步巩固发展各级各类家长学校，为农村留守儿童父母及监护人提供及时有效的指导与服务，提高家庭教育水平。继续推进儿童公益事业，做好留守流动儿童活动室建设工作，为农村留守流动儿童办实事办好事。推动农村家庭互助关爱留守儿童。充分发挥各地法律援助服务机构的作用，切实维护农村留守儿童合法权益。

19. 省关工委：充分发挥机关工委的优势和特殊作用，开展调研，发动和组织身体好、有爱心、有热情的“五老”参与留守儿童结对帮扶活动。参与社区居委会、村民委员会关爱留守儿童活动，对留守儿童进行理想信念、行为养成、思想品德、尊老爱幼、法制观念、科技文化教育，帮助解决留守儿童生活困难和学习、思想问题，参与留守儿童家长学校建设和各种家教知识普及活动，参与发动社会力量帮助贫困留守儿童，促进留守儿童健康成长。

再如，江西共青团、青年志愿者组织也大力开展了关爱农民工子女的活动。这些活动主要包括：

1. 青年志愿者“关爱留守儿童”主题活动。为积极解决留在农村的农民工子女学习、生活等方面的问题，多年来，江西省团委组织省内各高校在假日特别是寒暑假等期间招募、派遣大学生志愿者深入农村进行关爱留守儿童活动，在学习辅导等方面给予农民工子女帮助，受到孩子及其父母、村民的广泛好评和欢迎。

2. “真情相伴，爱心助困”——江西青年志愿者援助万户贫困家庭计划。江西省团委、省青年志愿者协会联合省民政厅、省残联于2009年3月5日启动实施了“真情相伴，爱心助困”——江西青年志愿者援助万户贫困家庭计划。通过与省民政厅、省残联配合，采取“一助一”“多助一”的形式对社会弱势群体、农民工子女开展帮扶工作，2009年共结对帮扶农民工子女1000户左右，组织结对志愿者长期开展助困、助学活动。

3. 在3月5日、12月5日组织志愿者开展关爱农民工子女志愿者集中行动。组织协调全省青年志愿者在3月5日、12月5日等纪念日、节假日集中开展关爱农民工子女活动，组织志愿者为农民工子女捐书捐物，力所能及地为他们解决困难，并向社会号召，动员更多社会力量加入到关爱农民工子女的行动中。

4. 开办“留守孩”托管中心等志愿服务机构。2007年7月，赣州团市委、青年志愿者协会在赣县沙地镇沙地村全国优秀教师、中国第二届青少年社会教育“银杏”奖突出贡献奖获得者王金莲的事迹感染下，挂牌成立了赣县沙地“留守孩”托管中心。在王金莲老师负责下，多年来，当地高校青年志愿者经常到托管中心义务帮助孩子们的生活和学习。目前，该中心在托留守儿童50余名。高安团市委开办了“下午4点半”志愿者辅导站，组织宜春学院等单位的志愿者开展接力服务，为进城农民工子女提供课余志愿服务。南昌团市委创新工作思路，策划开展了“玩具接力坊”品牌活动，通过指导光明社区团总支开展“玩具接力坊”系列活动，采用时尚的、新颖的活动形式吸引高校、社区的青年志愿者们积极参与，以光明社区及周边农村租住的外来农民工子女（6～14 周岁少年儿童）为服务对象，通过发动全市，重点是东湖区少年儿童献爱心，捐赠家中闲置玩具，使外来流动人口家庭及贫困家庭儿童能够玩上丰富多彩的玩具，使外来农民工子女有了一个分享玩具、分享快乐的活动场所，为他们提供了一个家庭、学校之外游戏娱乐的“第三空间”。

2006 年 4 月，向东班爱心家教协会正式成立。协会是以九江电信向东班命名，由九江职业大学校团委管理的一个公益性大学生家教组织。协会由爱心企业提供协会经费，九江职业大学团委提供师资，九江市总工会提供贫困、农民工子女生源。协会设有英语组、数学组、理综组和文综组四个家教组。每年招收一次新会员，会员均是品学兼优的在校大学生，并有专门的指导教师定期培训。会员上门家教，每周一次（周六或周日），每次 2～3 个小时，为九江市 17 个小区的 50 多户贫困、农民工家庭的小学、初中学生提供爱心家教服务。乐安二中共青团组织在学校党支部的领导下，组织教师志愿者建立了“心灵氧吧”，由一名具备心理咨询师资格的教师进行专职心理辅导，三名取得青少年心理健康辅导员任职资格的教师进行兼职辅导。“氧吧”以帮助学生“释放压力，缓解紧张，分担忧愁，共享快乐”为工作理念，通过心理健康辅导教师现场咨询服务与心理知识讲座等互动交流的方式，切实缓解了学生因学习、生活造成的心理压力，使他们融入快乐的学习氛围中。

总之，流动人口子女的教育不仅关系到这一庞大群体的健康成长，而且关系到社会的稳定和全民素质的提高。随着流动人口及其子女规模的不断扩大，流动人口子女的教育切实引起了政府及社会各方的高度重视，一个以“爱”为主线，全社会共同关心、关注流动人口子女教育的浓厚氛围在 960 万平方公里的中华大地上已逐步形成。

第五章

经验：值得推广

近年来，随着社会对流动人口子女教育问题的关注，不少地方政府把流动人口子女的教育问题纳入了政府公共服务与管理的范围，社会各方也都给予了高度关注和积极支持，采取了许多行之有效的措施，千方百计给这些孩子创造良好的学习环境，积累了丰富的经验，涌现了大量注重流动人口子女教育的先进地区和优秀实践的先进典型，这些都应当加以很好地总结和推广。

一、流动人口子女的就学情况

就流动人口子女就学的情况来看，目前接纳流动人口子女入学的机构主要有四种：城市公办全日制中小学、社会力量举办的民工子弟学校、高收费的民办学校（如国有民办、民办公助、公办民助等学校）、留守儿童就读的家乡中小学。

1. 在流入地公办学校就读

近年来，随着社会对流动人口子女教育问题的关注，不少地方政府把流动儿童的教育问题纳入了政府公共服务与管理的范围。大多数城市公办中小学取消了“借读费”和“赞助费”，安排流动儿童插班学习或单独编班。从我们对湖北省宜昌市流动儿童调研访谈的情况来看，该市所有的农民工子女都和城区孩子一起在公办中小学接受义务教育，城区共有 29 所学校（初中 11 所，小学 18 所）接纳流动人口子女入学。该市伍家岗区共有公办小学 15 所（含 3 个教学点），中学 1 所，义务教育阶段的学生有 11000 人，其中流动人口子女 3500 名。政府指定 8 所小学，1 所中学接收流动人口子女；在收费问题上做到“减免”五证齐全的流动人口子女的借读费。其中，万寿桥小学地处宜昌城区车站、码头、大型商品房开发和水果蔬菜批发市场，流动人口较多，是伍家岗区教育局指定的农民工子女就读学校。该校自 2004 年秋季开始，至 2009 年秋季共接收流动人口子女 2600 余人次，其中转入转出 581 人次。2009 年下学期全校有学生 786 人，流动人口子女 582 人，占学生总数的 74%。流动人口子女中，90%以上为农民工子女。宜昌市西陵区樵湖岭小学现有 12 个教学班，学生 595 人，其中流动人口子女 376 人，占学生总数的 63.2%。从全国来看，城市公办中小学已成为吸收流动儿童少年就学的主渠道。如北京市政府在流动儿童密集区，尽量利用公办学校，增加一些设施，扩建一些校舍，安排接收流动儿童少年。现在北京一些城乡结合部的小学已是外来儿童的天下。朝阳区西八间房小学六年级36人，外地儿童占一半，五年级58人中27个是外地儿童，二年级两个班中有一个是专为外地人设的。清河三小二年级一个班有学生53人，借读生多达46人。海淀区八家村1998年只有不到10个新生儿，这意味着六年后八家村小学一年级一个班都招不满。八家幼儿园也只剩下二十几个孩子，把园舍大部分都租给八家社会小学。城乡结合部的许多村庄外地人超过了本地人，丰台大红门地区的浙江人已是北京人的三倍。2009年，上海市投入36.9亿元财政资金用于使农民工同住子女进入公办学校享受免费教育。在实现教育均衡化发展上，在沪的40万外来务工者子女中，享受本地免费义务教育的孩子已占97.3%。2010年内，上海市将在全国大城市中率先实现对农民工子女的免费义务教育全覆盖。其他城市的情况也大致差不多。如截至2006年7月底，无锡市17.2万义务教育阶段的“进城务工流动人口子女”有91.3%在公办学校就读，该市所属的江阴市和崇安区的公办学校吸纳流动儿童的比例更是达到100%①。2006年在宁波公办学校就读的流动人口子女为11.7万名（不包括在国有民办学校就读的学生），占学生总人数的60.71%②。

2. 就读于民工子弟学校

民工子弟学校是20世纪90年代中期在一些大城市出现的专门招收流动儿童少年就学的民办学校，现在这些学校既包括社会力量举办的民工子弟学校，也包括国有民办、民办公助、公办民助等学校，接纳了不少流动儿童少年入学。据报道，2005年底北京市有13万多流动人口子女在打工子弟学校就读③，到2006年7月，有近10万流动儿童在未取得合格办学资格的非法流动儿童学校就读④。截至2007年，全市共有打工子弟学校300所左右，其

---

① 苏雁．《无锡：91.3%的流动人口子女入读公办学校》[N]，《光明日报》，2006年8月3日．

② 邓少华．《宁波为外来工子女就学一年买单五亿——每年新增四万多人，六成以上在公办学校读书》[N]，《宁波日报》，2006年11月18日．

③ 杨东平．《流动儿童教育呼唤制度创新》[N]，《新京报》，2007年3月3日．

④ 陶红，杨东平．《北京市“流动儿童”教育面临的问题与对策》[J]，《江西教育科研》，2007年第1期．

中获得办学许可的仅58所[①]。海淀区有1.2万名学生在30多所未经批准的流动人口自办学校就读[②]。武汉市最大的农民工子女学校洪山区东升学校，全校有近2300名来自全国各地的学生，其父母均是在汉打工一族，学校条件虽然很差，但是老师关心学生，每年中考的成绩也都不错，所以尽管公办学校免收借读费了，但该校学生并没有大量向公办学校流动。上海浦东新区政府则采取向民办中小学、幼儿园购买“学位”的做法，帮助进城农民子女就近入学、入托。其具体措施是，将原有的民办打工子弟学校（过去都是私人办学的）一律改为“民办非盈利的学校”，即让私人投资办学逐步退出农民工子女教育。同时给这些改制以后的民办学校按照学生的人数每人每年补贴两千元左右。这个措施的目的在于认真贯彻国务院提出在城市义务教育阶段实现免费教育的政策，使农民工子女享受到公共政策的“阳光”，体现了教育公平的原则。这是政府积极承担教育责任的一种体现，具有很好的推广价值。这是因为，尽管目前各地公办学校接受进城农民工子女已经占非常大的比例，基本上形成了以公办学校接纳为主的局面，但是由于政府城市教育规划的不到位，以及流入地进城务工人员子女信息不通畅，造成部分人员不能进入公办学校的现象。这个时候，一部分民办的农民工子女学校就承担起接纳他们教育的责任。在流动人口较多的城市，政府和教育主管部门如果采取上海浦东新区的办法，既能更好承担起流动农民工子女接受教育的责任，又没有过多增加政府财政负担，原来在上海公办学校接受一名农民工子女入学，成本要达到8000多元，现在，补贴民办学校办学，只需要公办学校四分之一的成本。这样就给农民工子女进城读书提供了更多的机会。

3. 在家乡中小学接受义务教育

随着我国城市化进程的加快，以及包括户籍制度在内的一系列制度改革的不断推进，不少城市正在大力推行居住证制度，随着大量农民进城务工就业和工作的日趋稳定，越来越多的农民工倾向将子女带到城里居住和上学。但事实上大部分农民工并未携带子女同时迁移，农民工子女约80%都生活在

---

① 杨东平.《流动儿童教育呼唤制度创新》[N],《新京报》,2007年3月3日.

② 王海燕.《海淀5.2万名来京务工人员子女入正规校》[N],《北京日报》,2007年3月22日.

农村。从我们对湖北京山、英山、麻城、监利等县市的调查来看，只有大约20%的农民工子女随父母进城，绝大多数进城务工的农民工子女仍留在家乡。其他地区的调查也都发现流动人口子女中大约只有20%～30%左右在城市读书和生活。目前相当多数的流动人口子女被留在了老家，成为“留守儿童”。这部分孩子主要是在家乡接受义务教育，他们的父母一方或双方不在身边，处于教育的边缘地位。

由此可见，随着流动人口子女接受义务教育“以流入地为主，以公办学校为主”原则的确立，不少流入地政府采取了有力措施，挖掘潜力，利用城市小学入学人数下降的有利条件，使城镇公办学校尽可能吸纳流动学龄儿童，并与当地学生一视同仁。因此流动儿童目前就学的主要形式是城市公办中小学，留守儿童以在家乡中小学接受义务教育为主。

二、各类学校的有益探索和实践

随着全社会对流动人口子女义务教育问题的日益重视，为保障流动人口子女公平接受义务教育，义务教育阶段各类学校都进行了有益的探索和实践，积累了丰富的经验，全国涌现了大量注重流动人口子女义务教育的先进地区和优秀实践的先进典型，这些都应当在解决我国流动人口子女义务教育过程中加以很好地总结和推广。

1. 城镇公办学校的探索和实践

义务教育又称免费教育、强迫教育或普及教育，是指国家权力机关通过法律的形式，规定所有适龄儿童和青少年必须接受一定年限的学校教育，并要求国家、社会和家长必须予以保障。普及义务教育既是现代经济和民主政治发展的客观要求，也是现代文明的标志。从义务教育的性质来看，政府无疑应该是义务教育投资的主体，由政府举办的公办学校理应是提供义务教育供给的主要渠道。公办学校为社区内所有适龄儿童、少年提供均等化的公共教育服务，可以最大限度地保证义务教育的公平。对流动儿童而言，无论是现在还是将来，在公办学校就读和接受义务教育都是最好的选择。的确，为保障流动人口子女公平接受义务教育，城镇公办学校做了大量的工作，充分发挥了公办学校的作用。这从下面的案例可以得到很好的印证。

案例 1

蓝天下的爱

为贯彻落实党中央、国务院关于“流动人口子女义务教育实行由流入地政府负责，以公办学校接纳为主”的政策精神，南京市建邺区所街小学于2004年被区教育局指定为接纳流动人口女子义务教育的公办学校。几年来，所街小学在上级主管部门的正确领导下，在社会各界的关心支持下，在全体教职员工的共同努力下，团结拼搏、共同努力，取得了可喜的成绩，特别是在民工子女教育工作方面，以诚相待、爱心奉献，经过不懈努力，得到了社会各界的认可。他们的做法是：

1. 用诚心接纳异乡孩子

“同在蓝天下，共同成长进步。”2003年教师节温家宝总理在视察北京市外来民工子弟学校时写下了这句话，这是党中央、国务院对广大外来工子女的无限关怀。外来工子女和城市儿童少年本应得到同等尊重、享有同等受教育的权利。建邺区所街村是南京市最大的外来人口居住区。所街小学降低入学要求，招收了大批外来人口子女，提供富有爱心的平等教育，保证外来工子女“进得来、留得住、学得好”。为了让外来民工子女尽快适应并融入学校的学习环境，学校首先对外来民工子女的家庭及学习情况进行了调查。通过与孩子谈话、观察、家访、问卷等方式，了解原因、分析特点。根据调查，外来民工子女教育的现状是：

(1) 家庭贫困依然是影响流动人口子女教育和成长的最重要因素。流动人口主要来源于经济欠发达地区。据统计，所街小学流动人口子女大多来自河南、广西、贵州、四川、湖北、福建山区、江苏苏北等。相当一部分流动人口还是举家而来的，这也就带来了流动人口子女义务教育的问题。流动人口家长的文化程度普遍不高，多属于初中或初中以下水平甚至文盲。流动人口家庭月收入低，最基本的日常生活开支已经占去了他们收入的大部分，因此，他们对孩子的教育投入，除了必不可少的诸如作业练习本、笔、橡皮等文具的费用开销外，在其他方面上已经无能为力。很多孩子在南京多年，没有和父母去过公园，没有课外书籍，更没有电脑等。

(2) 不良的家庭教育环境是影响流动人口子女教育和成长的另一重要因素。在问及对孩子的教育方式上，大多数家长不懂或者没有时间与孩子交流。在辅导子女的学习方面，家长表示很少辅导甚至是基本没有辅导。经济收入上的限制，又使得他们不能像当地家长那样为孩子请家教。流动人口家庭多是租房或住单位宿舍，居住环境较为嘈杂。生活在这样的环境里，流动人口子女容易受到外界因素的影响或诱惑，从而影响他们日后人生观和价值观的形成和发展，甚至导致他们走上歧途。

(3) 现行教育政策对流动人口子女教育和成长有一定的束缚。根据我们调查了解，大多数家长希望孩子能够进入公办学校读书，但是由于客观条件的限制，许多家长不能如愿。

(4) 流动人口家长对子女的教育普遍重视。流动人口所从事的工种辛苦，不稳定，工资低，社会地位低微，使得他们把希望都寄托在下一代身上。他们之所以将子女从家乡接到自己身边，省吃俭用地供其在本地学校读书，除了因在家没人照顾外，很大的原因就是为了让子女能够受到良好的教育，得到社会的尊重和认同。这种朴素的期望，正是流动人口内心希望自己的尊严和人格能得到社会尊重的外在反映。

(5) 学校教育环境良好，但流动人口子女的学习成绩普遍较差。流动人口子女对老师信任，与同学相处融洽，但是，在心理方面，依然有不少的流动人口子女有低人一等的自卑心理，对于这一点，家庭和学校应给予足够的关注。流动人口子女的成绩普遍较差，其外因是教材、语言、环境的影响，内因是家长不能为其子女提供单独的学习空间。

根据流动人口子女教育的现状，为了保证这些孩子公平接受义务教育，所街小学的做法是：

一是放宽借读条件，让更多的孩子能接受正规、优质的教育。为尽可能帮助外来工解决子女的就学问题，学校在保证本地孩子全部入学的前提下，尽量吸收前来就学的民工子女。编班时，在考察他们已有文化知识的基础上，把他们与本地同年龄的孩子放在一起，接受同等正规的教育。对家境困难的学生，还减免其借读费、杂费等。

二是公平公正对待，让外来工子女适应新的学习环境。外来工子女大多数在农村长大，由于与父母接触的时间短，加之所处的环境艰苦，造就了孩子的早熟。他们普遍敏感，感情脆弱细腻。进入新的陌生环境学习，他们渴望能与老师、同学进行平等交流，渴望在班级中取得自己应有的地位。为此，学校要求全体教师公平、公正地对待每一个学生，使外来学生感到他们与本地学生之间尽管存在着地区、家庭、贫富、性格、智力高低等各种各样的差异，但老师是把“特别的爱给了特别的我”。教师满足他们的自尊需要，与他们坦诚相待，交知心朋友；满足他们的求助心理，给予及时的关怀和帮助；满足他们的表现心理，给他们以适当的表现机会；满足他们的成就动机，使他们产生成功的喜悦。对他们身上存在的问题，教师坚持“五不”的教育方式：不厌恶、歧视；不当众揭丑；不粗暴训斥；不冷嘲热讽；不变相体罚。努力消除他们的自卑感、被歧视感与对立感，培养他们的健康心态。

三是倡导团结互助，让外来工子女尽快融入集体大家庭。集体是个社会化的课堂，学生的个性塑造、品德培养和社会适应力的提高，离不开健全的集体生活的锻炼和陶冶。学生同在一个班集体，接触最多，构建团结互助的同学关系，对外来工子女尽快融入集体大家庭起着不可估量的作用。因此，学校的每一位外地民工子女，都有两个以上“手拉手”好朋友。从教说普通话到互学方言，从补习缺漏知识到解答现学难题，从帮助学习到帮助生活，孩子尝到了助人的乐趣，体会到了人情温暖。在这样的环境里学习、生活，无论是外来工子女，还是本地孩子都感到幸福和快乐。

四是开展丰富多彩的活动，促进外来工子女良好行为习惯的养成。在外来工子女中，不讲文明，不讲个人卫生、公共卫生和不守秩序的现象较为普遍。如何让他们尽快地养成文明卫生的习惯呢？学校少先队开展了“仪表、卫生、纪律、礼貌、两操”五项日常行为规范评比竞赛。学校每周的有习惯、礼仪养成重点，每天检查，每周小结，并为获胜班级颁发流动红旗。结合雏鹰争章活动，每个中队都设立了“争章乐园”，每月都会涌现一批争章明星。集体的荣誉依靠大家的共同努力，自己的成功也离不开艰苦的奋斗。每一位外来工子女在经历了一次次的培训与考核后，终于也能和大家一样荣登明星榜了。

五是办好家长学校，提高家长素质和家庭教育质量。家庭教育是学校教育、社会教育的基础，它起着学校和社会难以起到的作用。学校积极构建了“以组织促进发展，以科研明确方向，以制度保障规范，以形式吸引家长，以内容教育家长”的家长学校办学模式，坚持每学年以年级为单位举行一次家长会。考虑到外来工子女家庭的特殊性，学校还多方联系厂家，保证家长参与家长会期间不扣奖金和工资。另外，还制定了《家长行为规范二十条》《合格家长标准》，建立了“家校互访制度”和“家校联系卡”，不定期举办“家校对话会”，邀请家长直接参与学校活动，并评选“教子有方合格家长”等。

学校还通过以学生影响家长的方式来促进外来工子女家庭整体素质的提高，要求学生把学到的知识回去讲给父母听，如环保知识、法律知识等，通过学生的行动使家长受到潜移默化的影响。同时，学校教师与晓庄学院学生为学生提供义务家教；与南京师范大学合作，在南京市率先建立“外来工子女心理健康”教育基地，为学生提供心理咨询和疏导。学校将教育的触角伸向家庭，指导孩子在家、在父母面前如何做人，如“为父母做一件事”“向父母说一句感谢的话”等。如学生陈国鑫的家长，经常与教师沟通，探讨怎样教育孩子，使孩子进步很快。陈国鑫同学现在是区“三好”学生、区少先队理事，作文多次见报，家长也是区十佳家长。陈国鑫父亲在教育孩子的同时，也更加注重自身的学习和提高，成为江苏省外来工杰出青年。

近几年来，学校通过减免、社会捐助等多种方式，为三百多名外来工子女减免费用达6万多元。2004年9月，《金陵晚报》报道一名儿童杨之萍因为贫困失学，学校老师看到后，立即与报社联系，到杨之萍家中访问，并接孩子到学校参观，为她提供牛奶、午餐、校服。冬天，学校还为她买了漂亮的羽绒服。由于学校关注关心外来工子女入学，把爱心洒向每个外来工家庭的学生，得到家长的欢迎，取得良好的社会效益。江苏电视台《服务到家》《钟山夜报》都做了专题报道。

2. 用真心营造学习环境

(1) 精心营造育人环境。学校德育工作以爱国主义教育为主线，以日常行为规范养成教育为基础，以班集体建设为载体，加强习惯养成教育、外来工子女心理健康教育、赏识教育、传统文化教育、礼仪教育。全体教师增强德育、科研意识，注重学生“知与行”统一协调发展，提高德育工作实效。学校是育人之地，德育是实现培养目标的核心部分。所街小学花大力气，下真功夫，把德育贯彻到学校一切教育教学的全过程和全部活动中。

坚持管理育人，学校成立德育领导小组，严格执行日常行为规范和常规管理要求；坚持教书育人，各学科教师强化育人意识，充分挖掘教材内容的思想性，结合学科特点，探索育人路子；坚持活动育人，学校开展丰富多彩活动，建立校内外德育基地，许多活动都取得了良好的社会影响，如学校开展的“开门评师德”“红领巾迎十运”“文明纠察”“为社区老人服务”“外来工子女心理健康教育”“为海啸灾区捐款”“关心贫困生”“童谣唱响八荣八耻”等活动，《扬子晚报》《南京晨报》《金陵晚报》、江苏电视台、南京电视台等省、市媒体都进行了报道；坚持劳动育人，教育学生从身边小事做起，培养勤俭节约的精神，尊重劳动成果；坚持环境育人，创设良好的学习环境，注重家庭、社区和学校教育的整合；坚持服务育人，强调教师、学生、家长之间互相服务，树立良好的师表形象，达到育人目的。

学校在教育中，从小事做起，从小处抓起，强调“勿以善小而不为，勿以恶小而为之”。在教育过程中，力求以细见新，每周都有习惯、礼仪、心理教育重点；以深见新，不断探索发展；以亲见新，结合学生实际开展工作。古人云：蒙以养正。在德育工作中，学校人为地创设特定的道德规范和驯化措施，如整理书包的习惯、上下楼梯的习惯、倾听别人说话的礼仪、接电话的礼仪等。通过训化，学生习惯有了较大的进步。学校还利用社会资源，营造优良的育人环境，切实为外来工子女服务。如与南京义工团体合作，为家长提供家庭教育指导；与红十字会合作，为外来工提供免费体检；与江苏教育电视台合作，为贫困学生提供经济帮助；与南京市教科所合作，成立外来工子女教育研究基地等。

（2）密切关注学力发展。学校领导亲自抓教学，集中精力、突出重点、深入一线、加强研究，掌握教学管理主动权，注重教学常规管理和过程管理，加强质量监控、随机视导，强化教学研究，推进教学改革，努力提高课堂教学质量和效益。学校营造人人关注教学、教师专注教学、个个支持教学的校园氛围，坚持向管理要质量。教学组织结构合理、功能清楚、分工明确、责权利统一，建立规范的管理自律制度。①抓基础，注重细枝末节。学校从“做好操、扫好地、唱好歌、写好字、读好书”等基础做起，注重教师教学的细节、学生学习的细节，通过细致的习惯养成，提高学习效率。在小学阶段，不仅要让学生学到知识，发展智力，还要在学习上对他们进行严格的训练，使他们养成良好的学习习惯；在思想品德上要有严格的要求，使他们养成良好的行为习惯。②抓过程，注重环环相扣。在抓教学过程中，学校提出：以学生为主，以训练为主，以养成为主。在课堂教学中运用探究教学方法论，要求教师按照教学的心理特征和思维规律，吃透教材，吃透学生，设计最优化的教学过程。③抓教研，注重能力培养。学校制定了“大语文”课题、“外来工子女学习策略”课题，认真落实，通过课题引领、教学研究，培养学生，锻炼教师。在专家指导下，学校针对外来工子女制定了“低起点、明要求、严训练、促发展”的研究方向，坚持以课堂为主阵地、以常规教研为载体，把教育科研课题的研究融入教师的教学工作中，通过日常的教学、教研和一系列有目的的活动推进科研的深入开展，使课题研究得到良性发展。④抓课改，注重质量提升。学校突出教学的中心地位，结合课程改革，切实转变教育观念，加强新的教育思想、教学方法、教学手段、教学评价等的运用，倡导启发式、讨论式教学，推行研究性、探索性、合作性的学习，不断提高教学质量。在教学中，教师赏识学生，发现学生的优点，学校设立教师奖、班主任奖、校长奖，激发学生的学习兴趣，调动学生的积极性。在教学中，教师利用业余时间为学生补课，促进整体质量的提高。在教学中，教师与家长配合，让家长帮助督促。通过全校师生的共同努力，教学质量不断提高。

（3）大力弘扬传统美德。成功的教育，不仅可以使人脱离低级趣味，还能使人成为推动社会发展和进步的人，这就是“百年树人”。由此得出：教“善”应尽早。学校在开展“中华古诗文经典诵读”活动中，注重以民族精神塑造学生的道德品质，主要做法有三：其一，指导读，读出“志”“道”“味”。学校在“古诗文诵读”活动中，首先通过简要的介绍与浅析，指导学生读出“味”，使学生于潜移默化中受到熏陶和教育。其二，强调记，记牢警句妙语。指导学生反复背记，铭刻到头脑中，渐变为自己的思想，提高学生的人文素质。其三，注重定，定好人生格。古诗文中关于人生理念、情操、精神等方面的内容很多。在诵读活动中，结合学生思想实际，有目的地借一些古诗文开展做人处世大讨论，定好人生格，力争做一个少年君子。

在所街小学，人们会惊喜地发现，校园里洋溢着一股诵读文化经典的热潮。从 2004 年 9 月开始，学校以经典诵读为载体，如《三字经》、古典诗词等，以中华传统美德教育为重点，以小学生日常行为规范为基础，全力实施以爱国主义为主线，以弘扬传统美德、培育民族精神为核心的思想道德建设工程。在校园里，学校处处营造经典诵读的氛围，如《三字经》墙、古诗长廊等，文化经典无处不有，无时不在。

3. 用爱心收获成功希望

近几年来，学校全方位、多方面地协调配合，调动各方面的积极性，营造良好的内外环境，形成了和谐的氛围，努力打造了一支有学识、有情感、有师表的教师队伍。学校逐步形成文明、奋进、求实、创新的校风，挚爱、严谨、求实、奉献的教风，勤学多思、自信奋进的学风。在上级领导的关心和指导下，学校依靠全体教师、学生、家长的支持和配合，取得了一些成绩。学校于2003年、2004年、2005年、2006年获得由教育部艺术司颁发的全国书法美术比赛优秀组织奖、省科技比赛优秀组织奖、市书法美术比赛优秀组织奖，连续六年获得区先进职工之家、区精神文明先进单位、区师德先进群体、区档案工作一等奖、区关心下一代先进集体、区舞蹈比赛一等奖、区合唱比赛一等奖、市美文诵读比赛二等奖、区朗诵比赛一等奖、区体育工作先进集体等称号。每年有30多名教师在省、市、区各类比赛中获奖，有100多名学生在各类比赛中获奖，30多名学生作文刊登在报刊上。鉴于学校积极主动开展形式多样的活动，并取得了良好的效果，近两年来省、市媒体对该校报道30余次。

（案例来源：侯俊东．《蓝天下的爱》[DB/OL]，http：//mbjy. njjyshjy. cn/index. php? option=content&task=view&id=334，2007年7月18日有删改和调整）

所街小学的经验证明，教育的和谐也是和谐社会应有之义。流动人口子女与城市的孩子共同享受教育资源，如温总理所说：“同在蓝天下，共同成长进步”。“和谐共进”思想在流动人口子女教育中的集中体现，主要包括三重含义：首先，“和谐共进”是一种教育公平的追求，而教育公平实质是教育之本，是以人为本思想在教育思想中的集中体现；第二，“和谐共进”体现在对“流动人口子女”的“特殊关照”上，给特殊的群体以特殊的关照，才能真正实现“和谐共进”；第三，“和谐共进”是一种相互促进，不是一方对另一方的影响，而是双方的共同影响下的共同提高。“有爱就有一切”，在全民构建和谐社会的良好氛围中，如果各级政府和社会各界都像所街小学一样，给予外来务工人员子女越来越多的人文关怀，让外来孩子深切地感受到在异乡的温暖，民主、平等、宽容、博爱的人文教育就会温暖着外来工子女，使他们较快地融入城市文明，成为城市的新市民。

案例 2

流动的花朵也需浇水

安徽阜阳市颍上路第一小学（原三里小学）坐落在市内最大的商品批发零售市场——三里湾，南靠全市最大的商场——阜阳商厦，外地来此经商的个体经营者非常之多，且大部分都居住在周围，这就形成了一个学生来源广、流动性强、学校班额大、学生年龄跨度大、家庭教育环境较差的特殊群体——流动人口子女。大多数家长为了方便，就让孩子就近入学到颍上路第一小学，使该校流动人口子女数占在校学生的百分之六十以上。家长或第二监护人大多是做小买卖的，如卖小吃、蔬菜、水果等，每天早出晚归，无暇照顾孩子，但“望子成龙，望女成凤”的心情都是一样的。由于这些家长的时间、精力和能力有限，从主观上就把管教孩子的责任全部交给学校，对孩子疏于管理，教育孩子方法简单粗暴，有的甚至不管不问，放任自流，严重影响了孩子的身心健康和学习进步，也给学校的正常教学带来了许多不利的因素。针对这种情况，学校从各方面入手，充分发挥家长学校的多功能作用，千方百计为流动人口子女营造和谐的学习和成长环境。

1. 转变思想观念，夯实关爱基础

“头顶同一片蓝天，脚踏同一方热土。我们也有自己的梦想，我们同样渴望知识的海洋和明媚的阳光……”，这是流动人口子女的心声。学校也充分认识到，流动人口子女的出现是城市化进程必然的结果，但“流动的花朵也需浇水”，这个百分之六十学生的工作抓好了，对整个学校来讲将产生很大的影响。因此，专门成立了真情关爱领导小组，由校长亲自担任组长，副校长任副组长，成员由教导处、政教处、少先队、家长学校各主要负责人及各班班主任担任。实行明确分工，责任到人，各司其职，互相协调，通力合作，确保关爱流动人口子女工作得以顺利进行。

一是建立详细档案。为了使关爱工作有的放矢，落到实处，学校组织了专人对流动人口子女进行摸底调查，摸清了每个流动人口子女的个性特征、家长姓名、家庭详细地址、家长或第二监护人的联系方式、职业、文化程度等，分年级、按班级归纳整理，形成了比较全面的档案材料，为开展关爱工作打下了坚实的基础。

二是营造关爱环境。首先是理顺教师的观念，让他们知道，这些学生也和本地的学生一样，是一个身心健全、需要良好教育的人，他们也需要爱，也需要同学们的关心与交往；其次是理顺学生的思想，让他们知道，虽然这些学生是外地人，但是也是我们的好同学，不能排挤，孤立他们，使全校师生都能够关心爱护每一位流动人口的子女。

三是找出问题所在。流动儿童的教育过程中主要存在的问题有：家庭经济问题、学校家庭教育配合问题、学习习惯和学习方法问题、学生城乡心理调整问题。流动儿童的家长整日忙于打工、经商，没有时间与精力过问孩子的学习，家庭教育基本处于空白状态，绝大部分家长虽然非常关心孩子，但他们每天起早贪黑地工作，心有余而力不足。这样就导致留守儿童心里有隔阂、学习不求上进、生活拖拉等习惯。

2. 进行心理疏导，解决心理问题

由于生活差距和城乡差异，部分流动人口子女在城市学校还存在自卑、失落等心理问题，不利于学生的健康成长。有的流动人口子女普通话说不好，使用方言又常被同学讥笑，因此，常常产生自卑心理。同时，面对城里孩子，他们还常常产生巨大的心理落差，既羡慕城里孩子的优越生活，又感到自己无能为力。针对这些情况，各学校加强心理健康教育，针对流动人口子女普遍存在的心理特征和习惯，有针对性地开展系列心理健康教育。学校安排各班在各项工作和活动中予以渗透，通过开设心理健康课，成立心理健康咨询室，班主任、教师经常与学生谈心沟通等方式，及时对学生的心理困惑进行疏导。校领导、教师还利用节假日，集中进行家访，了解学生家庭状况，增进学校教师与家长、学生之间的交流对话和了解。同时，还积极为流动人口子女搭建舞台，让每个孩子都有展示才能的机会。如组织主题班会、演讲比赛、课本剧、“露一手”等活动，让流动人口子女平等参与，充分展示自我，提高他们的自信心，努力地营造和创设流动人口子女健康成长的氛围和环境。

3. 开展课题研究，提高关爱效率

按照现代教育发展的要求，家庭教育、学校教育、社会教育需要在更高层次上有机结合。为此，学校成立了家庭教育现代化教育研究室，积极开展家庭教育课题研究，专门研究如何让学校和家长产生共振，把正确、全面教育孩子作为己任。

在校的流动人口子女中，有的由于家长不管不问孩子，使孩子自由散漫、打架斗殴、无心学习、时常逃课、沉溺游戏等，导致孩子学习成绩很不理想，影响也很坏。还有的家长由于居无定所，生活不稳定，给孩子带来不少负面影响，使孩子学习不安心，打骂同学，抢别人的玩具和学习用品等。针对所发现的一些问题，学校重点开展了“流动人口子女教育问题”的课题研究，从实际出发，从大处着眼，从小处着手，探索出了一些有规律性和可行性的有效教育方法，帮助家长解决困惑，走出困境，主要采取了如下措施：(1) 通过家长学校向家长传授教育孩子的好经验，科学教育的好方法；(2) 建立“一对一”关爱帮扶制度；(3) 开展丰富多彩的课外活动，丰富流动人口子女的内心世界；(4) 老师和家长指导孩子制定生活和学习计划，培养孩子自理能力和学习习惯；(5) 充分发挥班集体的作用，让这群孩子体会到集体的温暖。此外，学校还根据不同情况开展了“隔代教育”“单亲家庭子女教育”“个体工商户子女教育”和“麻将型家庭子女教育”等课题研究。这些课题的研究，为关爱流动人口子女工作提供了很大的帮助，效果也非常好。

4. 办好家长学校，改变家教理念

在多年前，不少流动人员做生意比较忙，还有的抱着将孩子送到学校就完全应该由学校负责的态度，教师有问题想请家长到学校来，家长根本不想来或没时间来；去家访，不是找不到家长，就是家访完了，家长采取棍棒教育打完了事，什么效果也没有。学校领导充分认识到，现代教育离不开家庭教育，必须提高家长的认识，使他们掌握科学的教育孩子的方法。因此他们把办好家长学校作为关爱流动人口子女的一个重要工作来抓，既宣传了家庭教育知识和方法，使家长教育理论水平和教育技能得到提高，又增强了家庭与学校之间的相互了解和沟通，使家长自觉配合学校实现家校教育合力。为此：

一是将家长学校的教学工作做到“三定一落实”，即定时间：家长学校每学期授课四次，为保证家长能按时到校，授课时间安排在周末，分为“大课”和“小课”两种形式。“大课”一般以年级为单位，在学校礼堂举行，“小课”以班级为单位，在教室内授课；定内容：家长学校授课内容是按教学计划安排的内容开设，一般是根据学生的不同年龄和年级段合理设置课程，重点是以省编家庭教育教材为主，适当补充学校自编教材，使之更能结合家长实际，使教材更加通俗化、实用化；定教师：家长学校根据课程的安排，提前确定主讲教师。每次上课前主讲教师都要认真备课，家长学校对任课教师的教案要进行认真检查、审定；一落实：按计划落实好每一节课，并且每节课后学校、教师都要及时收集家长的反馈意见，以便总结经验教训，进一步探讨教学规律，不断提高教学水平。

二是举办各种活动，灌输科学理念和经验。由于家教教师的讲课存在局限性，学校还采取了开展各种活动来弥补这些不足，更大限度地让家长接受和掌握更多的家教知识和方法。如定期举办讲座，学校每学期请校内外家庭教育专家到学校作家教讲座，先后聘请中国科技大学许锡文教授、南京大学南博科研所潘文清教授、北京东方国际教育研究院张秀云教授、阜阳师范学院胡天飞教授等家教专家和名师，以及阜阳市家教讲师团的讲师到学校开展家庭教育讲座，讲授新的家教理念和科学的家教方法。定期召开经验交流会。每学期学校都要召开家长经验交流会，请那些家教成功的家长，特别是请流动人口子女家长到校介绍自己育子成才的家教经验。每次经验交流会后，都请听课的家长提出宝贵意见和建议，作为指导今后家长学校开展工作的依据。开展家教论文评选活动。在家庭教育中，有很多家长是称职的，教育方法是独特的，教育效果也是显著的。为了使他们的宝贵经验能有效推广，学校要求每学期每班至少要选送三篇优秀家长论文给家长学校，家长学校再从中精选出优质论文汇编成册，发给流动人口子女家长，作为家长互相学习、互相促进、教育孩子的校编教材。目前，该校已汇编成《情感的交流，心灵的沟通》论文集三册。

5. 注重因材施教，体现人文关怀

流动人口子女由于前期接受的教育与城市学生相比有一定差距，入学后的表现明显不如当地学生，再加上家庭的管教不够和家庭的学习环境较差，以及经济、生活、住房等方面的巨大差距，容易在幼稚的心灵里悄然筑起壁垒。该校坚持“以人为本”的教育思想，真正以学生为中心，帮助这些外来流动人口子女树立信心，充分发挥自身的潜能。其具体做法如下：

一是“根据特点适当照顾”，整合教材让学生学有兴趣。根据学生差异因材施教，激发学生的积极性，激活他们的思维，让他们真正成为“学习的主人”。

二是建立对流动人口子女的谈心制度。从师生平等的角度与他们交心，引领学生追求真知，努力进取，激发学生克服生活、学习上的困难，树立勇往直前的精神。注重及时疏导教育，帮助指导流动人口子女解决各种困惑和疑难，对其显性和隐性的心理压力进行疏导，引导他们走过人生发展的关键时期，帮助其健康和谐发展，养成良好的生活习惯和学习品质，培养健全的人格。

三是及时与家长沟通。家访是学校教育向家庭教育的延伸，从而推动优化家庭教育良好环境的最好途径。老师们克服流动人口居住散、杂、路不熟、家长难找等困难，找出学生的闪光点，找上门去向家长报喜，促其再上进；同时，指出学生不足，委婉地与家长共商对策，引导孩子学正经、走正道。

四是开展各种活动，加强学生自身教育。注重开展丰富多彩的课余文化生活，吸引流动人口子女参加文明健康的活动，让他们融入集体之中，消除孤独感、自卑感，促使其人格的健康发展。并利用家长会的时间请务工的农民用自己的亲身经历，谈在外工作的艰辛与困苦，以唤起学生的感恩之心，使之从内心深处产生共鸣，体会父母的不易，从而加强学生各方面的主动性。

几年来，颍上路第一小学由于狠抓了流动人口子女的特色教育，使流动人口子女“同在蓝天下，共同进步成长”。78 名思想品德差、有心理障碍的流动人口子女走向进步，结对帮助的 125 名学习上有困难的流动人口子女学习成绩有了较大的提高，促成了 85 位流动人口子女家长同子女加强了联系，还有不少学生被评为“优秀少先队员”和“三好学生”。同时学校的各项工作也是一年上一个台阶，被省教育厅评为首批“安徽省家教名校”，2005 年被市教育局授予“特色示范学校”，2006 年被省妇联、省教育厅联合授予“示范家长学校”的称号，同年又被全国妇联授予全国百所“示范家长学校”的称号，2007 年被市教育局、市语委会评为“示范学校”。

（案例来源：李军．《流动的花朵也需浇水——安徽阜阳市颍上路第一小学关爱流动人口子女的几点做法》［DB/OL］，http：//www.zgggw.gov.cn/templet/default/show/Article.JSP？id=3040，有删改和调整）

2. 城镇民办学校的探索和实践

民办学校是指国家机构以外的社会组织或者个人，利用非国家财政性经费，面向社会依法举办的学校或其他教育机构。民办学校和非民办学校是从办学主体上来区分的。民办学校有三个明显特征：即举办人不是国家机构；资金来源于非国家财政性经费；面向社会举办学校，也就是面向社会招收学生和学员，服务于不特定的群体和公民个人，而不是只招收某个团体、企业、行业、系统和特定群体的人为学生或学员。凡是符合上述三个标准的，属于民办学校。从现实情况来看，招收流动人口子女的民办学校或民工子弟学校的举办者主要有：公民个人、事业单位和社会团体等。从资金来源渠道来看，有个人自筹资金、个人智力投入（无资金投入）、个人和企业的投资、集资或入股以及捐资等。对于一个特定的民办学校来说，资金来源并不完全是单一的，可以是个人、集体、企业资金的混合。同时，非财政性经费并不排除国有资产的注入。

在政府的流动人口政策还不十分明确之前，受市场力量的驱动，在城市就已经自发出现了民工子弟学校。这一办学形式的出现，有效缓解了流动儿童就学的供求矛盾，为解决流动人口子女的义务教育问题提供了思路。据了解，全国第一所打工子弟学校出现在上海的宝山区。1993 年安徽六安市小学教师凤良山因故弃教来上海浦东做建筑工人，在老乡的建议下，1993 年 9 月 1 日，他在上海宝山区一个垃圾堆上，创办了第一所民工子弟学校。学校当时一共有 28 名学生，分成两个年级，教室是凤良山在垃圾堆上搭建的两个棚子。学校受欢迎的程度让凤良山始料未及，第二年学生人数便超过 200 人，而第三年，学生已激增至四五百人。“不得已”之下，1997 年，凤良山租下了一座 6 层高的大楼作为校舍，校名也改为时髦的“民工子弟希望学校”。至此，凤良山颇为得意的第一所民工子弟学校初具规模。随后他又在上海、江苏、浙江开办了 22 所民工子弟学校，先后接收了 18000 余名民工子弟，凤良山本人因此被誉为“民工子弟教育的鼻祖”。自此，民工子弟学校似雨后春笋般在各地出现，形成了颇具规模的民工子弟学校。这些民工子弟学校尽管存在着这样那样的问题，但为解决流动人口子女的教育问题做了大量的工作，他们的实践和经验绝不应当被忽视。以下的案例同样值得重视。

案例 3

男子亏损办两民工子弟学校，交不出学费可打白条

35 岁的陈琪，老家在安徽省六安市，现在是上虞市爱心民工子弟学校和新市民学校两所学校的校长。在上虞，陈琪在外来务工者中有口皆碑，这是因为他自筹资金创办了两所专门为民工子弟就学的学校，目前在校学生达 1267 人。

在他的学校读书，如果打工者因为生活困难交不出学费，可以打“白条”。时间久了，陈琪也没再向他们收钱。近两年来学校减免了近百位学生的学费。虽然每年亏损，但他觉得很值得。

外来民工子弟入学难，他触发了办学念头

2003 年前，陈琪也像村里的其他青年一样加入打工大军的行列，他落脚点最先选择在温州。“我儿子到了去幼儿园的年龄，但去当地的托幼机构不仅要交纳一笔昂贵的赞助费，而且名额有限，要开‘后门’。”陈琪回忆，最后好不容易争取来的名额被人顶了，让他很失望。

无奈之下，陈琪以每个月 900 元的报酬聘请了一名幼教老师，专门在家看管儿子。这事很快传开，许多老乡主动找上门，希望陈琪家的老师能够招收自家的孩子，他们愿意出一部分钱。就这样，陈琪办了家托幼所。这时，当地教育部门找上门来，由于没有经过审批，托幼所被取缔。

同年，陈琪离开温州，来到上虞做点小生意。他了解外来民工子弟求学困难，办学校的念头与日俱增。于是，他开始与上虞市教育部门联系，希望能够取得一纸批文。而此时，上虞教育部门正为大批民工子弟求学难而发愁。

双方一拍即合，陈琪开始筹建上虞市爱心民工子弟学校。他拿出了全部积蓄，还从老家借了一笔钱，凑成 57 万元，才造起一幢教学楼。

2004 年 8 月，占地 2500 平方米的上虞市爱心民工子弟学校开始招生，第一年招了 268 名。

来学校做老师的，都想为民工做点事

这一年，陈琪一边做生意一边管理学校。而教师的招聘更让他发愁：“我在网上到处发布招聘教师的帖子，对方一听微薄的工资，大多失望而回。”

但让陈琪受到鼓舞的是，有许多教师并不是冲着薪水而来，而是和他一样，出于能为民工子弟做些力所能及的事。如今学校已有各类教师46名，分别来自安徽、江西等6个省市，其中也有上虞本地人。

民工子弟学校的老师大多身兼数职，像来自江西的王从新老师，他既教科学、数学，还要教美术。工作辛苦，待遇却不高。“目前是小学老师每月1400元，初中老师每月1500元。”陈琪坦言。

陈琪告诉记者，前些天一名余姚老板用轿车送女儿到学校报名任教。她不缺钱，但喜欢我们这里的环境，一方面能锻炼人，另一方面为民工子弟做些有意义的事，功德无量。

办学每年要亏损，还是免除了贫困孩子的学费

办学校并没有陈琪想得那么简单，虽然解决了师资、场地等问题，但每年仍需要大量的投入。“每年至少投入10万元。社会上的捐助毕竟有限，主要还是靠自己。”陈琪告诉记者。

陈琪给记者举了个例子，随着学生人数的增加，接送必不可少。目前，学校配备学生接送车7辆，本月25日，他出资购买的一辆73座大巴又将运抵学校。

“办学校是亏损的！”陈琪说出了尴尬，上虞物价部门审核每个学生每学期可收450元学杂费，但他们学校降低收费标准，以每人350元的标准收取。

即使降低收费标准，仍有两成外来民工子弟因家庭生活困难而交不上学杂费。

“我们允许贫困学生家长‘打白条’，啥时有钱了就啥时交，孩子先来读书。”陈琪告诉记者，每年都有许多“白条”无法兑现，最后只好减免。近两年来已经减免了近百位学生的学费。

为了能让打工者安心打工，他又办了一所九年一贯制学校

2009年8月，陈琪又出资22万元，租下了上虞市城北的一个闲置厂房，挂上了上虞市新市民学校的牌子。

原来民工子弟小学毕业后，仍要回到老家去读初中，许多人希望陈琪能够解决他们的难题，办一所初中。

陈琪咬咬牙，申报了一所九年一贯制（包括小学和初中）学校。

“现在最大的困难还是资金的压力。不过虽然学校一直在亏损，但算笔

‘长远账’，让至少数以千计的外来务工人员能够在上虞安心工作，这是花多少钱也买不来的。”陈琪说，他会努力做生意赚钱来补贴学校开支，希望一直把学校办下去，办出规模、办出特色、办出成绩。

（案例来源：范文忠，史春波.《男子亏损办两民工子弟学校，交不出学费可打白条》[N]，《钱江晚报》，2010年9月19日，有删改和调整）

当听到“孩子先来读书，学费可以打‘白条’”这句暖人心的话，有谁不为陈琪的精神所感动呢！

案例4

雨露滋润“春苗”壮

——记面向流动人口子女的武汉市春苗学校

早就听说，在过往人流熙熙攘攘的武汉市汉口火车站附近，有一所面向流动人口子女服务的九年一贯制学校——春苗学校办得红红火火。日前，记者慕名走进这所“平民学校”，眼见一幢五层教学大楼分外壮观，教室里窗明几净，孩子们正在聚精会神地上课学习，从教室里不时传出琅琅读书声。学校校长陈瑛领着记者一边观看校容校貌一边介绍说，学校在1995年春创办时，仅有4个班、80多名学生，现包括校本部和3个教学点在内，已形成拥有14个初中班和18个小学班、共计2800多名中小学生的办学规模，成为目前全国最大的流动人口子女学校。

近年来，在“九省通衢”的江城武汉，进城打工经商的暂住人口越来越多，许多流动人口为子女无处上学而发愁。若要进城区公办学校借读，又交不起昂贵的借读费。曾在武汉市新洲区担任过民办教师的陈瑛，目睹流动人口子女求学无门的情景，决心创办一所面向流动人口子女的简易平民学校。于是，她倾尽家产，租赁城区民房作校舍，于1995年春，把春苗学校办了起来。尽管办学条件不甚完善，但由于办学指导思想正确，收费低廉，对特困生还减免学杂费，尽量方便流动人口子女就读，因而得到社会赞誉和家长信任。1997年，在校生即增加到600多人，被评为武汉市江汉区社会力量办学先进单位。

要求进春苗学校的流动人口子女越来越多，改善办学条件成为当务之急。为让更多的流动人口子女进得来、留得住、学得好，陈瑛带着申请报告，多次向武汉市、江汉区政府及教育主管部门求援，得到了市、区政府领导的大力支持。在寸土寸金的汉口火车站附近，陈瑛以优惠价格征得一家倒闭企业闲置的6亩土地。陈瑛不辞辛劳，艰苦建校，很快建成一幢有24个标准教室的五层教学楼以及宿舍、厨房等配套设施。群众称赞说，陈瑛以无私的爱心，为城市流动人口子女筑起了一座希望大厦。

办学条件改善以后，春苗学校仍然坚持低收费，不以营利为目的，并为特困学生减免学杂费。办学8年来，共为特困生减免费用10万余元。学校还设立奖学金，奖励品学兼优的学生。办出平民学校特色，促使“春苗”茁壮成长，是陈瑛追求的目标。她用创新的办学理念来培育少儿，让学校成为流动人口子女学习的一方乐土。在以德育人方面，学校与辖区内的常青派出所开展“警民共建”活动，在红安老区建立革命传统教育基地，并经常请革命老人、优秀市民、司法干部到校，对学生进行爱国主义教育和法制教育，形成了优良的教风、学风和校风，1999年学校成为武汉市江汉区青少年德育工作先进单位。在教育教学方面，学校建立了实验室、图书室、音乐室、舞蹈室和电脑室，按照国家课程标准开齐开足各科课程，并组织学生开展舞蹈、书画、写作、英语、电脑等多种兴趣小组活动，让学生身心得到全面发展。

春苗学校还针对城市流动人口忙于打工挣钱，疏于教育子女的特点，将学校教育与家庭教育结合起来，定期举办妇女家长培训班，帮助打工妇女掌握教育子女的正确方法，共同做好育人工作。

春苗学校植根于城市流动人口子女教育的沃土，成为武汉市社会力量办学领域的一朵奇葩。其创办者陈瑛用园丁纯真的爱心和辛勤的汗水，呵护着一株株“春苗”茁壮成长。2001年，她荣获湖北省优秀教育工作者称号。2002年5月，她赴京参加了全国社会各界知名人士座谈会。在成绩和荣誉面前，陈瑛和她的120余名教职工一起，在流动人口子女教育园地干得更欢了。

（案例来源：张真弼．《雨露滋润“春苗”壮——记面向流动人口子女的武汉市春苗学校》[N]，《中国教育报》，2003年1月27日，有删改和调整）

以上是《中国教育报》记者张真弼2003年1月27日为春苗学校所写的一篇报道。1995年至今，伴随武汉市江汉区春苗学校走过15个年头，创办人陈瑛女士，也从39岁的不惑之年，步入知天命的54岁。现在，陈瑛还清楚地记得15年前的情形：已在一家民办学校工作5年的她，经常遇到外地到武汉打工的家长手牵手带着孩子来学校请求接收，却因学校规模有限而被拒之门外的情况。陈瑛说，当时家长的要求都很低，只要求学校提供“保姆式”服务，但这样低的要求也无力满足。当时，公立学校要么不收农民工子弟，要么收取高额借读费。

在进行了一番社会调查后，陈瑛毅然从原来的学校辞职，和其他几个退休教师一起在汉口火车站旁边的城乡结合部创办了春苗学校，为打工子弟提供小学到初中的九年制义务教育。相比很多长期无法获得“准生证”，一直处于身份困惑的民办学校，作为一所没有政府背景，专门为武汉市农民工子弟服务的民办学校，春苗学校似乎有着值得羡慕的经历：仅仅在成立2年以后的1997年，就赶上武汉市对待民办教育政策方面出现创新突破，春苗学校有幸第一批获得办学许可证。而且，学校还为就读学生解决了学籍问题，初中毕业生不必回到原籍，就能直接在武汉参加中考，升入武汉市的高中。学生们取得的好成绩给予陈瑛很大的慰藉。而更加感激陈瑛及春苗学校老师的是城市流动人口及其子女。

3. 农村中小学的探索和实践

留守儿童作为流动人口子女教育问题的重点，其规模之巨和难度之大世人皆知。在短时间内试图实现全部留守儿童向流动儿童的转变既不现实也不必要，因为不仅城市教育系统目前还不具备吸纳全部农村留守儿童的能力，而且农民工家庭也没有打算将所有的留守儿童送入城市就读。因此，在相当长时间内大量的留守儿童势必还要在农村留守，设法保证他们公平接受教育是当前农村中小学面临的迫切问题。

根据教育学的有关理论，儿童的正常成长环境应该是家庭、学校和社会三位一体的紧密配合。其中，父母作为孩子的监护人是留守儿童身心健康成长的第一良师，学校教育在儿童后天的成长中起着主导作用。留守儿童亲子监护的不可替代性是留守儿童教育问题难以解决的主要原因。但是，农村中小学大量的实践表明，充分发挥农村学校的教育功能，在相当程度上能满足留守儿童因为家庭监护不足而渴望特殊监护的需求，学校教育甚至可以在生活和学习监护方面发挥更大的作用和效力。湖北省沙洋县毛李镇中心小学、河南省台前县孙口乡南孟小学和江西省九江县永安中学的实践和探索充分证明了这一点。

案例 5

毛李小学"一二三四"齐步走关注"留守儿童"的教育管理模式

湖北省沙洋县毛李镇中心小学，地处该县毛李镇中心街道东侧，始建于1964年2月，服务于九个行政村、一个镇直居委会，服务人口约20000人。毛李小学适龄在校学生617人、"留守儿童"257人，占在校学生总数的41.7%。为了让"留守儿童"能享受良好的教育，让他们健康快乐地成长，毛李小学全体教师奉献拳拳爱心，倾注浓浓亲情，探索出"一二三四"齐步走的管理模式。

成立一个领导小组

毛李小学全面贯彻落实省市有关加强农民工子女义务教育工作的重大决策，保证留守儿童"一个不能少"地接受义务教育，遵循"优先照顾、优先教育"的原则，为"留守儿童"提供优质的教育服务和适宜的成长环境，做到在学习上营造良好氛围，在生活上尽力排忧解难，心理上积极正确指导，促使留守儿童都能健康成长。学校成立了以校长、副校长为正副组长，各班主任负责具体工作的领导小组，为活动提供了强有力的组织保障。

建立两份档案

学校每学期组织专人对"留守儿童"进行摸底调查，设置统计档案，再根据学生变动情况，及时补充或变更联系卡的内容，设置明细档案，确保对"留守儿童"现状做到五个清楚：一是清楚"留守儿童"的姓名、性别、年龄；二是清楚"留守儿童"的性格特点、兴趣爱好；三是清楚"留守儿童"的病史状况；四是清楚"留守儿童"父母的务工地、联系方式；五是清楚"留守儿童"第二监护人姓名、地址、联系方式。同时要求"留守儿童"所在班级的班主任、任课老师及生活指导教师各执一份，做到心中有数。

设立三个中心

1. 在学校设立"留守儿童"帮扶中心，对"留守儿童"在学习上优先帮助和辅导。学校在学习方面对"留守儿童"逐一进行分类、分组，落实到每一位科任老师。由科任老师具体分析学生的学业情况，订立学习帮助计划，明确帮助的时间、内容、阶段性效果。除了教师的帮助外，每一名同学还由教师牵头确立一名学习帮手，进行结对互助。教师定期检查效果，建立进步档案，努力使他们的学业和大家一起进步。对“留守儿童”中学习成绩较好的，让他们帮助其他同学共同进步。教师对“留守儿童”始终是多看一眼、多问一声、多帮一把，让学生开心、家长放心。

2. 在学校设立“留守儿童”活动中心。为了做好留守儿童教育管理工作，学校在资金十分短缺的情况下专门抽出经费开辟了“爱心书屋”“快乐活动室”“劳动实践基地”等，添置了电视机、桌椅、图书、象棋、画笔等文体活动器材，在校园里建起了“留守儿童之家”，并制定了相关管理制度，有领导分管，有专人负责。学校还组织教师共同参与关爱留守学生活动。“留守学生之家”做到按时开放，定期开展活动，档案资料齐全。如今，63平方米的“留守学生之家”宽敞明亮，环境舒适温馨，这里成了留守学生学习生活的乐园，心灵的避风港湾。

3. 设立“留守儿童”关爱中心。学校被确立为“全国留守学生教育研究试点学校”后，成立由班主任负责的关爱小组，挑选富有爱心、富有责任心的同学参与管理。这些关爱小组成员从早上上学到下午放学，近十个小时，关注留守儿童在校期间的学习、生活情况，让丰富多彩的文化活动充满他们的生活。学校还对“留守儿童”进行全程跟踪管理，早、中餐尽量提高标准，让孩子吃饱、吃好，关怀之周到，令孩子们感动不已，他们不再孤单、不再寂寞。渐渐地，他们的笑声多了，歌声大了，家长也放心了。老师们还针对留守学生的特点，给予他们无微不至的关怀，把特别的爱献给特别的他们。

开展四项活动

1. 开展谈心结对活动。班主任多与留守儿童谈心沟通，引导“留守儿童”树立正确的人生观、世界观和价值观，形成良好的生活、学习习惯；建立时间不论长短式的每天必谈、遇事必谈制度；各任课老师也结合孩子学习情况经常开展谈心活动。学校教师用爱心呵护他们，疏导他们，使他们感到老师就是父母；教师多到学生家中走访，了解“留守儿童”的情况，利用“家长学校”的作用，向家长宣传科学教育方法，特别是隔代教育的监护人，提升他们的素质。

2. 开展造福温暖活动，为留守儿童送去学习用品或在资金上给予帮助。2007年6月，副县长李珩为毛李小学“留守儿童”周杨等6人，每人捐助500元，共计3000元；2007年6月，县民政局工会主席李连志，县民政局扶贫办主任梁飞旺为王凤鸣等人捐助学习用具金额达400元；2008年春，《楚天都市报》为胡宋轩等2人各捐500元；2007年6月，镇妇联主席宋宏玉代表镇政府为李雨涵等人捐款2000元；人寿保险公司也为留守学生杨洪源等5人免费保险；学校也为留守特困生减免作业本费、生活费近3000元，确保留守儿童在校安心学习、安心生活。

3. 组建“爱心妈妈”队伍，聘请社会上有经验、有爱心的人士担任留守儿童的“爱心妈妈”。学校主动与镇直各单位联系，将符合条件的28名热心人士聘为“爱心妈妈”，与留守儿童结对帮扶，加强了学校与社会的沟通，让全社会都来关心留守儿童。

4. 以镇福利院为德育基地，定期对“留守儿童”进行“感恩教育”“关爱他人”教育，让留守儿童多一份孝心，多一份责任心。学校除了关心留守儿童的生活外，更注重他们的健康成长。学校经常组织留守儿童到福利院为老人扫地、擦窗，为老人梳头、洗脚，为他人表演节目，听老人讲革命传统故事，这些活动为留守儿童的成长奠定坚实的基础，让受助的人再帮助更多的人，把爱心接力棒一代一代传承下去。

毛李小学“一二三四”齐步走的管理模式成效显著，53名品德较差、思想有障碍的“留守儿童”进步较大，结对帮扶的“留守学生”通过“亲情电话”经常与家长保持联系，257名留守学生在校健康、快乐地学习生活。学校被确立为“全国留守学生教育研究试点学校”和国家电网电力红马甲“爱心驿站”；荆门市、沙洋县关心下一代工作委员会领导来毛李小学视察工作时，对毛李小学探索出的模式赞不绝口，《荆门日报》科教版、荆门电视台“荆视直播”栏目也进行了专题宣传报道。

（案例来源：袁发炎．《沙洋县毛李小学“一二三四”齐步走关注“留守儿童”教育管理》[DB/OL]，http：//www.jm.e21.cn/e21web/content.php? id=28192，2009年5月20日，有删改和调整）

毛李小学的实践表明，在原来的学校、社会、家庭三位一体的平衡教育，因失去了家庭教育这一重要环节而显得很不平衡的情况下，学校就更应当关心、爱护学生，对品行有缺点、学习有困难的学生，应当耐心教育、帮助，不得歧视。这样做，学校才能在流动人口子女教育中发挥更大的作用。

案例 6

南孟小学三位一体的留守儿童教育管护工作机制

河南省台前县孙口乡南孟小学现有留守儿童 196 名，其中父母双方都在外打工的有 30 人，父母一方在外打工的有 166 人，其中，由祖父母监管有 186 人，10 人由亲戚监管。为了给这些留守儿童营造一个健康成长的良好环境，南孟小学借鉴先进经验，结合本校实际，以家长学校、爱心家庭、留守儿童之家等形式为载体，逐步形成了以学校为主、家庭尽责、社会参与三位一体的留守儿童教育管护工作机制，取得了良好的效果。其具体做法是：

1. 完善组织，制定措施，建立三位一体的工作网络

学校成立了以校长为组长的"关爱留守儿童领导小组"，明确职责分工，保证各项工作全面落实到位。每学期，领导小组都要制订具体工作计划，根据计划逐步落实。每学期，学校都会对全校学生进行普查，为每位留守儿童登记造册，详细记录他们父母打工所在地、联系电话并及时记录他们的学习、生活、心理、安全、健康等情况。学校及时开通"师长热线"，外出务工家长可随时与学校和学生班主任取得联系。春节后，家长不外出时，学校召开家长会，对孩子在校表现及学习成绩进行通报。学校每年还定期开办"留守儿童家长培训班"，对监护人进行科学家庭教育观念辅导，与监护人一起分析孩子的思想动向、行为习惯，提出合理家教建议，取得家庭、社会的积极配合。

2. "一帮一""手拉手"，共同组建爱心家庭

为了让留守儿童体会到家庭的温暖，南孟小学建立了教师与留守儿童"一帮一"结对子活动、非留守儿童与留守儿童"手拉手"活动。全校所有党员和有条件的老师在不移交监护权的情况下成为"代理家长"，通过书信、电话、座谈、共度周末等形式从思想上、情感上、物质上帮助这些留守儿童。"代理家长"定期到留守儿童家庭中走访，与留守儿童的监护人交流反馈孩子在校期间的学习、思想、生活情况，与监护人共同做好留守儿童的心理教育与辅导。全校还大力开展非留守儿童与留守儿童"手拉手"活动，倡

导、组织本校少年儿童奉献自己的爱心，伸出温暖的手，寻找身边的留守小伙伴，主动与他们拉起手来，结成学习、生活的帮扶对子。代理家长、留守儿童、“手拉手”小伙伴共同组成了一个“爱心家庭”。爱心家庭组建后，代理家长每天和孩子交谈一次，每周和家长或监管人通电话一次，每月家访一次。例如，四年级学生孟庆虎，原来因父母在外打工，性格孤僻，学习不认真，成绩较差。实行代理家长制度后，代理家长李秀芳在物质、精神两方面帮助他，不断鼓励他好好学习，课余坚持给他补课。在代理家长的帮助下，孟庆虎学习成绩不断提高，性格也开朗自信了很多，去年还被评为全校“三好学生”。

3. 成立“留守儿童之家”，设立“留守儿童心灵驿站”

南孟小学成立了校园“留守儿童之家”，里面购置了大量课外书籍，并利用学校的远程教育资源组织留守儿童在课余时间收看有益的电视节目，让全校的留守儿童感觉到即使父母不在身边也不再孤单。针对留守儿童的心理特点，学校组织部分教师参加心理健康课程培训，建立了一支心理辅导骨干教师队伍，在“留守儿童之家”中设立了“心灵驿站”，开展心理健康教育课程、心理辅导讲座，对这些孩子遇到的心理问题及时进行疏导。同时，“留守儿童之家”还设立了专门信箱，加强对留守儿童的引导，帮助他们正确认识困难和挫折，给他们一个倾诉心声的地方。学校还经常邀请社会各界爱心人士、机关工委、团委、妇联等相关单位的领导来“留守儿童之家”做客，为“留守儿童”作讲座、献爱心，受到了家长和广大青少年的一致好评。

（案例来源：台前县关工委：《台前县孙口乡南孟小学留守儿童教育工作取得良好成效》［DB/OL］，http://www.hnxyd.com/html/jingyanjiaoliu/jiaoliusan/20081021/768.html，2008年10月21日，有删改和调整）

南孟小学三位一体留守儿童教育管护工作的实践和探索表明，在家庭教育缺失的情况下，如果学校真正负起关爱农村留守儿童的责任，使每一个留守儿童都能得到关心和爱护，都能享受到雨露和阳光，他们就会快乐生活，好好学习，健康成长。

案例 7

永安中学关爱留守儿童教育的实践

在美丽的长江之滨，富庶的棉油之地江西省九江县，坐落着一所现代花园式学校——永安中学。永安中学共有留守学生 300 多人，几乎占全校学生总数的 50%，其中，绝大多数留守儿童是单亲监护或隔代监护。该校留守学生存在的主要问题是：

1. 学习成绩差。一方面是打工的父母对子女总体期望过低，缺乏硬性约束，很多家长将孩子的学业定位在完成九年义务教育上，这些孩子在学习上造成一种游离态势；另一方面，监护人对留守儿童学习介入过少，因为家中的监护人大都年龄大、身体差，且文盲居多，加之他们还要承担家务和田间的农活，根本也没有精力和能力去关注孩子的学习。

2. 性格有缺陷。这些留守学生大都是被家人溺爱着的，记得有一位家长从外地回来看孩子，一开口就问孩子要什么，孩子说出了要 MP3，但那位家长对孩子说干脆买手机得了，反正又花不了多少钱。外出的父母管不着，也根本就舍不得管；而在家的监护人则是不会管，不敢管，也管不了，由此造成这些孩子自私任性、霸道蛮横、以自我为中心的极端性格。

3. 行为出偏差。初中阶段的孩子正处于转型期，没有了父母的指导，他们的很多行为就会出现偏差。监护人由于关系特殊，只要孩子不犯大错，他们一般对孩子都采取默许的态度，缺乏及时有效的约束管教，又有一些监护人只是“孩子就交给你们了，不听话就打”。造成部分留守学生常有迟到、逃学、说谎打架、欺负同学的种种行为问题。

4. 价值观扭曲。一些在外的父母因无法照料孩子产生负疚感，于是就采取给钱给物放任自由的方式补偿。很多家长除了汇钱什么也不做，使得留守孩子拥有零花钱的数量增加，而且可以自由支配，使某些孩子养成好逸恶劳、奢侈浪费、摆阔气的陋习，在学习上缺乏进取心和刻苦的精神，得过且过，不求上进。

根据留守儿童存在的上述问题，永安中学就如何关爱留守学生，让留守学生健康成长，进行了深入的探索和实践，采取了一些行之有效的措施：

1. 家访制度。学校规定，各班班主任必须不定期地对留守学生进行家访，深入学生家庭，进行学习辅导，疏导学生心理压力，指导家长如何关心孩子。要做到三必访，即情绪不好必访，成绩下降必访，打架斗殴必访。通过打电话等方式与家长取得联系，使学校与家庭形成合力，共同关心留守儿童的教育。

2. 规范教学。在素质教育的大背景下，学校更应注重因材施教。每个孩子不可能千篇一律都能成为文化知识上的高才生，他们总会各有差异，有着不同的爱好，作为教育者，不可把孩子逼上死路。因此，学校严令禁止老师体罚和羞辱学生，不放弃任何一个孩子，鼓励学生多方面发展，让留守孩子能从学校感受到爱，收获信心，从而激起对学习的热情。

3. 生活补助。学校除把上级补助给孩子的各种费用及时发放之外，还多方筹得资金对这些留守学生进行帮扶。永安中学的老师曾多次自发地为学生捐款捐物，在老师的影响之下，其他孩子们也纷纷捐款。学校还要求食堂对留守孩子进行减免部分费用，在全体师生的感召之下，食堂很乐意能为这些孩子服务。

4. 基础建设。学校多方争取，请求上级加大投入，创造温馨和谐的校园环境。两年来，学校已建起两栋宿舍楼，一栋食堂大楼，一栋办公大楼，装上了自来水，使得学生吃住不愁，学习环境宽松。学校为了让学生全都有地方住，甚至让一些老师回家住，有的老师下班要很晚才回家，学校宁愿苦着老师们，也不苦了这些留守的孩子。

5. 开展活动。学校定出各种积极向上的主题，开展有利于留守学生身心健康的活动。学校规定每学期开一次家长会，拉近学校与家庭的距离，更好地开展对留守学生的教育；规定每个月开展一次集体活动，如演讲比赛、篮球赛、艺术节、运动会、看电影、听讲座、评优评先进等，以丰富留守学生的生活，增强他们的集体荣誉感，提升他们对学习的信心。

在上级有关部门的关心和指导下，经过全体师生的共同努力，永安中学留守学生教育取得了较好的成效。

1. 成绩提高。通过老师们的细心辅导，同学的耐心帮助，留守学生的成绩都有很大的提高，他们上课能积极发言，下课能与同学热烈讨论，经常能看到那些孩子脸上绽放出灿烂的笑容。他们的特长有用武之地，学习劲头也更足了。

2. 思想稳定。班主任的不定期走访与谈心，使留守的孩子不再悲观消极，怨天尤人，更不会对同学老师说出过激的话，做出格的事，打架斗殴的事情也很少发生。通过大家的努力，重点整治，刚升初一的学生，到期中考试后，那些坏习惯也消失得无踪无影，个个显得活泼可爱，让老师们在办公室里赞不绝口，乐得合不拢嘴。

3. 健康乐观。上级的补助，让留守的学生生活条件有所改善，他们的身体状况也大有好转，面色较以前好看多了；老师及同学们的帮扶，让大家的心贴得更近了，大家彼此都是朋友，他们心里的负担减轻了。很多留守的孩子现在能主动地对老师和同学说出心里的压抑，让大家一起出谋划策，共同去解决。他们的身心健康发展，让大家很欣慰。

4. 和谐规范。每天，你都能看到那些孩子按时完成学校分给的劳动任务，学校到处一片亮堂；每一餐，你都可以看到他们整齐有序地步入食堂，像一个家，围成一桌桌地吃着团圆饭，孩子们说，这个时候总觉得心里好舒坦；每一个中午，你都能看到那悄无声息的午休场景；每一堂课，你都可以听到孩子们琅琅的书声；每一个夜晚，你似乎都能听到孩子们那甜美的鼾声。

（案例来源：永安中学.《永安中学关于留守儿童教育情况的汇报》[DB/OL]，http：//jjyazx.com/Dey_Text.asp? AID=8，2010年5月15日，有删改和调整）

留守儿童是中国长期的城乡二元体系松动的一群“制度性孤儿”。一方面，他们的父母到城里拼命打工挣钱，争取或获得了另一种生存方式，为了生活或生存，他们不能够轻易离开自己工作的城市；另一方面，他们又因为在城市里，或自身难保，或无立锥之地，无法将他们的子女带进城里，留在自己的身边。就是在这种带不出与回不去的双重矛盾中，使得留守儿童虽然有父母，但是他们依然不得不接受“骨肉分离”的现实。他们长期被托养或寄养，缺少父母之爱容易导致心理缺陷，由于老人溺爱或亲友疏于管教而缺少正确的价值引导，孩子是未来，是希望，我们不能无视他们的存在，他们关乎整个农村教育和社会进步。上述三所农村中小学的探索和实践表明，只要我们的各类学校切实增强做好留守儿童工作的责任感、使命感，努力改善对留守儿童的管理，重视解决留守儿童的实际问题，不断创新活动载体，推进关爱农村留守儿童工作健康有序的开展，将学校建设成“留守儿童满意、外出父母放心、社会舆论认可”的温馨家园，广大农村留守儿童就会不再孤单守候，而是同全国所有适龄儿童一道共享蓝天，健康成长。

三、社会各方的探索和实践

随着流动人口的不断增加，流动人口子女也随之逐年递增，解决流动人口子女公平接受教育问题就成为突出的社会问题。积极做好流动人口子女的教育工作，对提高国民素质、维护社会稳定、促进城市建设和经济发展都具有重要的理论意义和现实意义。但做好流动人口子女公平接受教育工作又是一项复杂的社会系统工程，需要家庭、学校和社会相互协作，积极配合，形成合力。多年来，社会方方面面为做好流动人口子女的教育工作也是进行了大量的探索和实践，作出了自己应有的贡献。这从下面的案例中会得到有力的证明。

案例 8

32 个留守孩子的“卢叔叔”

湖北省建始县三里乡金银店村的公路边的树林里，两栋小楼组成了“心一家留守儿童服务站”。创办人卢平的爱心帮扶行动已坚持 10 多年，帮助了 180 多位留守孩子。目前，“心一家”里还有 32 个孩子，大家都亲切地称卢平为“卢叔叔”。

32 个孩子一个家

10 月 31 日上午，记者来到“心一家留守儿童服务站”。车子刚停稳，42 岁的创办人卢平热情地迎过来。我们正在说话时，20 多个孩子都围拢过来。

“叔叔好”，2 岁的留守女孩熊文婷给记者来了个热情的拥抱。卢平说：“在这里的留守孩子有 32 名，我不但要照顾他们的生活，还要帮助他们补习功课，和我自己的孩子要求一样。”

这个时候，卢平的妻子邓永春在厨房为孩子们做午饭，两个稍大些的男孩走进厨房，帮助择菜。女儿卢露是跆拳道教练，在自己搭建的简易道馆里教七八个孩子练习跆拳道。

上午10时许，院子里阳光很好，围墙边的菊花开得正盛。孩子们出来休息，男孩子们去玩篮球，女孩有的在做游戏或者玩单杠，院子里叽叽喳喳，一片快乐的叫声。

脑瘫儿李佳霖不能直立走路，在武汉体育学院一名专家的指导下，卢平为他制定了一套康复计划，每天坚持锻炼6小时。10点半开始，李佳霖扶着一张椅子，艰难地走路，卢平在一旁不断给他加油鼓劲。

卢平全额资助了这些孩子中的10人，对其他家境较好的孩子也只收取少量生活费。三里乡政府一名负责人说：卢平投入了数十万元，每天都投入精力细心照料这些孩子，不简单。

村民向仕忠说，“心一家”是留守孩子的家，外出打工的父母都放心把孩子交到这里。

10年帮扶180多个小孩

1992年，高中毕业后在印刷厂上班的卢平，就开始资助3名高中生的学业。

2000年，卢平在金银店村经营杂货店。这段时间，因为不少村民到沿海地区打工，他接触了不少留守儿童。卢平说：“我发现这些孩子的生活和教育都出现了一些问题，比如寻衅滋事，甚至偷窃等。”他自己就曾多次为孩子劝架。

更让卢平忧心的是，因为没有父母亲的照顾，不少留守孩子出现了性格等方面的成长问题。这一年，他接手照顾了两个留守儿童，5岁的祝晓东，还有他的小侄子。

卢平对孩子们的照顾赢得了周围村民的信任，一些村民把孩子送到他这里，才会安心踏上打工之路。2006年之后，卢平养猪生意成功，赚了数十万元，他逐渐将帮扶站从2间房屋扩建成大小18间房屋，教室、寝室、餐厅、图书室、英语学习室齐全。“心一家”的名声逐渐传开，孩子也越来越多。10多年来，卢平帮扶过的孩子超过180人，他最初资助的孩子，如今都走上了工作岗位。其中，在杭州当教师的谭老师说：“卢平叔叔的帮助，我会一生铭记。”

“心一家”引来爱心如潮

“心一家”有一面爱心墙，上面写了20多位热心人士的名字，他们慷慨解囊，拿出数十元到两百元不等的现金帮助孩子们。

国庆节期间，在武汉经商的东北人王秀峰女士来到“心一家”，和孩子们一起生活了几天，后来给孩子们每人定做了一身羽绒服，并送来了几批服装和用品，还承诺长期帮助。

上月底，恩施一家炉具公司送来了5台取暖炉、4台电热水器和2台电压力锅，在这里生活了数年的留守孩子黄锦说：“这儿冬天很冷，今年我们烤火就更方便了。”

卢平介绍，至今已有超过70名热心人士伸出援助之手，这么多爱心人士的帮助，让他更有了坚持下去的信心。

建始县妇联等多个单位也对“心一家”提供了各种帮助，并呼吁更多人学习“卢叔叔”，关爱留守儿童。

上述文章是《楚天都市报》记者王功尚、通讯员向继武在该报2010年11月7日发的一篇报导。其实像“卢叔叔”这样的“叔叔”“阿姨”还有很多，他们共同关心、关爱农村留守儿童，让长期和父母分离的留守孩子，能学习文化知识和健康成长。希望家庭、学校、社会各方都来关注留守儿童，奉献爱心，为孩子们创造良好学习生活环境。

案例9

关注未成年人健康成长：为留守孩子打造乐园

提到留守儿童，人们往往会觉得，这些孩子缺乏管教，稍不留意就有可能走上歪路。但广西凭祥市上石镇的这些留守儿童却是可爱的，虽然常年见不到父母，但他们却并不缺少调教，他们大胆、热情、懂礼貌。这一切都和一年前建立的留守儿童中心有关。

边境上的儿童乐园

一百多平方米的房间、素雅的地板、洁净的空间、靠墙的左侧是一排书柜，这就是凭祥市一个边境小镇上的儿童乐园——上石镇留守儿童活动中心。

儿童中心每周六、周日开放。由于天冷，孩子们第二天要考试，2008年1月20日，记者到来时，活动中心显得很安静。记者从满墙花花绿绿的照片和贴画中，看到了孩子们活动的痕迹。

靠墙的左边是一排书柜，里面整齐摆放着一些青少年读物，还有篮球、排球等体育娱乐用具。一张贴在墙上的白纸，上面贴满了花花绿绿各种形状的纸片："我想坐坦克""我想拥有一台电脑""交好多朋友，环游世界"……原来是孩子们的愿望。另一张纸上，用很稚嫩的字体写着孩子们选出的骨干的名字，这些骨干自己管理中心，有大队长、文艺委员、体育委员等，俨然一个大班级。骨干的名字旁，写着"我们很能干，我们自己管理活动中心"。

20日中午时分，一个小男孩从门口探进头来。见没人阻拦，孩子大胆走进来，熟练地爬上了塑料滑梯。男孩的奶奶说，孩子的父母在孩子刚刚几个月大时，就一起去深圳打工了，几年来，孩子都是她一个人带的。儿童中心成立后，孩子很喜欢来这里玩，每次一看见开门便会进来。

让孩子们自己管理

午饭时分，两个十来岁的女孩来到活动中心，从柜子里拿出一盘棋来下。不一会儿，活动中心热闹起来，几个七八岁大的男孩打起了乒乓球。

上初二的刘嘉瑶，父母都去广东打工了，她和奶奶、叔叔一起生活。奶奶太老，叔叔太严肃，平时他们很少交流。刘嘉瑶说，以前看见别人和爸爸妈妈在一起，心里就不好受。特别是有时和奶奶吵架后，找不到人来诉说，一个人憋得发慌，后来自己就越来越内向了。自从有了留守儿童中心后，她发现原来有很多小孩都和她的情况一样，同龄人之间的交流让她不再孤单。

自从孩子们自己管理中心后，大家的参与热情更高了。刘嘉瑶就曾在大庭广众下，上台演讲争取当劳动委员，要求大家投她的票。"但后来没成功，我分析了一下，是我不够大胆。能当选的都是平时很活泼的，我要向他们学习，争取下次能当选。我觉得在这里做事，能增长才干，前面的那些骨干都很厉害呢，是我的榜样。"

在该中心采访时，记者看到，每一个进来的孩子都在一张表格上签名。儿童中心的志愿者李欣业老师指着门口右边的一个档案柜说，这是儿童中心的日常管理制度要求的。记者看到，这个档案柜里排得满满的，其中既有儿童中心的日常管理、档案管理、经费管理等各项制度，也有留守儿童本人的个人档案。记者随手抽出一本留守儿童档案打开，第一页上一个机灵的小女孩照片映入眼帘。照片下面的表格上，工工整整地填写着女孩本人的家庭情况和个人爱好。

"这些表格都是孩子自己填的。"凭祥市妇联主席张俊介绍说，目前，流动儿童活动中心已经收集了230个孩子的档案。

张俊介绍说，上石镇留守儿童活动中心是在有关组织的支持下，由市妇联牵头成立的，至今已有一年多的时间。成立之初，活动中心由镇妇联和几名志愿者负责管理。一段时间后，他们决定放手，让孩子们“自治”。经过竞选演说和投票选举，孩子们选出了自己的管理组织，现在，一些日常管理工作大多是一些儿童骨干做的，大人“退居”到了幕后。

动员社会各界力量

“怎么才能让儿童中心真正发挥作用?”张俊等人认为，关爱儿童不是搞搞活动拍拍手就完了，只有了解孩子们的想法和需求，有针对性地组织活动，孩子们才会喜欢。他们通过调查问卷征求孩子们的意见，设计了与儿童心理健康、生活技能、安全卫生等方面相关的主题活动，并请来专家为孩子们答疑解惑，深受孩子们的喜爱。

父母长期不在身边，留守儿童普遍存在“成长的烦恼无处诉说”的问题。为人母的张俊以身作则，发动凭祥市有爱心的妇女组成“爱心妈妈团”，每个月都到儿童中心探望孩子们，并以“结对子”的形式给孩子们母爱和关怀。目前，固定来儿童中心的“妈妈”有30多位。

妇联还广泛动员社会各界为孩子们献爱心。“献爱心不一定非要捐钱，对于留守儿童来说，他们更缺的是精神上的关爱。只要有心，谁都可以从中找到自己的位置。”张俊说，做了这个工作之后，她时时处处留心，看到谁可能为孩子们“做点什么”，就竭力“鼓动”。去洗照片时，她鼓励照相馆的老板拿起自己的相机，为孩子们留下了许多精彩的瞬间；一次去理发，她想起很多孩子的头发没有人理，便动员理发师派学徒去为孩子理发……就这样，越来越多的人在她的带动下加入了爱心队伍。

“下一步，我们准备和110民警结对子，把儿童中心打造成对孩子进行司法教育的阵地。”张俊说，目前，有关部门已经表示支持她的想法，具体工作很快就可以落实。

“这个工作是由大家共同做起来的，活动中心的书籍、桌椅、电话、体育娱乐用品等，都是社会各界捐助的。”张俊说，目前，关爱留守儿童成为凭祥市社会广泛关注的话题，很多单位和个人对儿童中心提供了支持，凭祥市关工委、工会等组织也经常到儿童中心开展送温暖活动。

此外，为了保证活动中心能够长期发挥作用，上石镇妇联还在劳动人事部门争取了一个公益岗位，由政府聘请专人来管理留守儿童活动中心。

孩子们的平台和出路

记者了解到，除了上石镇的留守儿童活动中心外，凭祥市的妇联等组织还在友谊镇礼茶村设立了青少年“互助之家”，它的目标人群是已离开校园又尚未开始打工的无业青年。“互助之家”通过开展培训、宣传及文体等系列活动，帮助当地青少年提高自我保护能力及生存能力。它还是一个倾诉和倾听的平台，告诉青少年遇到问题和困难可以找镇妇联、村里的大人、政府各部门等反映，让社会各界联手来给予支持和解决。设立在夏石镇的青少年“成长园”也是一个有益的尝试。“成长园”通过一项养鸽子的项目，提高参与者创业及闯市场的能力。

“我们力图为孩子们提供一个平台，让他们得到锻炼，从而找到自己的方向和出路。”张俊说，两年来，他们的探索取得了明显的成效，一批批原本无所事事、羞涩的农村青年提高了能力，开始有了明确的人生计划。从“互助之家”走出来的姑娘小黄到南宁学习了茶艺艺术，拥有了一份相当不错的职业，后又到南宁市一家类似的活动中心，成了一名志愿者。

凭祥市宣传部的一名负责人介绍说，对于留守儿童的问题，凭祥市有着更长远的打算。目前，该市正在实施工业强市战略，打造三大工业产业园，以期吸引外出打工人员回潮，在自己的家门口创业。“只有这样，留守儿童的问题才能从根本上得到解决”。

（案例来源：孙小娟，刘治理．《关注未成年人健康成长：为留守孩子打造乐园》[N]，《南国早报》，2008 年 1 月 22 日，有改动）

凭祥市上石镇的经验证明，留守孩子尽管无法得到父母的关爱，但他们仍然是可爱的，尽管常年见不到父母，但他们却并不缺少调教，他们同样大胆、热情和懂礼貌，关键是社会给他们创造了条件和给予了他们所需要的情感养料。

四、政府及其教育主管部门的创新与实践

在中国城市化的进程中，农民工子女教育，不只是中国农民的家事，它实实在在是国家和全民的国事。农民工子女教育存在的困难和问题，是中国社会转型的成本，这个成本需要政府、全社会和农民共同来承担，而不应由农民独自来扛。随着国家关于流动人口子女教育政策的逐步明确，各级政府及其教育主管部门不仅对流动人口子女教育问题给予高度重视，而且进行了大胆的创新与实践，同样积累了十分丰富的经验。这里仅以杭州和重庆为例。

1.“低门槛、双通道、上好学”——进城务工人员子女教育的杭州模式

杭州是浙江省省会，长江三角洲南翼中心城市，“东南第一州”，浙江省政治、经济、文化、科教中心，也是中国最著名的风景旅游城市之一。“上有天堂、下有苏杭”，表达了古往今来的人们对于这座美丽城市的由衷赞美。不仅如此，多年来杭州市积极解决进城务工人员子女在杭就学的努力[①]，也受到了社会的广泛赞誉。

在杭州市市委、市政府的正确领导和大力支持下，杭州市教育局关注民主民生，努力学习实践科学发展观，积极探索进城务工人员子女在杭就学的路径，逐步形成具有杭州特色、以“低门槛、双通道、一站式、上好学”为特征的进城务工人员子女教育新模式，初步实现了“让更多的人接受更好的教育”的目标。2009 年，杭州全市共解决义务教育阶段进城务工人员子女在

① 《进城务工人员子女教育的创新与实践》[DB/OL]，http：//kpb. hz. gov. cn/showpage. aspx? tid=221&nid=4367，2010 年 4 月 28 日 .

杭就读 17.46 万人，占义务教育阶段在校学生总数的 25.5%，其中城区在读进城务工人员子女 7.9 万人，占城区义务教育阶段学生总数的 38.92%。关注弱势群体，让进城务工人员子女享受同等的教育权利，在社会上引起了强烈的反响，《人民日报》《光明日报》《中国教育报》《杭州日报》《钱江晚报》、中国新闻网等多家媒体对杭州的这一做法予以肯定，该举措获得了“首届全国教育改革创新特别奖”。2009 年 12 月 26 日，由教育部、中国教育学会、中央教科所、浙江省教育厅、广东省教育厅、华东师大、浙江大学、浙江省教科院等单位 8 位专家组成的鉴定组，对该项目进行了鉴定，认为该项工作具有开创性，在全国处于领先水平，为促进教育公平提供了十分宝贵的经验。

改革开放以来，杭州和其他大中城市一样，随着城市化步伐的加快，大量农民涌入城市务工，其子女也跟随父母进城。据统计，从 2003 年起，在杭就读的进城务工人员子女每年都保持着两位数的增幅，到 2009 年已达 17.46 万人，约是 2003 年的 2.7 倍。随着进城务工人员子女的急剧增加，冲击了传统的以本地常住户籍人口儿童为对象的教育制度安排，由于城乡户籍壁垒的存在，造成了一些进城务工人员子女的教育边缘化和教育平等权的缺失。因此，确保进城务工人员子女享受同等教育的权利，正成为城市化进程中教育面临的新命题。

同样，快速增长的进城务工人员子女就学人数给杭州教育的优质均衡发展带来了前所未有的压力，生源多与教育资源短缺的矛盾空前突出。首先，进城务工人员子女就学需求远远超过杭州教育的承载力，持续增长的外来务工人员进入杭州，使市区接纳进城务工人员子女就学的压力有增无减；其次，进城务工人员子女就学影响了推进杭州小班化教育的进程，分摊了捉襟见肘的杭州教育经费；再次，进城务工人员子女给杭州教育管理带来了新难题，进城务工人员子女对入学的需求造就了新的教育市场，产生了简易校舍、不合格师资、不规范管理和未经审批的学校，政府及教育行政部门面临着取缔非法学校和管理、引导、规范招收进城务工人员子女的民办学校等管理新问题。

由此可见，进城务工人员子女就学人数的快速增长给杭州教育优质均衡发展带来了新的问题。与此同时，妥善解决进城务工人员子女教育问题又是政府稳定社会、促进经济发展的重要手段。

进城务工人员由于长期生活在贫困中，会滋生出一套与社会主体文化不同的“贫困亚文化”。这种亚文化一旦形成，便会对周围的人，特别是对后代产生不良影响，长此以往会形成“贫者越贫”的马太效应。从社会发展的普遍规律来看，受教育年限越长的人，通常获得的社会资源就越多，对社会的回报也越多；相反，受教育年限短的人，越难获得社会资源，对社会产生的消极影响也越多。进城务工人员子女往往在社会权利、资源配置方面处于极其不利的地位，如不重视对进城务工人员子女的教育，就会对社会稳定产生消极作用。从目前情况看，进城务工人员子女教育问题已从家庭问题转变为社会问题，变成弱势群体诉求受教育的权利；已从社会问题转变为政策问题，进城务工人员子女教育补偿性政策出台与否将影响杭州的经济与社会的发展；已从政策问题转变为文化问题，防止边缘人群形成消极的边缘文化。因此政府必须重视并切实解决这一问题，否则将为此付出极为昂贵的代价。

另外，从发展的趋势看，随着城市化进程的加速，很多进城务工人员子女将留在杭州，成为新杭州人，成为新杭州的建设者。如果给他们更多的教育资源，让其接受良好的教育，那就会对城市发展作出很大的贡献，反之，可能成为城市发展的负担。因此，提升进城务工人员子女的教育水平，从表面看是提高了每一个进城务工人员子女的个体素养，提高这些人的生存能力，但从深层次的意义上看，这是一项充分发挥教育的教化功能、提高杭州城市文明、稳定社会、为未来奠基的伟大工程。

基于以上的思考，杭州市教育局把解决进城务工人员子女教育问题作为关注民生、推进教育公平的实事工程加以研究，以民生、公平、全纳为价值取向，创新进城务工人员子女教育的政策框架，加强进城务工人员子女教育的针对性与有效性，确保进城务工人员子女不仅好上学，而且能够上好学，创新具有杭州特色的进城务工人员子女教育新模式。创新模式的实施主要包括：建立进城务工人员子女教育新模式的政策、服务、保障三大系统。

1. 低门槛、双通道：推进妥善解决进城务工人员子女在杭就学的政策系统

(1) 超前规划：以“低门槛、双通道”为要求规划进城务工人员子女入学路径，降低进城务工人员子女入学门槛，坚持以“公办学校为主、民办进城务工人员子女学校为辅”的原则，规划杭州市和各区、县（市）教育发展规划。一是各级教育行政部门结合杭州市城市发展规划、杭州市常住人口和

流动人口子女总体规模的发展趋势，充分考虑符合条件的进城务工人员子女入学需求，保障进城务工人员子女接受九年义务教育。二是印发《杭州市区住宅区配套中小学（幼儿园）建设管理暂行办法》，鼓励公办中小学充分挖掘潜力，尽力接受进城务工人员子女。三是鼓励社会组织和公民个人在进城务工人员相对集中的区域，举办独立设置的进城务工人员子女学校。

（2）完善政策：形成进城务工人员子女在杭就学政策体系。根据进城务工人员子女的教育现状，杭州市教育局不断完善教育政策，2004年，出台了《关于外来务工人员子女在杭就学的暂行管理办法（试行）》，规范了进城务工人员子女就学的相关行为；2008年，下发了《杭州市义务教育阶段进城务工人员子女在杭就学暂行管理办法》，对进城务工人员子女在杭接受义务教育的条件、入学程序、要求和政府各部门的职责作了进一步的明确要求；2009年，下发了《关于切实做好进城务工人员子女义务教育工作的实施意见》，形成了进城务工人员子女教育的政策、服务、保障等三大系统，保障了符合条件的进城务工人员子女在杭州接受公平、优质教育。

（3）“免补同步”：建构进城务工人员子女教育资助体系。一是在杭就读的进城务工人员子女与杭州户籍孩子享受完全一样的义务教育免费政策。2009年杭州市各级政府免除全市进城务工人员子女义务教育经费达9135.6万元。二是建立民办进城务工人员子女学校学生学费补助制度。2009年4月，对在进城务工人员子女学校就学的19836名进城务工人员子女发放教育培训消费券每人300元，共计595.08万元。2009年下发了《关于进一步完善进城务工人员子女教育专项经费补助的通知》，决定对在民办进城务工人员子女学校就学的学生给予学费补助，补助额度不少于每生每学期300元，累计下发616万元。三是完善困难家庭进城务工人员子女资助体系，将杭州户籍学生享受的困难补助政策覆盖至进城务工人员子女。四是落实专项经费1335万元。

2. 一站式、多平台：实施妥善解决进城务工人员子女在杭就学的服务体系

（1）建构预测机制：为合理配置教育资源、妥善解决进城务工人员子女入学创造条件。针对进城务工人员子女入学流动性大的特点，杭州市各级教育行政部门建构起了进城务工人员子女入学需求预测机制，他们主动加强与政府有关部门、社区等的联系，通过多种渠道开展对区域内进城务工人员子

女入学需求的摸底预测，如开展对区域内的公、民办幼儿园大班儿童进行摸底，对外来生的人数及其家庭的暂住情况、工作情况、下半年的去向等进行全面统计；根据学区，分块进行旧城改造、农居点改造情况调查摸底，了解出租房中的进城务工人员及其子女等，通过这些方式对进城务工人员子女进行调查、登记和预测，根据调查预测结果制定招生计划，把符合条件的进城务工人员子女列入学校招生计划，提高了进城务工人员子女入学需求预测的准确性，为合理科学制定招生计划创造了良好的条件。

(2)“一站式”：创新便民、快捷的进城务工人员子女招生报名机制。为了方便群众，避免进城务工人员子女入学过程中多处奔波，杭州市各级教育行政部门搭建了“一站式”的进城务工人员子女就学报名平台，形成便民、快捷的报名机制。一站式是指让符合条件的进城务工人员子女一次报名即完成入学手续，即进城务工人员子女向暂住证所在教育服务区学校报名，只要符合入学条件，不论教育服务区学校是否可以接纳，学校均应受理报名工作，当服务区学校因报名人数超过计划招生人数不能接纳学生就学时，由服务区学校报所在区教育局统筹协调，安排至周边学校就读。在报名结束后，各区、县（市）教育局根据报名情况充分挖掘潜力，加强统筹，提高接纳进城务工人员子女入学的能力，如区内统筹有困难，则由市教育局统筹。

(3)“多平台”：建立与进城务工人员子女就学信息相对应的服务体系。为让进城务工人员及时了解子女入学信息，提高进城务工人员对子女入学政策的知晓程度，根据进城务工人员居住分散，对子女入学信息不及时、不全面等问题，杭州市各级教育行政部门努力搭建进城务工人员子女入学信息服务网络平台和社区服务平台，通过新闻、网络媒体发布消息，通过社区、企业等部门下发进城务工人员子女入学服务卡、张贴招生通告、举办各种形式的入学咨询等多种方式，及时有效地将进城务工人员子女在杭就学的条件、办理方法、程序、享受权益等告知进城务工人员。

(4) 创建网站：搭建全国首家进城务工人员子女教育平台。2009年11月，经过一段时间的筹集，建立并开通了进城务工人员子女教育网(www.hzedu.net)。该网站具有政策咨询、信息发布、入学帮助、教学辅导等功能，让进城务工人员也可以通过网站与市教育局和各区、县（市）教育行政部门联系，解决入学问题，让进城务工人员子女通过网站，开展课程教育教学自助服务，让从事进城务工人员子女教育的科研人员、广大教师通过网站，交流教育教学经验。

3. 上好学、共成长：建立进城务工人员子女接受优质教育的保障系统

(1) 同城同待遇，确保进城务工人员子女享受同等教育权利。努力将进城务工人员子女教育纳入杭州市中小学全员育人、全过程育人、全方位育人的工作体系，在做到同城同待遇，确保进城务工人员子女教育享受“三个一个样”：即一是接受教育和城市孩子一个样，在公办学校与城市孩子平等接受义务教育；二是收费标准和城市孩子一个样，在公办学校与城市孩子享受免费义务教育；三是评优入队和城市孩子一个样，进城务工人员子女在分班选班干、评优评先、入队入团、课外活动等方面与本市常住人口子女学生没有任何不同的地方，不歧视，和城市孩子一个样。

(2) 搭建科研平台，共同研究进城务工人员子女教育。加强进城务工人员子女教育特点研究，提高进城务工人员子女教育的针对性。2009 年 10 月，杭州市成立了杭州教育学会进城务工人员子女教育专业委员会，组织全市从事进城务工人员子女中小学教育的校长、教师和教育科研教研人员共同研究进城务工人员子女教育的规律和特点；组织学术交流和培训活动，不定期举办进城务工人员子女教育论坛。

(3) 推进名校集团化，提升进城务工人员子女学校办学水平。杭州市教育局将进城务工人员子女学校纳入本地区名校集团化发展战略，鼓励优质公办学校与进城务工人员子女学校构建名校集团或互助共同体，推进教育资源共享，师生交流结对，在教育教学管理、课堂教学研讨、干部教师培训、新课程改革等方面加强对民办进城务工人员子女学校的指导和帮助。2009 年所有进城务工人员子女学校均纳入名校集团化办学或城乡学校互助共同体。同时，加大进城务工人员子女学校校长教师培训力度。2009 年，组织 54 所进城务工人员子女学校教师校长培训；组织了二期英语骨干教师培训，100 名英语骨干教师接受培训；举办进城务工人员子女，学校数学、语文骨干教师培训各一期，100 名语文数学骨干教师接受培训。

(4) 改进管理，创造适合进城务工人员子女的管理机制。根据进城务工人员子女教育的不同特点，杭州市教育局不断改进管理方式、方法，形成了各具特色的管理机制。一是督学机制。由当地教育局委任督学（享有校长待遇，不到学校领取工资和福利）进驻独立设置的进城务工人员子女学校，督学的主要职责是督促学校规范办学，维护教职工的合法权益，提高教育质

量。二是学籍管理机制。采取相对灵活的学籍管理制度。如学生未办转学手续又不来上学的，学校保留其学号，到第二个学期初开学时明确学生不来才注销学号。三是学校办学许可机制。依法取缔办学条件差、安全隐患严重的无证进城务工人员子女学校，对未能达到办学标准但在较短期限内可以整改达标的无证学校，限期整改，达到标准后给予办学许可证。

实践证明：杭州市教育局在杭州市委、市政府的正确领导下，在市财政、劳动与保障、公安及各级党委、政府和教育行政部门等的努力下，投入近2亿元，取得了明显的成效：不仅创新了进城务工人员子女教育的制度设计，形成了进城务工人员子女教育的完善的政策体系、服务体系、保障体系，构建了以“低门槛、双通道、一站式、上好学”为特征的具有杭州特色的进城务工人员子女教育新模式；而且在杭城形成了进城务工人员子女享受优质教育的共识和宽容、悦纳的社会氛围，实现了让进城务工人员子女“在同一片蓝天下共同成长”的目标，有效地促进了杭州社会的稳定与和谐，取得了预期的社会效益与经济效益。

1. 初步破解了进城务工人员子女教育的全国性难题，形成了理论、政策、实践三大创新亮点

随着城市化进城的加速，进城务工人员子女教育问题成了全国许多大中城市的难题，上海、北京等地采取提高门槛等手段暂时渡过难关，而杭州各级政府及教育等有关部门，从关注大局，顺应大势，创新“低门槛、双通道、一站式、上好学”的教育新模式，初步破解了这一全国性难题，取得了明显的成效。2009年全市共解决义务教育阶段进城务工人员子女在杭就学17.46万人，其中市区已有90%的公立学校接纳了近7.9万名进城务工人员子女就学，占进城务工人员子女就学人数的70%。杭州在解决进城务工人员子女教育方面做出的努力和取得的成效，得到了国家有关部门的充分肯定，教育部、民政部、公安部联合在杭州召开现场会，推广杭州模式。杭州模式也得到了联合国教科文组织的高度评价。该模式在实施中形成了三大创新亮点：

理论创新：该创新项目首先从理论层面对解决进城务工人员子女的教育问题进行了全面的探索，在全国出版了首部以解决进城务工人员子女教育为对象的研究专著——《低门槛、双通道、上好学——进城务工人员子女教育的杭州模式》，明确提出了以关注民生、实现教育公平和全纳教育的理念为

价值取向，对我国解决进城务工子女人员教育政策的历史演变进行了分析，在此基础上，从家庭、社会、文化三个维度阐述了进城务工人员子女教育政策及操作线路。该书由中央广播电视大学出版社出版，并于2009年12月获得浙江省（2008年度）教育科学研究优秀成果一等奖。

政策创新：杭州摒弃了上海、北京等地对进城务工人员子女入学高门槛的封闭政策，大胆降低门槛，出台了《关于切实做好进城务工人员子女义务教育工作的实施意见》等新政，保障了符合条件的进城务工人员子女在杭州接受公平、优质教育，文件中的多项举措系全国首创，特别是不仅要让进城务工人员子女“好上学”，而且“上好学”的理念，得到了教育部、省教育厅等部门领导的好评，其经验在多个场合介绍。

操作创新：在全国首创“低门槛、双通道、一站式、上好学”的解决进城务工人员子女读书的杭州模式，建立进城务工人员子女教育新模式的政策、服务、保障三大系统，许多做法在全国领先，如在全国首创“杭州市进城务工人员子女教育网”；在全国率先设立进城务工人员子女教育专项经费，2009年进城务工人员子女每生每年安排达300元；“一站式、多平台”等便民服务措施在全国领先。

2. 提高了进城务工人员及子女的满意度，使进城务工人员子女在温馨和谐的环境中茁壮成长

一是全社会达成了解决进城务工人员子女教育的共识。进城务工人员为杭州经济和社会发展作出了重要的贡献，让“新杭州人”在杭州“好上学”“上好学”，是杭州建设“生活品质之城”的一项重要内容。在各级政府及教育行政部门、学校的努力下，全社会达成了四点共识：第一，进城务工人员对社会作出的巨大贡献应该得到社会尊重。第二，接受义务教育是用法律的形式规范下来的公民的权利和义务，只要是中华人民共和国的适龄公民，不论在何地，他们受义务教育的权利必须由政府给予保障。第三，让更多的进城务工人员子女在流入地接受教育而不是流入社会，这本身就是一件实实在在的为民解忧的实事，也是保障社会稳定，城市可持续发展，建设和谐社会的客观需要。第四，进城务工人员子女在流入地接受教育，有利于他们尽快融入城市，在不断提高自身素质的同时完成自身的城市化，从而推动进城务工人员家庭的城市化。由于全社会逐渐摈弃了“排斥”的观念，形成了全社会悦纳进城务工人员子女，从而创造了让进城务工人员子女平等参与教育、

享受教育的氛围。

二是提高了进城务工人员及子女的满意度。据拱墅区对流动人口子女生活状况调查结果表明，家长和学生对就读学校的满意度分别是92%和98%；有94.4%的家长认为孩子在校得到了老师的关爱，有94%的学生喜欢自己的老师；有95%学生感到与身边的同学相处愉快和比较愉快，有90%家长认为孩子在杭州学习与生活是快乐的。在下城区的一次调查中，有位进城务工人员家长写道：学校的教学质量和教学设施各方面都不错，我没有时间管孩子，老师比我还关心他，我的孩子能在这样的环境中学习，作为家长我很放心，也非常满意。

三是涌现了一批优秀学生代表。在“同在蓝天下，携手共成长”的理念引领下，学校、老师都对进城务工人员子女给予了特别关注，使进城务工人员子女身心得到健康发展。他们向大家展示了自己独特的风采，无论在智力上还是在道德情操上，他们都与城市的孩子一样优秀。如拱墅区的来杭创业者子女教育集团，据不完全统计，该集团近三年学生在读书活动中获市级以上奖项86个；获少先队火炬金奖3人，银奖21人；获市区级学生先进个人144人。进城务工人员子女不仅在各类才艺竞赛中获得了好成绩，而且在学业水平、道德品行方面也都有良好的表现，出现了浙江省十佳少年杜丽娜、杭州市首届十佳阳光少年吴凯婷、杭州市第二届十佳阳光少年方莉等先进典型，他们只是无数进城务工人员子女中的优秀代表，是广大进城务工人员子女在杭州享受优质、公平教育，健康、快乐成长的一个缩影。进城务工人员子女的健康成长，不仅决定了他们良好的未来走向，也是社会的最大财富，对全面实现小康社会具有重大意义。

3. 获得了全社会的高度认可，带动了杭州市基础教育又好又快地发展

一是创新目标的实施在全国、全省产生了很好的反响，受到了上级领导及兄弟省市的好评，其成果得到了推广。2009年该项目参加全国首届教育改革创新奖评选，获得最高奖——首届全国教育改革创新特别奖（共10项），杭州市的做法得到了教育部领导的高度赞扬。2009年8月4日，省教育厅召开全省地（市）教育局长会议，杭州市教育局以《在同一片蓝天下共同成长》为题发言，得到省教育厅领导和与会代表的好评，其做法在全省得到推广。2009年11月14日，原教育部副部长王湛率教育部第三巡回指导小组，检查杭州学习实践科学观，对杭州解决进城务工人员子女教育问题的方法充

分肯定。他说，教育部早在2002年就在杭州召开现场会，推广杭州解决进城务工人员子女读书问题的经验，杭州让进城务工人员子女读书“进得来、上得起、学得好”，现在力度更大，效果更好，其经验值得在全国推广。2009年11月16日至17日，教育部基教一司的负责同志闻讯专程来杭调研进城务工人员子女教育，对杭州市进城务工人员子女教育给予充分肯定，认为杭州的进城务工人员子女教育非常到位，并用“有责、有理、有利”高度概括了杭州市的工作，并在随后的多个场合把该经验向全国推广。2009年12月21日，杭州市教育局应邀在中国教育创新论坛作题为《促进杭州基础教育优质均衡发展的实践与思考》，重点介绍杭州解决进城务工人员子女教育的经验，在会上引起了强烈反响，多个省市来电来索要资料。另外，杭州市解决进城务工人员子女教育的改革在全国产生较大影响，先后有北京、上海、广州、济南、合肥、长沙、成都等30余个城市来杭考察学习这一做法。

二是提高了专家、领导及社会各界对杭州教育的满意度，引起了新闻媒体的高度关注。学生资助体系的建立，使杭州的学生接受了更好、更高的教育，从而使杭州成为读书的天堂。它帮助的不是一户家庭，而是在促进全民素质的提高，在把杭州的人力资源变成智力资源，是在为杭州的发展提供更多的智力支持。这一开先河的做法，得到了专家的充分肯定。2009年12月26日，由教育部、中央教育科学研究所、浙江大学等单位8位专家组成的鉴定组，对该项目进行了鉴定，认为该项工作具有开创性，在全国处于领先水平。中央教科所所长袁振国等专家认为“杭州解决进城务工人员子女教育问题在全国领先，为浙江省竖立了标杆”。新华社、《人民日报》《光明日报》《中国教育报》《杭州日报》等媒体均作了报道，在全国产生了很大的反响。

三是进城务工人员子女教育问题的妥善解决，也带动了杭州基础教育又好又快的发展，使杭州教育发展水平在全国、全省保持领先水平。在全市破解“七大问题（7+2）”不满意度问卷调查中，破解“上学难”问题不满意度位居末二位。省教育厅对各地市教育局科学和谐发展考评中，连续被评为优秀。据2009年中国教育蓝皮书——《中国教育发展报告（2009）》独家发布2008年度中国主要城市公众满意度调查结果显示，教育状况总体评价名列第一，教育满意度城市综合排序位居第二。据中国社科院2009年8月30日发布的《中国城市教育竞争力比较》，在全国15个副省级城市的教育竞争力排名中，杭州位列第五；在长三角16个城市的教育竞争力排名中，杭州位列第四。

综上所述，杭州市教育局以关注民生、改善民生为指导思想，以新杭州人——17.46万进城务工人员子女为服务对象，以高质量破解进城务工人员子女"上学难"为抓手，举全市之力，打造并创新全国领先的进城务工人员子女教育杭州模式，即以"在同一片蓝天下共同成长"为目标，搭建政策系统、服务系统、保障系统等三大系统，努力保障了进城务工人员子女在杭州接受优质教育，共享杭州品质教育。

2. 重庆市关于留守儿童"4+1"培养模式的探索与实践

如果说杭州市为解决进城务工人员子女"好上学""上好学"问题，创造了具有杭州特色的进城务工人员子女教育新模式，那么，重庆市探索的留守儿童"4+1"培养模式①，则创造了农村留守儿童教育的新模式。

留守儿童是中国经济社会转型过程中出现的一种特殊现象。最新公布的数据显示，目前留守儿童已占到我国农村儿童总数的28%，随着农民工群体的不断增大，这一数字还在持续增长。据重庆市妇联2009年完成的《重庆市农村留守儿童状况专题调研报告》，重庆单亲或双亲外出的留守儿童为235万人，比2000年增加了60%，占农村未成年人总数的43%，这其中，双亲长期外出的留守儿童为130万人。

教育的重大使命在于精心培育好下一代，要让他们既有过硬的本领，又具有强烈的爱国心，成长为又红又专的革命事业接班人。但国内外对留守儿童的教育培养没有现成的系统理论和经验。目前全国通行的留守儿童培养方式有寄宿制、结对帮扶、代理家长制、托管之家等，但都没有从体制上解决留守儿童"守望乡村"的状况，也未能从培养内容、方法和途径上，帮助留守儿童消除远离父母带来的一系列心理情感缺失等问题。根据重庆市委、市政府部署要求，2009年，重庆市委研究室联合西南大学、市卫生局、大型企业和农村留守儿童集中的学校，组织150多名机关干部、大学生志愿者、医务人员和教师，成立留守儿童培养模式试验工作组，开展"留守儿童培养试

① 资料来源：《光明日报》专题调研组．《一项关乎未来的重要试验》[N]，《光明日报》，2010年9月2日．

验”。试验工作组下设思想政治、心理情感、行为养成等7个小组，轮流进农村留守儿童学校、进课堂、进家庭，与教师、学生和农民同吃同住，开展家访、调研，对留守儿童进行体检和问卷测试。在精心调查准备的基础上，工作组本着“因陋就简、因地制宜、艰苦朴素”的原则，从思想政治、心理情感、行为习惯、人格品质和健康安全保障等方面，运用活动干预试验法、教育案例法、心理测试法和观察法等开展培养试验，不断总结经验、完善方案，探索形成了留守儿童“4＋1”培养模式。

在这次试验中，重庆市在两个国家级贫困县，各选取一所留守儿童比较集中的学校作为“留守儿童培养试验基地”。其中，石柱土家族自治县冷水小学地处川鄂湘黔革命根据地重庆与湖北交界处，有留守儿童240人，占学生总数的66％；丰都青年希望小学有留守儿童150人，占学生总数的82％。试验工作组在调查中了解到，这些农村留守儿童中，43％为父母同时外出务工。在父母同时外出务工的留守儿童中，80％由爷爷奶奶或外公外婆抚养，20％托付给亲戚朋友或无人监护。试验工作组通过调查、测试和体检发现，在长期远离亲情、缺少关爱的状态下，留守儿童普遍在身体健康、心理情感、行为习惯、思想品德和生活安全等方面，存在着诸多不容忽视的问题。

43％的留守儿童营养不良。由于缺乏照料，留守儿童普遍身体营养状况较差，体格发育不达标。对石柱县冷水小学358名学生进行身高、体重、内科等检查，发现留守儿童70％体重不达标，80％身高不达标，贫血患病率高达43％，患感冒、腹泻等疾病的也明显高于非留守儿童。

67％的留守儿童存在心理情感障碍。据测试分析，留守儿童心理行为主效应十分显著，普遍有恐惧、自卑心理，其中自责倾向、学习焦虑、过敏倾向和胆怯恐惧倾向特别突出，测试得分显著高于非留守儿童。在父母双双外出的留守儿童中，67％有明显的孤独感和情感焦虑，37％有自责与恐惧倾向，34％有过敏倾向。

根据留守儿童存在的诸多问题，重庆市委研究室以解决留守儿童在留守状态下出现的问题为试验导向，以留守儿童为主体，根据留守儿童的共性问题，集中在思想政治、人格品质、心理情感、行为养成、营养健康和安全等五个方面开展试验，利用寄宿制学校学生课外活动时间，以“规范、爱心、红色”为主线，以活动为载体探索建立了留守儿童的“4＋1”培养模式。“4”就是从四个方面进行培养。

1. 思想政治教育：通过开展唱红歌、读经典、讲故事、传箴言和红色主题活动等方式营造氛围，让孩子们在潜移默化中埋下爱党爱国爱人民的种子，树立远大理想。

按照班级分高、中、低三个层次，组织学生开展“唱读讲传”活动，即唱红色革命歌曲、读古今中外经典文章、讲励志成才小故事、传颂格言警句等；每月组织学生观看1—3场爱国主义电影；建立红领巾广播站，利用早、中、晚餐时间播放校内外好人好事和时事新闻；在楼道悬挂张思德、刘胡兰、雷锋等英雄画像，营造校园“红色文化”氛围；还建立了红色儿童信箱、校报编辑部、阳光话剧团等文化阵地。

2. 人格品质教育：培养孩子坚强的意志品质、高度的责任感和团队精神，艰苦朴素、吃苦耐劳的作风使他们成为顶天立地的一代。

针对留守儿童的特点，每周开展一次情景模拟活动，如以“团结就是力量”为主题，设计了“你追我赶、风雨同舟”等活动，让孩子们更加团结和热爱集体；开展各类文体活动，组织学生利用课外活动开展趣味足球、拔河、书画、篮球等比赛，培养团队协作精神；根据各自不同的兴趣爱好，组建少儿合唱团、舞蹈队、手抄报等课外活动小组，培养广泛的兴趣爱好，陶冶性情，锻铸意志。

3. 心理情感教育：针对留守儿童心理情感问题，采用多种方式温暖、健康孩子们的心灵，让他们在点滴之间感受到远方父母的爱，身边老师的爱，社会的爱。

开通亲情电话，分班级安排学生与在外务工的父母通话，保证每个孩子每个月与在外务工的父母通话两次以上，每月给爸爸、妈妈写一封家信，畅通亲子关系；设立亲情聊天室，与家长和同学进行视频聊天，增进同学、亲子感情；设立“知心姐姐”信箱，给学生提供一个向老师倾吐心声、答疑解惑的渠道；针对心理情感问题开展咨询辅导，及时对学生心理进行疏导；每个月过一次集体生日，让同学们感受到班级、学校集体的温暖；建立心理情感健康档案。

4. 行为养成教育：通过实行半军事化管理，寓教育于日常生活学习之中，让孩子们从小养成守纪律、讲文明、讲卫生、讲秩序、讲礼貌的行为习惯。

参照军队的内务要求，组织学生进行队列、队形、内务整理等方面的训练，被子、毛巾等各类生活用品干净整洁、整齐划一、摆放有序；针对农村留守儿童的卫生和行为习惯普遍较差的状况，组织老师学生自己编写《小学生日常卫生行为手册》；设立红领巾监督岗，开展寝室、小组、班级流动红旗评比活动；在学校餐厅、厕所、寝室等醒目位置，张贴行为卫生习惯标语，营造讲文明、讲礼貌、讲卫生、讲秩序、讲道德的氛围。

“1”就是抓好身体健康和安全教育：通过对留守儿童进行身体健康体检，根据身体状况存在的问题，合理安排膳食营养，同时加强体质训练和安全教育。

给孩子们改善伙食，每天保证一顿肉、一个鸡蛋。食物包括五大类：谷类、薯类；肉、蛋、奶；大豆及其制品；蔬菜；纯热能食物，包括动植物油脂、食用糖等。培养良好饮食和生活习惯。采用情景教育等方式，帮助孩子们掌握日常生活中避险方法。

为确保农村留守儿童不因贫困而失学，重庆市在加快农村寄宿制学校建设的同时，还对农村寄宿制学生给予生活补助。目前，全市已在1000个乡镇建成寄宿制学校1600所。从2009年起，市财政对49万农村寄宿学生给予生活补助，对43万贫困女童实行“零收费”入学。

重庆留守儿童“4＋1”培养模式，将教育的主阵地由学校“小家庭”延伸到了社会“大家庭”，教育内容也不仅仅局限在学习知识，还延伸到政治思想、心理情感、行为养成、人格品质、体质健康等全方位培养，学校功能由教育教学延伸到为学生学习、生活、健康、安全等提供一体化服务，实现留守儿童培养模式和理论上的重大突破，也使留守儿童在身体健康、思想政治、人格品质、心理情感和行为习惯等方面发生了可喜的变化。2010年6月，试验工作组对试验前后问卷测试和身体健康体检的结果进行综合分析，发现：

贫血患病率下降22个百分点，留守儿童体质得到提升。由重庆市妇幼保健院、市儿童医院医务人员组成的体检组，2010年6月对试验学校学生进行健康体检，对比试验启动时的体检结果，留守儿童身体状况明显好转，体重、身高达标率分别上升6个百分点、9个百分点；贫血患病率下降到21%，下降22个百分点。

对亲情、集体与家乡和国家的认同感增强。认同感各维度后测得分显著高于试验前的测试结果，说明实施“4＋1”培养模式，有效提高了儿童的认同感。

心理问题减少了35%，心理情感、行为习惯得到了改善。试验后的测试得分显著低于试验前，亲子关系危机和自责倾向比例分别下降26和10个百分点，存在心理问题的学生下降35%。

人格品质得到提升，95%的孩子开始主动帮助别人。调查表明，90%以上的学生表示当同学遇到困难后会主动去帮助别人，86%的学生认为内在美才是真正的美，93%的孩子表示长大要做焦裕禄、雷锋一样的共产主义事业接班人。冷水小学六年级一班王美蓉同学，出生不到7个月父母就外出打工，至今已有12年没见过父母的面。她在作文中写道："过去我不想读书，现在每天早上望着迎风飘扬的五星红旗，我就暗下决心，一定要好好学习，长大后报效祖国。"

重庆市通过试验总结形成的"4+1"培养模式，从培养内容、方式上破解了留守儿童培养难题，为构建科学的留守儿童教育培养体系，促进留守儿童成长成才，提供了有益启示和切实可行的实践经验。

1. 从落实科学发展观、构建和谐社会的战略高度重视留守儿童培养，整合社会力量和资源形成留守儿童培养长效机制。

培养照顾好留守儿童，是一项长期、复杂、艰巨的任务，是一项系统工程，必须改变当前妇联、共青团、学校、慈善企业等各自为战、多头参与而形成的"零敲碎打"式的格局，改变关爱留守儿童活动中的"运动式""一阵风"、更多强调社会影响、较少关注实际效果的短期行为模式。在调动社会资金改善留守儿童学习生活条件和校园文化环境的同时，建立"以学校为主体+教育行政部门为主导、党委政府提供政策法规保障、公司企业提供资金支持+家庭、高校、卫生、军事国防、新闻媒体等协调配合"的"1+3+X"留守儿童培养新机制。通过调动各方积极性，整合社会力量和资源参与留守儿童培养，形成城市反哺农村、推进城乡统筹协调发展的留守儿童培养长效机制。

2. 强化党委政府的政策保障和主导责任，重视发挥学校的主渠道、主阵地作用。

近年来，重庆市级财政教育支出占GDP的比例超过了4%，加大了留守儿童学校的标准化建设。到2010年底，全市将建成2000所寄宿制学校；为改善青少年营养状况，市委、市政府正在逐步推广"饮用奶、鸡蛋计划"；

全市还实施了农村留守儿童心理健康计划，为学校配齐心理健康教师、生活管理和卫生保健人员。到2012年，全市农村学校心理健康课开起率达到100%。实践证明，只有通过强化公共财政投入，加快寄宿制学校标准化建设，解决好留守儿童生活、学习、医疗等硬件设施，才能为留守儿童培养创造条件，让学生在学校老师、同学的群体生活中感受到家庭的温暖，弥补由于家庭教育带来的心理情感等诸多缺失。

3. 充分尊重留守儿童的心理年龄特点和成长规律，坚持以课外活动为主要途径，科学系统地对常规义务教育培养内容进行强化补充，增强培养内容和方法的科学性。

马克思说："教育之为教育，正是在于它是一种人格心灵的唤醒。"重庆"4+1"培养模式，强调根据个性差异、心理特点和成长环境与区域教育实际，加强对不同类型留守儿童的指导和心理情感辅导，促进儿童身心的和谐、健康发展。试验工作组根据留守儿童培养的实际需要，组织专家编写了留守儿童《社会主义核心价值观读本》《行为养成手册》《安全生活手册系列读物》和教师心理情感辅导、情景教案参考书，建立了全国第一个留守儿童网站和研究中心。

"4+1"培养模式的创新意义，在于科学系统地对常规义务教育的培养内容进行强化补充，是在留守儿童寄宿制的前提下，利用留守儿童住校的空余时间，以留守儿童的特殊背景及问题为导向，在作息时间、培养内容上进行科学合理的安排设计，对学生进行系统、深入地全方位培养，引导学生在个体、小组、班级和学校的活动中实现自我管理、自我教育与发展。实践证明，这种坚持以留守儿童为本，尊重个性特点和身心发展规律的培养思路，更有利于对儿童显性和隐性的心理情感障碍进行疏导，推进留守儿童培养的可持续发展和留守儿童自身的"可持续发展"。

4. 提升教师素质，发挥教师队伍对促进留守儿童健康成长的引导作用。

科学的留守儿童培养体系，离不开优质的师资队伍。重庆市在试验前专门对留守儿童学校教师进行了培训，特别是加强核心价值观、心理健康、行为养成等方面的专业培训。通过开展新一轮中小学教师全员培训、在重庆电视台开设"空中课堂"、开通"重庆教师研修网"、"中国留守儿童网"等方式，确保全市19万农村中小学教师每人每学年接受60学时以上的继续教育，促进留守儿童所在学校的教师更新教育理念，满足教师参与留守儿童培养的需求。改革考评体系，把留守儿童的建档工作、教育工作、家长联系、日标考核纳入教师日常教学工作，与教师的考核、晋级、评优挂钩，保证留守儿教育的制度化和常态化。通过这些措施，为农村留守儿童教育培养提供了“留得住、用得上”的优质师资。

留守儿童由于缺乏家庭温暖和正常关爱，教育和情感严重缺失，很多留守儿童不同程度地出现了健康状况差、行为散漫等问题，有些甚至产生了明显的心灵扭曲。重庆市通过试验探索形成的“4＋1”培养模式，将留守儿童教育的主阵地由学校“小家庭”延伸到社会“大家庭”，教育内容从学习知识延伸到思想、情感、行为、人格、健康等全方位培养，学校的功能由教育教学延伸到为学生提供一体化服务，实现了留守儿童培养理论模式和实践方面的创新，为破解当前留守儿童教育培养难题、深化农村教育改革提供了全新的思路和有益的借鉴。

第六章

改革：根本出路

保证流动人口子女公平接受义务教育是当前今后突出的社会问题。尽管各个地方、社会各界为此已进行了大量的探索和实践，积累了许多成功的经验，但我们应当看到，流动人口子女教育问题，具有长期性、复杂性和全局性的特点，必须认真对待，不断加大改革力度，特别是要根据《规划纲要》的精神，加大体制改革的力度。因此，在人口流动已经不可逆转的背景下，改革现行义务教育体制、建立适应人口流动背景下的义务教育新体制是解决现行义务教育与人口流动矛盾的唯一选择，也是解决流动人口子女教育问题的根本出路。

所谓体制是制度与运行组织机构的结合体。其核心是一系列制度的建立。义务教育体制就是义务教育制度与组织机构的结合体。它包括义务教育的财政体制、管理体制和办学体制等。

一、义务教育财政体制：从过度分权到适度集权

根据义务教育的性质，政府应为流动人口子女公平接受义务教育提供财政保障，这是毫无疑问的。现在的问题是，在一个政府被划分为多个层级的大国，包括流动人口子女在内的义务教育财政责任在中央政府和地方政府，以及地方各级政府之间如何划分，也就是说，究竟该由哪级政府来为流动人口子女义务教育买单？

基于“以县为主”的义务教育财政体制在其运行过程中出现的问题以及流动人口子女教育中出现的问题，在国务院 2005 年 12 月发出的《国务院关于深化农村义务教育经费保障机制改革的通知》中，对“以县为主”的义务教育财政体制进行了调整和完善。文件要求按照“明确各级责任、中央地方共担、加大财政投入、提高保障水平、分步组织实施”的基本原则，将农村义务教育全面纳入公共财政保障范围，建立中央和地方分项目、按比例分担的农村义务教育经费的保障机制。具体内容包括：（1）从 2006 年开始，全部免除西部地区农村义务教育阶段学生学杂费，2007 年扩大到中部和东部地区；对贫困家庭学生免费提供教科书并补助寄宿生生活费。免学杂费资金由中央和地方按比例分担，对贫困家庭学生免费提供教科书的资金，中西部地区由中央全额承担，补助寄宿生生活费资金由地方承担。（2）提高农村义务教育阶段中小学公用经费保障水平。（3）建立农村义务教育阶段中小学校舍维修改造长效机制，校舍维修改造所需资金，中西部地区由中央和地方共同承担，东部地区主要由地方承担，中央适当给予奖励性支持。（4）巩固和完善农村中小学教师工作保障机制。同时，文件就如何落实这些经费确定了中央和地方具体分担的比例：一是对免学杂费和提高公用经费水平，中央与地方的分担比例，西部地区为 8∶2，中部地区为 6∶4，东部地区除直辖市外，按照财力状况分省确定。二是对校舍维修改造资金，中央与地方的分担比例，中西部地区为 5∶5，东部地区主要由地方承担，中央给予适当奖励性支

持。三是对贫困学生提供免费教科书资金，中西部地区由中央全额承担，东部地区由地方自行承担；对贫困寄宿学生的生活费补助，由地方政府承担。

2007年，《财政部教育部关于调整完善农村义务教育经费保障机制改革有关政策的通知》对农村义务教育经费保障机制又进行了进一步的调整和完善。具体内容包括：(1)进一步落实农村义务教育阶段家庭经济困难寄宿生的生活费补助政策，从2007年秋季学期起，小学生每生每天补助2元，初中生每生每天补助3元，学生每年在校天数均按250天计算。享受寄宿生生活费补助的家庭经济困难学生的比例，由省级财政、教育部门根据当地实际情况确定。中央财政对中西部地区落实基本标准所需资金按照50%的比例给予奖励性补助。中西部地区地方财政应承担的50%部分，由省级财政统筹落实。中西部地区可在中央确定的基本标准的基础上，根据实际情况调高标准。调高标准所需资金，由地方财政负责解决。(2)向全国农村义务教育阶段学生免费提供教科书，提高中央财政免费教科书补助标准，推进教科书循环使用工作。从2007年秋季学期开始，向全国农村义务教育阶段学生免费提供国家课程的教科书，所需资金由中央财政承担。从2008年春季学期开始，免费提供地方课程的教科书，所需资金由地方财政承担。(3)提高中西部地区部分省份农村义务教育阶段中小学的生均公用经费基本标准，提前落实基准定额。从2007年开始，对中西部地区农村义务教育阶段中小学的生均公用经费基本标准，小学低于150元或初中低于250元的省份，分别提高到150元和250元（其县镇标准相应达到180元和280元）。2008年，中央出台农村义务教育阶段中小学公用经费基准定额，分两年将基准定额落实到位，2008年和2009年，每年落实公用经费基本标准与基准定额差额的50%。(4)适当提高中西部地区农村义务教育阶段中小学校舍维修改造测算单价标准。从2007年起，提高中西部地区农村义务教育阶段中小学校舍维修改造测算单价标准，中部地区每平方米由300元提高到400元，西部地区每平方米由400元提高到500元。在此基础上，对校舍维修改造成本较高的高寒等地区，进一步提高测算单价标准。

2008年8月，国务院决定从2008年秋季起城市义务教育免除学杂费，并且要求“要切实解决好进城务工人员随迁子女就学问题。进城务工人员随迁子女接受义务教育以流入地为主、公办学校为主解决；对符合当地政府规定接受条件的随迁子女，要统筹安排在就近的公办学校就读，免除学杂费，不收借读费。”对“在接受政府委托、承担义务教育任务的民办学校就读的学生，按照当地公办学校免除学杂费的标准，享受补助”。国务院的这一决定，无疑是我国教育史上又一座里程碑。它对保证流动人口子女公平接受义务教育无疑会起决定性作用。

无疑，农村义务教育新机制以及城市义务教育免除学杂费，是对“以县为主”的义务教育财政体制的进一步完善，着重解决了中小学公用经费、校舍维修、困难学生的书本和生活补助的财政经费保障问题。相比较而言，新机制建立以及在城市实行义务教育免除学杂费后，中央政府和地方政府在义务教育筹资方面的责任更加明确，执行起来更具有可操作性。同时，也显示了中央政府将包括流动人口子女在内的义务教育经费全部纳入财政保障的决心。从2007年起，至少在农村真正实现全免费的义务教育，将在中国实行免费义务教育的理想变成现实，这在中国教育发展史上具有里程碑意义。

尽管如此，但从规范的角度来看，农村义务教育新机制和城市义务教育免除学杂费在很多方面仍然不规范，包括地方政府间义务教育财政筹资责任划分问题，地方义务教育投入激励不足问题，义务教育投入公平问题，众多的义务教育专项经费分配依据及管理问题，义务教育筹资责任上移所带来的决策与管理成本以及效率损失问题。尤其是义务教育的财政责任如何在各级政府间细分的问题，有待于进一步规范。

按照财政分权理论，国家公共产品适合于采取集权方式生产，即由中央政府来提供比较有效率。地方性公共产品由分散的地方政府提供更有效。但典型的国家公共产品和地方公共产品都是非常少见的，多数是在中央与地方以及地方各级政府间交叉的，也就是通常所说的空间外溢性地方公共产品。所谓空间外溢性地方公共产品是指地方政府提供的某些公共产品或服务的受益范围超出了它所辖的行政边界而扩散到邻近其他地区，从而使其他地区的居民在不承担任何费用的情况下也同样获得部分好处。义务教育就是典型的空间外溢性的地方公共产品。一方面，接受义务教育的绝大多数学生主要在本地就业，义务教育受益者主要是当地政府；另一方面，当地政府根本无法保证在本辖区接受过良好义务教育的学生，将来不流动到其他辖区。对于这类公共产品完全采用分散的方式提供，很显然是缺乏效率的。因此，对于多级政府而言，义务教育服务空间外溢性的特点，决定了合理的义务教育财政体制的安排是：义务教育由地方政府提供以满足地方选民偏好的同时，高层政府应为地方负责的义务教育提供财政补助。

上述分析表明，我国比较合理的义务教育财政和管理体制是，义务教育以地方管理为主，高层政府提供适当的财政补助。这样的义务教育财政和管理体制能解决高层政府直接管理中存在的信息不对称问题，从而有助于促进教育资源的合理配置和保证包括流动人口子女在内的所有城乡孩子公平接受教育。根据这样一种制度设计，从长远来看，要保证包括流动人口子女在内的所有城乡孩子都能公平接受教育，就必须构建起符合我国国情的公共义务教育财政体制。依据教育财政学家 C. S. 本森的判断，一个合适的义务教育财政体制运行绩效有三个主要的标准，即“提供的教育服务是否充分，教育资源的分配是否有效率，以及教育资源的配置是否公平”①。我国规范的公共义务教育财政制度安排应该满足三个要求：一是能为义务教育提供充足的公共教育经费，且通过这一制度安排还能确保义务教育经费是富有弹性和可以预见的，即随着经济增长，义务教育的财政投入也会随着增加，且经费增长能满足义务教育支出成本的变化。二是能尽可能确保义务教育公共经费的配置效率。教育资源配置效率包括内部效率和外部效率。从外部来说，政府提供的义务教育服务应就可能满足不同人群的偏好，进而能给他们带来最大的收益。就内部效率而言，义务教育财政制度是否有效率，常用这样一些指标来衡量，如是否降低了失学率和辍学率，是否提高了学生的合格率等。无论是从提高了教育资源配置外部效率还是内部效率的角度，一个合适的教育财政制度安排都应尽可能让更多的人群参与经营决策，监督教育投入的过程。三是确保义务教育公共资源的分配公平。教育资源配置公平具体包含三层含义，第一层含义是公共义务教育资源在地区间配置是公平的，也就是无论你生活在哪个地区，你都能享受大致相等的义务教育服务水平。第二层含义是地区内部学校间义务教育公共资源分配公平，即地区内部不存在重点和非重点学校，学校间办学条件是差不多的。学生择校的理由并不是为了优质的教育资源，而主要是基于个人偏好选择不同特色的学校。第三层含义是义务教育财政制度安排要确保那些处境不利的儿童能得到额外财政支持，以实现教育财政的个人公平。由此可见，只有构建体现“充足、效率、公平”的公共

---

① Martin Carnoy 著，闵维方等译.《教育经济学国际百科全书》[M]，北京：高等教育出版社，2000 年，第 526～529 页.

义务教育财政体制，才能从根本上保证包括流动人口子女在内的所有城乡孩子都能公平接受义务教育。而要构建这样一种公共义务教育财政体制，当前亟须解决的问题是：

第一，建立包括流动人口子女在内的涵盖所有适龄儿童的免费义务教育制度。将流动人口子女的义务教育纳入免费义务教育中去，强化政府实施义务教育的主体责任，切实减轻流动人口子女家庭的教育负担，降低城市流动儿童求学的门槛。根据我国义务教育实施免费教育的时间表，在农村已经实行免费义务教育的基础上，我国从 2008 年秋季起开始在城市实施免费义务教育制度。在我国现行二元教育体制下，流动儿童脱离了户籍所在地的农村，在城市又缺乏户籍的合法身份，属于游离于城乡之外的第三极人群，最为弱势。根据免费教育应该从最为弱势的群体着手实施的原则，应该把城市流动儿童首先纳入城市免费义务教育框架内优先解决。

第二，构建“以省为主”的义务教育财政体制。将义务教育财政的供给责任上移，实施“以省为主”的模式。要保证包括流动人口子女在内的所有适龄儿童都能公平接受义务教育，基本出路只能是对各级政府之间的责任关系进行全面调整。从我国财政收入分配的格局和多年的实践看，这种调整和改革的关键是，省级政府应该成为义务教育最主要的教育财政责任承担者。让省级政府成为义务教育最主要的教育财政责任承担者，这里政策层面上的含义是尽可能通过上收义务教育事权，将县区基层政府承担义务教育的责任逐步上移至省级以上人民政府，从而尽可能保证义务教育经费投入的稳定来源，尽可能减弱县区基层政府义务教育经费的短缺程度。借鉴世界一些国家发展基础教育的成功经验并结合我国的现实国情，省级政府要真正对义务教育负起财政责任，重点是要确保义务教育阶段中小学教师的工资福利待遇及其公用经费的不断提高。这是因为，搞好义务教育的关键首先在于有一支高质量、稳定的教师队伍，而义务教育的经费使用，在中小学中基本上以教师的工资和福利开支为主，如 1990 年我国普通中学和普通小学教师工资分别占财政预算内教育事业费的 72.41%和 80.07%，2006 年仍高达 63.06%和 74.92%[①]，而农村中学和小学所占比重更高。由此可见，只要把教师的工资

① 国家教育发展研究中心．《2007 年中国教育绿皮书》[M]，北京：教育科学出版社，2007 年，第 87 页．

和福利待遇安排好，一般就能比较好地保证义务教育的发展。因此，为了切实保障教师的工资待遇和教师队伍的稳定，省级政府可以在全省范围内按国家统一规定的编制标准和工资标准把对教师的工资福利支出采用专款的形式交由银行按月足额发放给教师。这样做，应该说不仅不会对义务教育投资的运用产生管得过死的弊端，反而有利于防止基层政府或教育部门截留、挪用义务教育经费，拖欠教师工资，同时也利于在全省范围内为中小学教师创造一个大体相近的工资福利条件，从而有利于贫困落后地区教师队伍的稳定和基础教育的发展。此外，学校公用经费是学校行政和教学活动的基本保证，提高学校公用经费在义务教育经费中的比重是不断改善办学条件，提高教育质量的必要条件。长期以来，一直由县区基层政府负责义务教育的公用经费，造成义务教育公用经费严重短缺，危及不少学校的正常运转。因此，让省级高层政府负担义务教育的财政责任不仅包括义务教育教职工的工资福利，而且也包括承担学校公用经费的财政责任。

第三，加大中央和省级教育财政转移支付力度，规范义务教育财政转移支付制度。我国区域间经济与财政发展的严重不均衡和重城市轻农村的财政政策是导致教育尤其义务教育在区域间、城乡间发展不平衡和公平缺失的根本原因。为缩小区域间、城乡间教育尤其义务教育发展的差别，促进教育公平，应加大中央和省级教育财政转移支付力度，规范教育财政转移支付制度。国务院和省级政府应尽快制定义务教育阶段办学基本标准，包括教职工编制标准、工资标准、学校建设标准、生均公用经费标准，规定限期各地区城乡所有义务教育学校达到国家规定的办学标准，并根据经济和社会发展状况适时进行调整。以此为基础将义务教育经费全面纳入财政保障范围，并在中央和地方各级政府财政预算中单列，以保证所有适龄儿童和少年接受并完成九年义务教育。近期内应按照修订后义务教育法和国务院的规定，实行义务教育经费由省级政府统筹，农村义务教育所需经费由各级财政分项目、按比例分担的体制。条件成熟时，实行按国家和省制定的义务教育阶段办学标准，以县级为单位按影响教育经费需求与供给的因素，测定义务教育经费标准需求和标准财政供给能力，其经费的存量与增量缺口由市、省、中央财政逐级转移支付填平补齐。

第四，改进对学校拨款制度，促进学校间均衡发展。财政对同级学校的拨款制度是影响学校间均衡发展的重要条件，为缩小同级学校间发展差别，应改进财政拨款制度。对同一行政区（县）内的实施基础教育的学校，实行以在校学生为基础的均等化拨款制度，向农村和办学条件差的学校倾斜，以改善农村教育质量，缩小城乡教育差距。为了鼓励流入地政府大量接纳流动儿童入学，对于流动人口子女较多的特大城市、大城市和流动人口密集的区县（城郊），政府可以根据工作努力程度在办学和资金安排上给予一定的奖励。

第五，建立义务教育多元筹资办学制度。在坚持公立学校为主的前提下，对义务教育阶段打工子弟学校和民办学校加以支持，采用民办公助形式，将其纳入义务教育系列。也可以采用法国模式，直接由国家向民办学校的教师发放工资；也可以采用美国的"特许学校"模式，授权一定的实体按照一定要求兴办用于流动人口子女义务教育的学校。

第六，建立并完善义务教育经费监督机制。对义务教育经费的投入方向、使用及效果实施严格的监督管理是政府义不容辞的责任。政府监管的主要方式是完善义务教育经费的审计制度。为此，应建立学校内部审计和国家审计、社会审计相结合，以国家审计为主导的审计体系。同时审计结论要向政府和人大报告，向社会公众公开，将义务教育经费的投入、分配和使用置于公共监督之下，对违纪者要追究其经济和行政乃至法律责任。

以上是从当前政府亟须解决的问题入手，来分析如何保证包括流动人口子女在内的所有城乡孩子都能公平接受义务教育。那么，从长远来看，要给包括流动人口子女在内的所有城乡孩子都能真正公平接受义务教育提供持久保证，今后政府应着力解决如下几方面的问题：

一是政府应退出竞争性行业，将政府职能定位于满足人们的公共需求。在此基础上按居民对不同公共产品的需求程度调整现有的支出结构，优先满足居民最基本的公共服务，如农村义务教育、医疗卫生等。由于政府行为与政治和行政管理体制有很大关联，因此，政府行为转变不能完全依靠政府自身调节，还需要进一步推进地方民主制度建设，尤其是在领导干部任用上，逐步建立起"用手投票机制"，以此来促进地方政府财政决策的民主化，并有效地约束政府的行为。

二是合理划分政府间事权及支出责任。根据规范的理论分析不难发现，当前我国各级政府间事权及支出责任划分，错位的现象比较严重。如本应该由中央和上级政府做的事情下移到基层政府，如社会保障、计划生育等，而应该由下级政府决定的事情，上级政府又替代下级政府决定了。事权及支出责任划分不清，必然导致政府间讨价还价，相互推诿，其结果会导致某些责任难以落到实处。

三是合理划分财权，包括税种设置、税率调整等，逐步建立起完善的地方税收体系，进而确保各级政府均有稳定的收入来源。没有稳定、必要的收入来源，就没有真正意义上的分级预算，那么通过分权方式改进公共产品的供给效率也就成了一句空话。之所以将义务教育管理及部分筹资责任划分给县级政府，就是希望通过地方分散供给，不断改进义务教育的服务质量，提高教育资源的配置效率。但要达到这一目的，其中条件之一就是，需要尽快建立以财产税为主体的县级财政收入体系。否则，即使没有户籍制度的限制，也难以形成促进地方改进公共产品供给效率的“用脚投票机制”。

四是在事权与财权划分清楚的基础上，应建立起规范的财政转移支付制度，以实现地方各级政府间财政纵向和横向平衡。这是因为，如果存在财政纵向不平衡，各级地方政府难以履行其相应的义务教育筹资责任，有可能导致农村中小学运转失灵或低水平运转。如果存在地方政府间财政横向不平衡，地方政府间义务教育投入的地区差异就不可能收敛。农村税费改革后，中央加大了对贫困县的财政补助力度，基本满足了地方公共机构正常运转的财力需求。但现有转移支付制度不是按因素法来设计的，在缩小地方政府间财政支出差异上的作用极其有限。一般性转移支付亟须进一步规范。

五是规范政府行为。政府间包括义务教育在内的事权与财权的划分，一旦界定清楚，最终都需要以法律的形式加以规范。没有法律的硬性约束，再好的制度也只是一纸空文。

从技术角度来看，一方面，需要利用快速发展的信息技术，尽快建立起信息管理系统，帮助解决决策、管理和监督中信息不对称问题，以提高运作的效率。另一方面，无论是政府间事权和支出责任划分，转移支付的建立，还是各种专项拨款在政府间、学校间的分配，其依据都是公共事务成本，而成本核算需要大量数据处理，甚至涉及建立数学模型，寻找经验依据。这些技术问题的解决需要一支高素质的专业化管理队伍。因此，加强管理队伍建设也是有必要的。

总之，结合我国的实际情况，我们认为，达成同时实现上述三个目标的我国公共财政框架下规范的公共义务教育财政制度，可分两个阶段：第一阶段，即近期目标是建立一个以充足性为目标的公共义务教育财政制度。充足性含义可以界定为：政府在制度上为包括流动人口子女在内的所有的义务教育阶段的学生都能享受最低标准的教育服务提供充足的教育经费。时下，急需要做的工作就是，要尽快确定最低义务教育服务水平标准，围绕这一标准核算其成本和财政需求，根据上述政府间义务教育财政责任划分，确立各自拨款的金额。同时也要规范各级政府义务教育财政拨款形式，建立健全责任到位的机制。第二阶段，根据我国公共财政体制改革进程，先实现省内义务教育实际财政支出的结果公平，逐步实现全国范围内义务教育财政支出结果公平，并最终建立起既有效率又公平的规范的公共义务教育财政制度，也只有这样，才能从根本上保证包括流动人口子女在内的所有适龄儿童都能公平接受教育。

二、义务教育管理体制：从刚性管理到弹性管理

义务教育财政体制从过度分权到适度集权，为解决人口流动背景下流动人口子女接受义务教育的问题提供了重要的物质保障，但这只是解决流动人口子女教育问题的必要条件之一，流动人口子女教育问题的解决还有赖于义务教育管理体制的改革和完善。根据流动人口子女教育的特点，义务教育管理体制改革的主要目标是从属地化的刚性管理到属地管理和流动管理相结合的弹性管理。它包含教育行政管理体制和学校管理体制两大组成部分。前者是宏观层次的管理，旨在理顺不同层级政府管理教育事务的权力和责任；后者是微观层次的管理，旨在为流动人口子女接受义务教育提供相对公平的环境。

我国历次教育管理体制改革都很注意发挥地方政府的作用，即使在财权高度集中的计划经济时代，也是采用委托代理的方式发挥地方政府对教育管理的作用。我国的教育管理实践证明，属地管理模式具有信息优势，更有利于发挥地方政府的创造性和积极性，具有较高的效率。但在人口大规模流动

背景下，过于分权的属地管理无力协调属地以外的教育事务，对流动人口子女教育问题的管理显得僵化而缺乏弹性，客观上需要有更高级别的部门和更大的管理权限来统一协调和管理流动人口子女教育事务。流动人口及其子女的流动是全国性的流动，无论是省级政府还是县级政府都无力承担这一协调工作。在这种情况下，就要求中央政府授权地方政府能够着手处理类似的事务，代行中央政府的部分协调职能。属地管理因此有必要增加流动弹性，具体来讲：

1. 破除户籍准入门槛，建立居民身份准入学籍制度

我国当前的入学准入条件和标志是以户籍登记为依据的学籍管理制度。在以户籍制度为依据的城乡二元教育体制下，流动人口子女教育问题之所以产生，就是因为户籍与学籍的挂钩，使得流动人口子女的居住权、迁移权和受教育权无法在人口流动中实现统一。解决流动人口子女教育问题的首要条件就是破除户籍制度对流动儿童入学条件的限制，以居民身份和年龄作为依据登记入学，建立适应流动人口子女教育问题的适龄儿童少年的入学准入制度。即：凡是我国居民不论身处何地，只要在义务教育学龄范围内，均应按流入地户籍人口一视同仁登记入学，纳入本地义务教育事业范围内。在此制度下，流入地政府应无条件接纳和安排他们入学，教育行政督导部门应该将此作为义务教育督学和劝学工作的一部分。这也是“两为主政策”中的“以流入地政府为主”精神的要义。

户籍制度是造成我国城乡分野以及二元教育结构形成的根本社会制度，也是造成流动人口子女义务教育问题的直接原因。尽管当前全国各地都加大了户籍制度改革的力度，但改革非一日之功，试图等到户籍制度改革到位再实现学籍与户籍的脱钩，从而解决流动人口子女教育问题的想法是不现实的。教育是社会系统的一个子系统，户籍的本来功能只是居民身份登记，户籍和学籍相联系才使得户籍成为教育权利城乡分野的依据。教育具有相对独立性，突破户籍对教育权利的限制并不必然等待户籍制度改革到位之后才加以执行，关键是政府是否愿意给流动人口子女提供城乡一致的平等受教育机会，使其具有和城市适龄儿童一样平等的教育权利。也就是说户籍对学籍的限制本质不是户籍的问题，而是城乡居民权利不一致的问题，户籍只是充当

了一个凭证，发挥着社会学意义上的“社会屏蔽”作用。因此，只要赋予流动人口子女在城市就学的合法权益，户籍对学籍就失去了意义。

从我国现行流动人口子女城市就学政策来看，政府确立了“两为主”的流动人口子女就学政策，实际上已经承认了流动人口子女在城市享有平等的受教育权。这意味着以户籍为基础的城乡二元教育结构已经开始松动。在城乡居民对户籍制度改革呼声日益高涨的压力下，户籍制度改革也正式提上了议事日程。改革的目标就是剥离户籍制度的权利约束功能，解除附加在其上的多种公民权利，教育自在其列，显然这将会是一个漫长而复杂的社会系统工程。鉴于当前流动人口子女义务教育问题解决的迫切性，等到户籍制度改革全部到位后再去着手解决义务教育就学问题显然会贻误整整一代人的教育，这将对我国经济的发展和社会稳定造成不可估量的损失。既然迟早都会改革，晚改就不如早改。所以，尽快将学籍与户籍脱钩，在教育领域率先启动户籍改革的条件已经成熟。

学籍与户籍的分离为流动人口子女进城就学提供了合法的身份依据，不仅可以扫清流动人口子女在城市就学的身份障碍，也为破解城乡二元教育结构消除了制度藩篱。但是需要注意的是，户籍尽管严重束缚了流动人口子女受教育的权利，但是所谓“冰冻三尺，非一日之寒”，而且为了尽量避免“一收就死，一放就乱”的教训，户籍与学籍的解构也不可能采取过于激进的方式一蹴而就，否则，欲速则不达。当前正确的做法是，首先作为一种过渡，优先将流动人口子女的学籍按照城市学龄人口给予同等待遇，然后再逐步扩大到全国，最终实行全国范围内的依据居民身份和义务教育年龄登记入学的制度。

之所以如此，既是解决当前流动人口子女教育问题的需要，也是义务教育本身的特殊性质决定的。义务教育是国家强制施行的国民教育，具有强制性、普及性和免费性等特点。不让一个孩子失学应该是义务教育的政策追求目标。在当今时代，接受一定年限的义务教育已经成为个人生存的必要条件，也是每个适龄儿童、少年的基本权利。确保每个适龄儿童、少年接受义务教育是以法律形式确定的人权，是各级政府义不容辞的责任和义务。这里的政府不只是属地政府，还包括流出地在内的各级政府。流动人口子女在流动人口背景下就学权利得不到保障，政府必须为此承担责任，而不能以种种理由推诿扯皮。

在对待流动人口子女教育的问题上，美国和法国的经验和教训值得我们思考和借鉴。美国是一个移民国家，每年都有大量移民通过各种合法和非法途径进入美国，出于人道主义和社会稳定的考虑，美国政府对待非法移民子女并没有因为他们的国籍和公民身份的合法性问题而在教育上对其实行排斥和歧视政策。而是无条件赋予非法移民子女与本国公民和合法移民子女同等的受教育权利，并对他们提供语言交流和经济方面的特殊优惠政策。正是如此，美国移民子女很快融入美国多元文化中去，明智的移民子女教育政策为美国社会稳定作出了较大的贡献。而法国则相反，法国社会和政府认为移民能进入法国生活已经是很幸运的事情，对其子女的教育和其他现实问题漠不关心，最终导致了2005年因为一起偶然事件而引发非洲裔青年参与的骚乱。骚乱的直接原因是两个非洲裔青年为了躲避警察的追踪躲进一个供电站而不幸触电身亡，但其根本原因是移民在教育、就业以及社会保障等方面长期遭受社会排斥而对社会产生不满，而且参与骚乱的多为在法国出生和成长的第二代移民，第一代移民参与者并不多。骚乱席卷全国300多个城镇，并蔓延到德国和比利时等邻国，骚乱期间法国共有2500多辆汽车被焚毁，多处教堂、医院、学校和店铺遭袭，数十名警察受伤，1200余人被捕。据称，这次骚乱被认为是二战以来法国遭受破坏最严重、波及面最大的社会动荡①，法国政府为此付出了沉痛的代价。由此可见，美国和法国对待移民子女教育问题的不同态度导致了两种不同的结果。我国当前的流动人口子女就是地地道道的城市第二代移民。美国政府对没有合法国籍和公民身份的非法移民子女尚且能够一视同仁提供义务教育和其他人道帮助，而生活在我国同一国土上的国民仅仅因为城乡身份的差异而无法正常享受平等的义务教育权利，这是很值得我们认真反思的。国内一些人士针对此情况将城乡义务教育分野称为“中国最大的人权案件”，这一提法虽有些夸大，但不无一定道理。

所以，解决户籍与学籍的脱钩问题并不存在技术手段问题，关键是政府是否具有保障流动人口子女在城市接受义务教育的决心和勇气。只要以学籍登记为标志的入学准入制度真正得到实施，流动人口子女的歧视性入学准入门槛就打破了。当前的“两为主”政策已经在入学门槛上迈出了可喜的步

① 马良.《融合还是排斥——民工子女义务教育研究》[M]，杭州：浙江教育出版社，2007年，第24～25页.

伐，但由于没有明确解除户籍和学籍的关系，城市学区在进行学籍登记时依然以户籍为依据，或者采用其他替代性的方案，入学手续繁杂，户籍实际上还在发挥对学龄儿童的权利屏蔽作用，所以当前改革最重要的是改变学籍登记的户籍依据，直接改为按居民身份为依据的在校学生登记制度。

2. 实现学籍档案管理电子化，建立学生流转弹性管理制度

在人口流动背景下，流动人口子女流转日趋频繁，特别是城市流动儿童的流动对传统的学籍和档案管理形成挑战。在信息化时代，学籍档案电子信息化管理具有储存方便、办公快捷的特点，与传统纸质化学籍档案管理相比具有无可比拟的优势，而电子政务业已成为我国行政改革的方向。率先在义务教育领域对流动人口子女进行无纸化电子信息档案管理，建立全国联网的义务教育学生信息管理系统，这既符合政府电子政务改革的趋势和要求，也是解决当前流动人口背景下义务教育学籍档案管理的需要。在电子信息全国联网条件下，无论学龄儿童流转到哪里都可以有迹可查。从现实和未来需要来看，电子档案信息管理都是十分必要的。

就可行性而言，实施学生档案信息管理电子化，在技术和硬件设施上都无太大障碍。我国目前已经在高等学校开始实施电子档案管理工作，软件开发和信息管理技术已经积累了一定的经验，并日臻成熟。信息管理的硬件设施只要一台能够上网的电脑就足矣，在城市学校，现代化办公条件都很齐备；在农村，近些年国家远程教育工程的实施，各农村中小学都已经配备了电脑等远程教育设备，已经具备了很好的电子档案管理的条件。然而遗憾的是，课题组在湖北、内蒙古和安徽等地的农村中小学调研期间发现，由于存在人机矛盾，农村教师并不擅长使用电脑等信息化设备，多数设备实际上处于闲置状态。采用电子信息化管理恰好可以提高这些资源的利用效率。实施该方案的难点可能在于需要对学籍档案管理人员进行必要的技术培训，并增加专人操作和维护信息系统，而解决这一问题的成本并不高。

在建立全国联网的学生电子信息档案管理系统后，学生流转程序便可以大大简化。转出学校只要负责出示转学证明并提供电子档案信息查询代码即可，接收学校只要根据居民身份证号码或其他检索信息通过电子信息档案接收学生就学即可。当然流转程序简化的另一重要前提是流入地政府无条件接

纳和安排流动人口子女入学，凡属义务教育适龄范围内的儿童、少年，无论流入何地，都应被无条件接纳入学，这是义务教育强制性的体现。普及义务教育是各级政府的责任，流入地政府作为流动儿童居住地的政府，对流动儿童的教育自然应承担较多的责任，而不应该推托。当然，在市场经济条件下，地方政府作为一个独立行政主体会有自己的利益，完全不考虑地方利益也是不切实际的。所以，中央政府应通过财政手段建立城市流动儿童接收的激励约束机制，实行按人头拨付款项的原则，谁接收人多就可以获得更多拨款。因为人口分布密集，城市义务教育阶段的学校往往容易发挥规模效益，实际上在容量限度内学校每增加一个新生的边际成本是很小的。中央政府的资金注入会改变政府推诿的做法，对流动人口子女教育问题的解决将产生激励和示范作用，所以财政手段也是强化管理的有机组成部分。

3. 针对流动人口子女流动频繁的特殊情况，建立弹性学业考评和升学制度

当前，在我国基础教育阶段，由于正在实施新一轮课程改革，新课改提倡校本管理和地方课程的做法使得基础教育阶段各地的课程和教材不完全一致。学生流转之初期，将因为课程和教材无法衔接等原因难以适应新学区的教育环境，教育的不连续性问题突出。

我国目前的义务教育实际上是按年龄为依据实行分级学习和考核的，而流动人口子女因为经常流转，实际上可能没有在一个学年内完整参与学习，学业出现中断或不衔接等问题，这对流入地接收学校的正常教学造成一定困难，对学生本人的身心发展也极为不利。针对流动人口子女的特殊情况，应该建立专门的流转学生考评制度，根据一年时间内的学习任务和要求，进一步按学期或月份制定更为详尽的义务教育阶段学习最低要求和标准，采用类似学分制度定级，由流出地学校在学生流转之时定级，流入地学校据此标准对学生的学习进行确认性考评，根据学生不同的学习情况可以建议学生补习、应届插班就读、跳级或留级等，使学生尽快适应流入地学校新的学习环境。

此外，还要建立流动人口子女的弹性升学制度。在义务教育阶段的小学升初中和初中升高中的入学考试中，流动人口子女应与城市儿童一视同仁，

服从城市属地教育管理部门的统一安排。考虑到目前城市升学过程中的择校行为严重，流动人口子女在服从政府统一管理的前提下，有经济条件的可以和流入地儿童一样具有同等的择校权。城市初中和高中应该向流动人口子女同等开放，而不能以其他理由和借口变相拒绝和歧视。

4. 激励农村中小学教师为解决留守儿童教育问题作贡献，建立教育绩效考核制度

由于当前我国人口流动的特殊性，流动人口子女选择留守还是流动主要取决于农民工家庭在城市生活来源的稳定性和经济承受能力，感情和教育对这一决策不起主导作用，因此，留守儿童将会在相当长一段时间内持续存在。留守儿童向流动儿童的转化固然可以解决一部分留守儿童的教育问题，但短期内却无法根本解决更多留守儿童的教育问题。

留守儿童的教育问题已经成为我国农村义务教育阶段面临的一个突出问题，解决这一问题无疑会在学校原有正常工作基础上增加教育工作者的工作负担。为了激励农村中小学教师对留守儿童教育作出努力，农村教师管理应该将留守儿童教育工作纳入绩效考核管理中，对于工作突出的班主任、教师和其他工作人员要给予一定的物质奖励，也可以考虑按留守儿童学生人数给他们特殊津贴，这部分津贴可由政府设立流动人口子女教育专项资金统一划拨。同时，当地政府在晋级和评优等方面对他们予以优先考虑，奖励农村中小学教师为解决留守儿童教育问题而作出的不懈努力。

总之，对义务教育管理体制实行以上改革，是在坚持属地管理的基础上，根据流动人口子女教育出现的新情况而作的部分调整，在整体上并没有根本动摇我国当前既有的属地化刚性管理模式，仍然是以属地管理为主的弹性管理体制。之所以坚持属地管理为主，原因在于我国的教育管理实践证明，地方政府在管理属地事务方面具有较高的效率，更何况除了我国流动人口子女之外，还有大量的非流动人口子女在属地接受义务教育，这是采用弹性管理体制的根本原因所在。

三、义务教育办学体制：从公办到多元需求导向办学

学校是教育系统的微观单位，流动人口子女的教育问题最终还要依靠学校去解决。因此，办学体制是否灵活直接关系到流动人口子女的教育问题能否得到真正解决。随着我国社会主义市场经济体制的逐步确立和不断完善，市场正有力地冲击着我国原有的义务教育办学体制，如何处理教育与市场的关系已成为人口流动背景下教育体制改革必须面对和认真处理的问题。在市场经济条件下，办学越来越强调遵循市场经济的供求规律，根据教育供求状况利用市场力量调控教育。教育供求规律正成为新时期办学应当遵循的重要原则之一。在社会主体利益多元化的今天，义务教育需求正在呈现多元化的特征，建立多元需求导向的多元义务教育供给体制势在必行。在人口流动背景下，流动人口子女对义务教育有着多元的特殊需求，建立满足多元需求的办学体制才能有效解决其问题。

针对流动人口子女义务教育的实际需求，义务教育办学体制改革的目标和主要内容是：在城市推行“两为主”的流动儿童教育政策之外，还要积极扶持民办教育的发展，形成以公办教育为主，公私结合的多元办学体制，采用多种办学形式满足流动人口子女教育的多元需求；在农村，积极推进寄宿制学校，为留守儿童的生活和学习提供有力的监护，保证留守儿童公平接受义务教育。

1. 多元需求与办学体制的选择

在人口流动背景下，流动人口子女的教育有其特定的需求，忽视这些特殊需求会使教育供求错位，造成教育的无效供给，从而不利于教育事业的发展。

就流动人口家庭而言，他们的子女在现行义务教育体制下接受教育面临

两种艰难的抉择。首先，孩子是留守还是流动。影响留守还是流动的家庭决策因素有：进城农民工的经济收入、生活稳定性、情感因素和性别。其次，孩子带到城里后是进公办学校还是民办学校就读，这主要取决于家庭的经济状况、学校的文化环境、当地政府的实际教育政策、上学的方便程度和家长对教育的重视程度。其中家庭的经济条件在诸因素中居首要地位。有研究表明，公私立学校的教育质量差异虽然是重要考虑依据之一，但却并非流动人口子女家庭选择公私立学校的主要依据。

如果孩子留守，将面临亲情缺失所带来的一系列问题，需要学校能够弥补家庭教育和有效监护的不足，解决他们正常生活和成长中存在的各种问题。

如果孩子流动，他们希望就读学校的教育质量至少不低于家乡的中小学，否则，排除感情因素的考虑，家长将不会带孩子到城里上学。

从现实需要来看，流动儿童家庭一般生活在城乡结合部，距离城市中心比较远，即使有到中心城区就读的机会，上学便利问题也值得考虑，更不用说交通费用等开支的增加；再从经济负担来讲，目前城市正在实行免费义务教育，这对于减轻流动儿童家庭经济负担确实有利，但是，根据优质优价的原则，城市公办学校相对于农村学校而言具有较高的质量，它的求学成本也相应较高，即使农民工子女能够享受一样的免费教育，但学习和生活的其他日常开支依然让农民工家庭难以承受。据了解，当前城市公办学校除了免缴学杂费之外，仍然要缴纳名目繁多的旅游费、班费、课外活动费、辅导材料费、体检费等费用。对大多数流动人口子女家庭而言这仍然是一个难以承受的负担。因此，流动人口子女需要一种低廉但质量较高（相对于农村的平均水平）的义务教育供给模式。再从教育的连续性角度来看，流动人口子女因为经常跟随父母流动，学习往往时断时续，需要采取特殊的教学方式来弥补这一缺陷，但是公办学校目前仍然处于应试教育的激烈竞争中，升学至上的办学原则使得他们很难为流动人口子女提供这种特殊的教育服务；再从文化融合的角度来看，公办学校主要招收的是具有城市户籍的儿童，城乡二元结构的长期存在使得户籍人口与非户籍人口之间存在文化差异和冲突，流动人口子女在这样的学校环境中学习可能会存在文化适应和融合的问题，因此他们更希望找到具有相似文化背景的学习环境，以增加归属感。

由此可见，解决流动人口子女的义务教育问题就要从体制上为其提供多元教育选择。需要说明的是，这种教育选择不同于城市义务教育阶段内的择校，它是流动人口子女在成长不利环境约束下做出的教育选择，其主要目的并不完全是为了追求优质的教育而是为了获得最低要求的受教育权，因而尽管出发点也是为子女选择相对较好的教育，但它是一种低层次的教育选择。所以，在我国现阶段，坚持多元办学体制是十分必要的。

首先，从教育供求的角度来看，教育供给与教育需求是对立统一的关系，有需求才需要供给，满足需求的供给才是有效供给，有效供给才能提高教育资源的利用效率。流动人口子女教育的特定需求，要求政府提供与之相应的教育供给。在义务教育现行办学体制下，尽管政府大力推行“两为主的政策”，但流动人口子女的教育需求仍然难以得到充分满足。这就客观上要求引入除了单一公办学校之外的办学形式，以增加义务教育入学机会的有效供给，满足流动人口子女的教育需求。

其次，从多元办学的客观效果来看，引入多元办学体制可以提高城市公办学校的竞争水平，为新的办学模式和教学改革提供实践上的参考，对于降低公办学校的门槛也有积极意义。在部分中小城市，由于学龄人口的不断降低，不少公办学校生源锐减，民办学校的生源竞争已经对公办学校的生存构成威胁，这就迫使公办学校降低门槛，甚至敞开大门招收流动儿童。因此，流动儿童的就学问题在中小城市普遍解决得比较好。可见，公私立并存的多元办学体制是有利于流动人口子女教育问题的解决的。

第三，从政府的供给能力来看，我国流动人口子女的教育问题将会长期存在，其中流动儿童教育问题的解决需要依靠城市义务教育系统的扩容，农村大量留守儿童教育问题的根本解决则依靠留守向流动的转化来逐步完成。解决该问题无疑需要新增大量的教育投资，在短时间内单纯依靠政府举办公办学校显然是难以解决问题的，特别是流动人口子女集中的特大城市，解决的难度更大。而且流动人口的流动性使得生源不稳定，这种潜在的市场风险也使政府新增就学机会的投资增加了不确定性。鉴于城市和农村中小学布局调整的教训，政府应从长远角度考虑这一问题，理想的方式应该是由政府和社会形成风险共同担当的机制，即充分发挥民办学校适应市场的灵活性来规避风险。

最后，从义务教育的发展道路来看，多元办学能满足弱势受教育群体的需要。随着义务教育的基本普及和城乡免费义务教育的实施，我国绝大多数适龄儿童都被纳入到义务教育体系中去，义务教育入学机会均等的问题已经基本解决。下一阶段的主要目标将是进一步巩固和提高教育质量，促进教育均衡发展，同时扩展有特殊需求的弱势儿童的受教育权。而公办学校一元办学的局面是无力解决这种多元需求的。因此，鼓励多元办学并非只是针对流动人口子女教育的权宜之计，而是具有现实和长远意义的办学规划。

由此看来，多元办学体制是人口流动背景下适应多元需求的理想选择。在坚持“两为主政策”的同时，鼓励和支持民办学校的发展是解决流动人口子女义务教育问题的现实选择。

2. 国外解决流动人口子女教育问题的经验

在西方国家的城市化和现代化进程中，同样存在农业人口向城市流动和迁移的问题，也同样存在新移民子女的教育问题，只是期间的教育需求和供给矛盾相对缓和。西方的现代化进程与其义务教育体系的重构、社会保障制度的建立、社会工作制度的发育等基本处于同步发展状态。

英国是西方历史上最早经历人口大规模流动问题的国家之一。英国新移民的义务教育经历了民间和教会兴办学校到国家加大义务教育投入、完善义务教育体制的过程。16～17 世纪是英国工业化初期，“羊吃人的圈地运动”造成大量农民失业、贫困和堕落，其子女也沦为乞丐和流浪儿。当地教会组织等兴办大量的“贫民学校”“主日学校”或“导生制学校”等，即英国教育史上著名的双轨制办学形式，为流入城市的贫民子女提供免费或低廉的教育服务。西方的慈善事业主要是由教会推动的，他们认为，保护孤儿、照顾寡妇、帮助老弱病残者等是教徒的义务。18～19 世纪，英国工业化发展更加迅速。1834 年，英国政府出台了《新济贫法》，同时出台《工厂法》，全面建立了义务教育制度。英国政府开始意识到城市新移民子女的教育直接关系到未来产业工人的素质，并最终影响国家综合国力的提升。英国政府决定通过将原来民间创办的学校“收归”国有的形式来大力建设公共义务教育制度，形成完整的公办学校体系，提供均等、公平的义务教育服务。因此英国的公立学校是现代化进程中为适应人口流动的特点而构建的。从英国解决流动人口子女教育问题的经验来看，英国义务教育经历了民办到公办，由双轨制到单轨制的历史过程，并且完成这一历史过程经历了近两个世纪，与英国的工业化和近代化进程基本同步。可见，流动人口子女义务教育问题的解决，并非一蹴而就，而是一个相当漫长的历史过程。

美国是一个移民国家，有着持续而悠久的移民历史，在对待移民子女的教育问题上也有自己的经验，美国政府对待移民子女的义务教育一直是坚持同等国民待遇原则。随着现代汽车工业的发展和汽车的普及，便捷的交通工具促使美国人国内流动频繁，形成了高流动的社会，美国由此被誉为是“生活在车轮上的国度”。流动人口的大量增加也使美国政府面临流动人口子女的教育问题。但是，美国政府面对该问题的时代背景与我国完全不同。美国已经完成了工业化和现代化，城市化水平很高，不存在类似我国的二元社会结构，也不存在受制于户籍制度的自由迁徙权问题，而且美国的人口流动不是我国的乡村向城市的单向流动，而是城市之间的流动以及所谓“反城市化”的城市向乡村流动。

针对该问题，美国一些州根据对特殊儿童提供特殊教育的原则，在办学体制上采用了“特许学校”的办学体制。所谓特许学校是通过与州教育主管部门或地方委员会签订合同的方式而成立的公立学校。学校应在合同设定的框架内运营，由政府提供教育经费，学校有充分的自主权，可以免受其他传统公立学校必须遵守的规章制度的约束。但在享受相当自主权的同时，必须承担合同规定的提高学生学业成绩目标的责任。特许学校是一种新型的公校民办民营的学校类型，在性质上属于公立学校。它是指经由州立法通过，允许教师、社区组织、企业集团或家长创办、经营，由政府负担教育经费的学校。它不像传统的公立学校那样，受很多例行性教育行政规定的约束，为例外特别许可的学校，故称之为“特许学校”。根据各州通过的有关特许学校的立法，承办者向授予特许地位的机构提出申请，经核准依法设立后独立经营学校，但是承办者必须和公共教育管理部门之间签订合约，合约内容具体到学校的使命、计划、目标、评价的方法、衡量成功的标准。合约签订的时间长短是不一样的，但通常是一年，特许学校授予机构在学期末也许会更改合约的内容，学校必须在合约规定期间内保证达成双方认可的经营目标，而这种目标通常是以改进学校教学质量为主。特许学校所需经费依据学生人数的多少由政府从整体的教育经费中支出，学校承办者在获得相当程度经营学校自主权的同时，必须对学校的绩效承担责任。

特许学校办学体制的初衷并不是为了解决流动人口子女教育问题，而是为了改革公立学校体制，提供一种选择的竞争模式，提高公立学校的绩效。特许学校的出现为流动人口子女选择适合自己的教育提供了更多选择，大大缓解了该问题对传统公立学校系统的压力。美国特许学校的经营方式实际上是采用所有权与经营权相分离，以合同契约在所有者和经营者之间建立委托代理关系的新型学校组织形式，同时美国政府还在部分地区试行教育券制度，让流动人口子女拥有自由选择适合自己学校的权利。美国政府的上述措施客观上为流动人口子女的教育增加了选择权，促进了该问题的有效解决。

从英美两国解决流动人口子女义务教育问题的途径来看，英国政府自发地走过了由民办到公办，由双轨到单轨制的历程；美国特许学校的出现也正是试图打破原有僵化的公立学校系统内一元办学体制，向充满弹性和可选择性的多元办学体制转轨。所以，英美两国在解决流动人口子女教育问题期间都经历了一个适应多元需求的多元办学体制过程。弹性和可选择性是两国解决该问题的共同经验。

3. 流动儿童：建立以公立学校为主的多元办学体制

无论是流动人口子女教育的现实需求还是国外的经验都表明，在我国目前建立以公办学校为主，私立民办学校为辅的多元办学格局是解决流动儿童教育问题的必由之路。

我国当前采用的是“两为主”的城市流动儿童就学政策，但从实践来看，政策执行并不理想。首先，公办学校并没有全部向流动儿童开放，流动儿童上学难，特别是上好学校难的问题仍然无法解决；其次，即使公办学校向流动儿童全部开放，农民工过低的支付能力也无法承受其子女在公办学校的求学费用。在公办学校就学可以保证较高的教育质量，也可以在最短时间内缩小城乡教育差距，但相对于大多数农民工的经济支付能力而言，目前这还只能是一种“奢侈的公平”。流动儿童渴望高质量的教育，但却付不起过高的费用，因此私立简易打工子弟学校满足了他们求学的需求。

在经济能力和就学门槛的双重约束下，流动儿童面临两种选择，要么返乡留守，要么放弃公办学校求学资格，进入简易民工子弟学校学习。因此，事实上我国城市义务教育已经形成双轨制。双轨制从教育公平角度看是不合理的，英国历史上的双轨制因此被教育界所批评。但从当前我国流动儿童教育的实际来看，在坚持发挥公办学校接收流动儿童的主渠道作用下，积极扶持打工子弟学校是十分必要的。尽管有学者认为打工子弟学校的出现是“用一种不合理代替另一种不合理”，公私学校分野的做法会造成流动儿童教育起点的不公平，也不符合我国目前正在努力推行免费义务教育的初衷。但是如果没有打工子弟学校，大量流动儿童将再次面临失学或向农村回流的命运，农村留守儿童教育问题的改善也会受到严重影响，会在更大范围内造成对教育公平的损害。因此，双轨制是针对当前我国流动儿童教育的实际情况而采取的实事求是的选择，是由暂时的局部不公平逐步走向教育公平的必经阶段。建立针对流动儿童义务教育双轨制的具体内容如下：

（1）流动儿童的义务教育应以城市公办学校为主。流动儿童的义务教育之所以应以流入地政府为主，以城市公办学校为主，这是因为，城市公办中小学，均是由政府财政举办的，其存在就是为公共服务，必须一视同仁地对待所有公民。城市的公共教育资源不仅属于城市居民，也应属于那些未能获得城市居民身份的所有进城务工就业的农民工。大批进城务工人员到城里就业，不仅为城市创造了财富，也为国家提供了税收，并推动了城市社会经济的发展。他们应同城市居民一样享受平等的“市民待遇”，如果说城市居民的子女可以享受公共教育资源，那么进城务工就业农民子女也有权享受这一资源。此外，就城市公办学校接收流动儿童入学的可行性而言，当前由于学龄人口的持续下降，不少城市中小学班额下降，规模缩小，部分城市中小学已出现招生难的问题，在一定程度上造成教育资源的浪费，面对进城务工农民工子女入学的强烈需求，公办学校应该敞开大门积极接纳，提高公立教育资源的利用率。

因此，积极鼓励城市公办中小学尽可能接纳流动儿童入学，一方面可以减少农村留守儿童的比重，另一方面更为重要的是可以使农村的孩子能够从小接受较为优质的教育，融入城市文明。因为从某种意义上说，在当前城乡教育非均衡发展的情况下，即使是城市里的薄弱学校，在农村一些乡村也可称得上是优质学校。因此，政府不仅应明确规定“两为主”的方针，而且要规定开放包括重点中小学在内的所有城市公办学校，流动儿童可以根据其居住地选择就近入学，并一律免收借读费，流动儿童入学的管理，应以流入地政府教育主管部门为主。每学期初，由学生家长或其他监护人持暂住证、就业证和相关证明材料向暂住地教育部门提出申请，由该教育部门向学生发放

《义务教育入学通知书》，并就近安排到指定的学校就读。这些孩子进入公办中小学后，应将有正式学籍，并在评优奖励、竞赛活动、升学等方面和城里学生享有统一的权力和标准，以消除流动儿童在城市接受教育所遭受的歧视，为他们提供均等的接受义务教育的机会。

（2）积极鼓励和支持社会力量办学。强调流动儿童上学以“流入地政府为主”和“公办学校为主”的方针并不排斥其他社会力量参与办学。在现代社会，义务教育作为一种特殊的公共产品主要由国家和政府投入支持的。但是，这种投入并不一定必须投入公办学校或建立公办学校。流动儿童也不一定必须选择公立学校就学，他们可以选择上公办学校，也可选择上民办学校。对于选择民办或民工子弟学校的学生来说，他们也有权利获得与公办学校学生相同的公共财政支持，而接受流动儿童的民办学校或民工子弟学校也应获得政府相应的财政支持。特别是民工子弟学校大多建立在公办学校辐射不到、流动人口密集的区域，在相当程度上弥补了公办学校的供给不足，方便了流动儿童就近入学，更应得到政府的财政支持。为此，应改进义务教育阶段学校拨款制度，促进公办学校和民办学校间均衡发展。财政对义务教育阶段同级公办学校和民办学校的拨款制度是影响学校间均衡发展的重要条件，为缩小义务教育阶段同级公办学校和民办学校间发展差别，应对同一城市内实施义务教育的学校，即不分公办学校或民办学校，按照其接纳流动儿童的数量拨付相应的经费，并向办学条件差的民工子弟学校倾斜。同时，也可实行“教育券”的方式，将政府预算内义务教育经费直接分配给学生，由学生自由选择学校。对户籍所在地的子女，他们可以凭其户籍享受政府发放的教育券，凭券自由选择学校；对于非户籍的进城务工人员子女，可以凭其所在社区居委会或用人单位的证明领取教育券，自由选择学校。学校凭“教育券”到政府财政部门兑换现金。这也是一种义务教育投入由“暗补”变“明补”的方式。此种方式不仅有利于使学生及公办和民工子弟学校公平地获得政府的财政支持，而且由于教育质量高的学校也可因此获得高入学率，提高政府财政投入的效益，同时也有助于公办学校与民办学校及民工子弟学校打破地区和户籍的限制，积极招收进城务工人员子女入学，扩大流动儿童入学的机会。

当然，在积极鼓励和支持社会力量举办民工子弟学校的同时，政府及其教育主管部门应规范民工子弟学校的办学行为，提升其教育能力，给予其合法地位，但这种规范不是单纯取缔。流入地政府和教育行政部门应参照本地公办学校最低的办学标准，对民工子弟学校的办学资质提出明确的要求。办学者为个人的，应当具有政治权力和完全民事行为能力；办学者为单位的，应当具有法人资格。校长应当持有县级及以上教育行政部门出具的任职资格（资历）证书和校长上岗证书，教师应当具有国家规定的教师资格证书，其他职工应具有相关部门颁发的岗位证书。学校应基本符合中小学办学条件，有必要的开办资金和保证日常教育教学运行的稳定经费来源，有独立、合法的财务管理。民工子弟学校的收费项目和标准按办学成本核定后，报物价部门核准，向社会公布，收费必须出具合法票据，但不得以营利为目的。必要时可以考虑通过新建、兼并、功能转化等途径，增加和扩大达标的教育资源，满足流动儿童接受义务教育的需求。所谓新建，就是政府和教育行政部门在进城务工就业农民工聚居区建造符合本地最低办学标准的学校。所谓兼并，就是鼓励有条件的公办学校兼并民工子弟学校或与其联手办学，使后者成为前者的分校，形成“总校—分校”的办学模式和管理模式。所谓功能转化，指的是把因适龄儿童的减少而造成城市公办学校中闲置的教育资源，转化为专门招收流动儿童的学校。上述途径，可以打破民办学校与公办学校间的壁垒，全方位地把流动儿童教育从体制外纳入到体制内，为早日实现城市教育一体化奠定基础。

（3）保证流动儿童能够接受高中阶段的教育。解决流动儿童就学问题，重点在义务教育阶段，同时应加强统筹规划，高度重视流动儿童接受高中阶段教育问题，确保普及高中阶段教育目标的实现。因为随着社会的发展，教育对国家和个人发展的重要性越来越凸显，同时，独生子女政策的实施，使所有家庭都希望自己的孩子能够上好学校。但优质教育有限，这就出现了全国普遍存在的择校现象，进入高中阶段，择校现象更普遍、更严峻。所有家长都希望孩子能进好学校，进了好学校希望能进更好的学校，进了更好的学校希望能进最好的学校，始终感觉上好学校难、择校压力大。在这种背景下，流动儿童上高中，特别是上重点高中的难度就可想而知了。

调查显示，不同家庭的学生进入高中的途径也是不同的，农民家庭的学生多数只能依靠分数上的优势上重点中学，通过考试进校的比例最高；拥有更多经济资本和社会资本的家长可凭借所拥有的资本来弥补分数的不足。由此可见，阶层差距正在成为影响教育公平的重要因素，拥有更多文化资本和社会资本者其子女在普通高中和高等教育入学机会上更占优势。在被调查对象中，约有1/5的学生通过交赞助费和择校费进入高中。在城市重点学校中，择校生比例达25.2%。其中，34.7%的私营企业主、23.5%的高层管理技术人员、25.7%的中层管理技术人员家庭的子女是通过交赞助费和择校费进入高中的。这就是为什么流动儿童在城市上高中，特别是上重点高中难的根本原因。

当然，为了促进义务教育的均衡发展，全面普及九年义务教育，不断提高义务教育的质量与水平，当前，应着力保障流动儿童接受义务教育的权利。不过，值得注意的是，在义务教育阶段，流动儿童的就学矛盾已经逐渐由小学向初中延伸。初中毕业后，他们中的一批人可能返回原籍继续高中学业，还有一批人由于已经成为事实上的"第二代移民"，他们在流入地接受高中阶段教育的需求和愿望将会逐渐显现。因此，及时制定相关政策，统筹规划他们在流入地接受高中阶段教育问题，不仅有助于解决流动儿童义务教育后的教育问题，而且对于实现普及高中阶段教育的目标具有十分重要的意义。

近些年来，为了满足我国社会、经济发展的迫切需要，适应普及九年义务教育和高等教育的快速发展，高中阶段教育坚持体制改革和机制创新，事业规模迅速扩大，是我国高中阶段教育发展最快的时期。2009年，我国高中阶段教育在校学生达到4624万人，毛入学率为79.2%。其中中等职业教育在校生达2179万人，占高中阶段教育在校学生数46.9%。尽管如此，高中阶段的教育，尤其是普通高中教育仍然满足不了包括流动人口子女在内的广大适龄人口对高中教育日益增长的需求。为此：

第一，加大高中阶段政府投入，努力增加高中教育机会供给。高中容量不足问题的一个重要原因，是政府投入不足。因此，要增加高中教育机会的供给，政府必须加大对高中教育的财政支持力度，给予流动儿童更多的升学机会。同时，流入地政府及教育行政部门应充分意识到解决好进城务工人员子女升学难问题的重要性，不能因为他们来自农村，而对他们的教育需求予以人为的限制。要知道，无论从对城市经济建设所作出的贡献，还是从对城市市民日常衣、食、住、行所提供的便利来看，进城务工人员均发挥了重要的作用，甚至在有些方面起到了不可替代的作用。因此，在对待流动儿童"升学难"问题上，流入地政府及教育行政部门应进一步解放思想，充分挖掘城市公办高中的潜力，从而尽量满足进城务工人员子女的升学要求。

第二，实施名校扶持弱校战略，加强薄弱高中的建设。在当前我国高中教育非均衡发展的情况下，要满足流动儿童上高中的要求，必须实施名校扶持弱校战略，加强薄弱高中建设，区域内优质高中与薄弱高中组成发展共同体，强校与弱校之间实行校长、教师交流，实现管理理念、师资资源、教学资源最大限度的共享。根据人口变动和经济社会发展的实际，在对县域高中教育进行科学合理布局的基础上，各级政府高中教育资源的配置要向薄弱高中倾斜，中央财政投入，省级财政配套，地方自筹，逐步将薄弱高中改造完毕。

第三，着眼于满足流动儿童未来的就业需求，加快中等职业教育的发展。中等职业教育作为一种与经济社会发展联系最直接、最密切的教育类别，是我国开发人力资源，提高生产、经营、管理、服务第一线劳动力素质的最有效途径。在城市化进程中，职业教育对提高流动人口及其子女的素质、就业能力并以此提高其收入及消费水平，促进我国就业结构和产业结构的升级，进而促进流动人口生活方式的转变，促进社会稳定发展具有积极的作用。发展职业教育将极大地促进我国城市化水平的提高，使我国由人口大国向人力资源强国转变。

当前，在我国产业结构战略性调整的过程中，各行各业对中等职业教育毕业生的需求日趋旺盛，特别是第三产业的迅速成长，为受中等职业教育者提供了大量的就业岗位，中等职业教育服务经济社会的能力明显增强。着眼于满足流动儿童未来的就业需求，中等职业教育无疑将会成为流动儿童接受高中阶段教育的一个重要选择。这就需要像对待城市学生一样，通过助学金、奖学金等多种形式，为流动儿童接受中等职业教育提供便利，并保障中等职业学校毕业生优先就业。

第四，加快改革步伐，逐步消除户籍制度排斥。流动儿童升学难问题的产生源于我国升学制度的不健全，而这种不健全又主要体现在把升学资格与户籍身份“强行捆绑”在一起，致使升学考试所起到的公平选拔作用大打折扣。特别是对流动儿童而言，他们连参加这种最为起码的升学考试资格也许都没有。理由很简单，他们不具备城市户籍。因此，要想从根本上解决好非义务教育阶段流动儿童的升学问题，还是要从户籍制度改革开始，只有把附加在户籍制度上的一些不合理的福利待遇及相关条例予以有效剥离，流动儿童的升学问题才能得到有效的解决。

当然，户籍制度改革并不是要完全取消户籍管理制度，其核心在于逐步消除导致城乡隔离的各种相关制度，以保障劳动力在城乡之间自由流动，从而确保进城务工人员及其子女能享受与城市人平等的权利和社会权益。户籍的功能应只限于对人口进行登记注册，以实现对人口的管理。而我国当前将它与福利待遇和社会保障相挂钩是不科学的，这会使得户籍异化为利益分配的工具。因此，应逐步实现以户籍制度改革为中心，拆除就业、医疗、住房、教育等制度壁垒，彻底打破维系多年的城乡“二元经济体制”，引导农村剩余劳动力在城乡间有序流动，这是解决流动人口子女教育公平问题的根本所在。为此，应鼓励和支持流动人口子女进城上学并为他们提供良好的教育，使他们尽快地融入当地社会，这不仅可以为城市培养人才，也有助于提高城市居民的整体素质，并为城市未来的发展和城市市民未来的生活奠定基础。

4. 留守儿童：学校、家庭、社会及政府各方应共同努力

农村留守儿童是当前和今后相当长一段时间普遍存在的一个社会问题，能否成功地解决他们公平接受教育的问题，不仅直接关系到他们的健康成长，而且涉及农村剩余劳动力能否顺利转移，关系到中国现代化的成败。而解决好农村留守儿童公平接受教育的问题，不应只是学校和农民工自身的事情，而应该由学校、家庭、社会及政府各方面共同努力，协调合作，共同为留守儿童撑起一片蓝天。

解决留守儿童的教育问题，从理论上讲，可供选择的方式有：

一是积极发展当地经济，促使已经转移出去的农村劳动力逐步回流，使大批的留守儿童变为非留守儿童。

二是进一步改善农民工子女的就学状况，使更多的农民工子女能够进入城市的学校就读，使留守儿童逐步过渡成为流动儿童。

三是正视留守儿童将长期存在这一基本事实，立足现实，有针对性地改进学校教育，不断加强学校、社会与家庭的配合，切实为农村留守儿童营造一个健康成长的良好社会环境。

从我国经济社会发展的现实和长远来看，上述三种选择方式都有其一定

的合理性，然而，在我国社会主义市场经济体制初步建立和逐渐完善，工业化、城镇化进程不断加速的今天，人口流动已成为一种必然趋势，从农村转移出去的劳动力数量今后可能还会进一步扩大。留守儿童也将会在相当长一段时期内存在。一味希望通过发展地方经济，促使已经转移出去的农村劳动力逐步回流的想法，既不符合现实的实际情况，也与工业化、城镇化的发展趋势相悖。此外，尽管流动儿童的就学情况近年来得到逐步改善，但根据新修订的《义务教育法》的精神，特别是在现行义务教育管理体制下，适龄儿童、少年在户籍所在地接受义务教育的基本方向没有改变，积极鼓励进城务工人员带子女进入城市学校就读至少在短时间内不会成为一种主流态势。因此，立足农村留守儿童将会长期存在的现实，加大制度改革的力度，采取积极措施，切实为留守儿童营造一个健康成长的良好社会环境，无疑将会成为现阶段解决留守儿童教育问题的重要政策选择。

（1）搞好农村寄宿制学校建设，充分发挥学校教育的主体作用。在家庭功能不健全的情况下，学校应成为留守儿童社会化过程中一个极其重要的场所，如果学校能给予更多的关爱与帮助，将会在很大程度上弥补他们家庭教育上的缺憾和保证他们公平接受教育。如前所述，要弥补留守儿童家庭教育上的缺憾和保证他们公平接受教育，搞好农村寄宿制学校建设不失为一种好的选择。寄宿制学校可以解决留守儿童无人照看、学习和安全得不到保障的问题，解除进城务工农民的后顾之忧。

寄宿制学校最早出现在英国，在世界办学历史上具有悠久的历史。英国和美国历史上都有着成功的寄宿制办学经验。如英国著名的伊顿公学就是典型的寄宿制学校，在寄宿制管理下，宿舍一度成为伊顿公学精神园地的象征，一所宿舍就是一个团队和一种文化，宿舍成了培养学生成长的重要园地，在生活中对学生进行潜移默化教育的理念取得了成功。随后，美国也相继开设了大量的寄宿学校。寄宿制办学在丰富学生的课余生活和培养学生生活能力方面取得了公认的效果。

当然，国外的寄宿制学校大多兴办于城市，都是用于培养普通学生，且这些学生往往是高年级学生。而我国的留守儿童居住在农村，普遍年龄较小，他们因为缺乏亲子监护成为一种特殊儿童。如前所述，我国也在寄宿制办学方面取得了一些有益的经验。在校住宿对留守儿童的自理能力、组织纪律、道德品行、学习兴趣和心理健康整体上都有明显的积极影响。因此，大力改善学校现有寄宿条件，优先接纳留守儿童在校寄宿，是当前解决农村留守儿童教育问题的一条有益思路。当前及今后一段时间，应结合“农村中小学危房改造工程”“国家贫困地区义务教育工程”等项目的实施，在有条件且必要的地方改扩建一批农村中小学寄宿制学校，同时加强对寄宿制学校教学、生活、安全方面的管理，以充分发挥学校教育的主体作用，帮助留守儿童克服面临的各种困难。

第一，加大对农村寄宿制学校建设的投入力度。由于经济社会发展相对落后，中西部地区绝大多数农村县市政府财政困难，难以承受寄宿学校的财政投入。因此，各级政府应制定农村寄宿制学校建设标准，加大对寄宿制学校建设投入的力度，按比例给农村寄宿制学校建设提供经费支持，给寄宿制学校建设在用地及收费等各方面实行减免等优惠政策，为寄宿制学校建设创造条件，使确需寄宿的农村留守儿童能进入具备基本办学条件的寄宿制学校学习。

对于农村寄宿制学校建设所需资金，按照国际惯例，支出方放在最了解义务教育实际需要的县级政府比较合适。这是因为寄宿制学校建设是属于基建支出，又称项目支出，主要根据每个学校的实际需求情况来确定，变化大且不易核定，由县级政府负责，由于县级政府对本地情况比较熟悉，实施成本不高。不过，我国中西部农村地区虽“普九”，但债务沉重，在较长时期内中西部地区该笔支出的数额较大，单纯依靠县级财力无法满足。鉴于中央政府有发行公债的权力，财力比较雄厚，且已有多年世界银行贷款和各项“普九工程”项目实施与管理的经验，中央可按较大比例直接对县项目支出进行配套技持。

第二，适当放宽农村寄宿制学校教师的编制。根据中小学生（主要是小学低年级学生）年龄小、生活自理能力差的特点，应按一定比例（小学低年级最好按 1∶30～1∶40 的寄宿比例）给寄宿制学校配备专门的生活教师和适当数量的后勤人员，并对生活教师和其他相关后勤人员的素质提出相应要求。生活教师的职责不仅仅是照顾孩子的饮食起居，还应树立“保教结合”意识，身体力行、言传身教，担负起对孩子的教养责任。学校其他相关后勤人员也应从“服务育人”的宗旨出发，注重自身品德修养，克服不良生活、卫生习惯，给孩子树立一个好的行为榜样。

第三，千方百计改善农村寄宿制学校的条件。农村寄宿制学校要在政府的支持下，大力完善学校的基础设施建设，要从最基本的改水、建厕、建食堂和澡堂等工作做起，搞好基础设施配套建设，切实保障学生和教师的基本生活。具体来讲，一是要改善住宿条件，床铺要结实，有安全保障，让学生住得舒心。同时，要配备相应数量的浴室、洗衣池，保证学生能吃得上饭，有水喝，有热水洗澡。二是要配置一定数量的课桌椅、图书、实验设备和体育器械等，满足学生学习、生活和运动的需要，让学生学得开心，玩得开心，得到全面发展。从而吸引打工者和村民将他们的孩子寄宿在学校，加强对留守儿童和农村中小学寄宿生的管护。

第四，加强寄宿制学校的日常管理。学校要依据法律法规制定各种规章制度，作为学校日常管理的重要依据。在学生日常管理上，一是要安排教师全天值班。寄宿生全天都在学校里生活，课余时间多，学生一起玩耍，容易发生安全事故，必须安排教师值班。二是要建立陪护制度。生活指导教师应与寄宿生同睡，并负责处理突发事件，与家长电话联系等，保证学生夜间住宿安全。尤其应对寄宿制学校的女生加强监护管理，防止和杜绝她们的人身遭受侵害。三是强化卫生管理。要制订严格的卫生制度，防止流行性疾病发生，要配好学校医务人员。要制订寄宿生常见疾病和流行性疾病预防措施，加强寝室卫生管理，保持寝室通风，地面干燥。四是办好食堂。学校食堂要办好伙食，注意营养搭配，保证成长发育中孩子的营养健康。学校管理者也应把寄宿制作为切实服务于学生，服务于进城务工农民家庭的办学形式，而应严禁通过收取过高的住宿费和搭伙费，或采取统一配发生活用具的方式来增加学生及家庭的负担。寄宿对许多贫困家庭来说，无疑增加了上学成本和经济负担，因此，学校绝不能把寄宿制当成勤工俭学的途径，通过不合理收取寄宿费去弥补学校经费的困难，更不允许将学生的寄宿费挪作他用，从而降低寄宿生的生活标准。五是要定期排查安全隐患。对校内外环境定时检查，及时排除隐患。同时还要对学生进行安全知识教育，提高他们的安全意识。

第五，开展丰富多彩的有益身心的活动。学校应从寄宿的特点出发，开展丰富多彩的活动来满足寄宿生的需要。一是晚自习除了完成当天的作业外，可组织学生看电视、读书看报、下棋、进行各种体育比赛等；二是可以根据学生的爱好特长，由专门的教师对学生进行特长培养，如组织艺术团、科普活动小组、各种兴趣小组等；三是开展主题班会、联谊会、道德法制讲座等活动，让留守儿童和所有的寄宿生充分感受到来自学校大家庭的温暖。为此，学校应提供更多适合儿童的图书、报纸杂志等读物，并且增添儿童的体育娱乐设施，增加儿童精神上的慰藉及生活上的乐趣。

第六，重视学生的心理咨询与辅导。留守儿童还处在成长和发展阶段，他们所遇到的心理问题经过一定的教育和调适可以得到明显的改善。因此，学校在平时生活中要有针对性地对留守儿童及时开展心理咨询与辅导，如学校应建立留守儿童心理发展档案，设立“心理健康咨询室”，安排有经验的教师担任心理辅导老师，及时发现和解决留守儿童出现的心理健康问题，教会他们如何应对生活和学习压力，帮助他们消除心理上的困惑。同时，在日常生活和学习中，学校的所有老师都要特别关心留守儿童，及时了解他们生活和学习中的困难，并及时帮助他们克服困难。

第七，建立与留守儿童家庭的联系。学校应有专门的机构和人员来负责与留守儿童家庭联系，实施全天候跟踪管理，并协调各方面的关系，如建立留守儿童的专门档案，建立与留守儿童父母及监护人的联系卡，开通“亲情热线”，让外出务工家长定期与子女通电话，开通“师长热线”，让外出务工家长随时与班主任进行沟通，以制度形式保障与留守儿童父母及监护人经常性的联系。

（2）积极营造良好的家庭教育氛围，让留守儿童感受父母的关爱和家庭的温暖。在孩子的成长过程中，父母的教育作用是其他人无法取代的。他们通过亲子关系，家庭互动以及所营造的家庭氛围影响孩子的行为和价值观，通过教育影响孩子的学习成就感，通过教养方式让孩子养成良好的生活习惯。因而作为留守儿童的父母应充分认识到自己的重要性，认识到孩子教育的重要性，尽自己最大的能力把他们带在身边，给他们一个完整的家，让他们时时刻刻能够享受到父母的关爱和教育，从而拥有一个良好的家庭教育氛围。

如果条件不允许，应尽最大可能降低母亲“出行率”。如前所述，同是单亲留守儿童，妈妈监护的效果明显好于爸爸。问卷调查也证明了这一点，当留守儿童被问及“如果父母有一个要外出打工，你希望谁在身边时”，有80%的留守儿童回答是母亲。因为不管是照顾孩子饮食起居，还是教育孩子，母亲更有优势。母亲在家孩子会感觉有安全感，有倾诉对象。母亲丢下孩子外出打工，对孩子的健康成长是弊大于利。同时还要注意家庭教育方式，不要溺爱孩子。当孩子做错了事要及时管教，一般情况下，不要满足孩子正常需要之外的要求，以养成孩子自我克制的习惯。如果父母都在外务工，家长应该充分利用农忙季节、春节返乡等机会，多向老师和监护人了解孩子在学校、家里的学习、生活情况，或借助电话多与孩子交流沟通，让孩子感受到父母的关爱、家庭的温暖。

如果留守儿童父母都外出打工，尽管不在留守儿童的身边，但他们仍然是孩子的法定监护人，因此不能因为外出务工而推卸或漠视自己对孩子的监护责任。如前所述，尽管有其他监护人的照顾，但留守儿童最可信赖的人仍然是自己的父母，只有在面对父母时他们才最有安全感和依赖感，而且父母的及时联系与沟通对留守儿童而言，在解决学习、生活困难，进行德行教育，缓解心理压力，增进亲子情感等方面都有积极的促进作用。因此，要多方面努力强化留守儿童父母的监护责任，发挥他们在“遥控监护”方面的积极作用。学校、社会要积极建立留守儿童父母与留守儿童本人的联系沟通渠道，可以设立亲情热线和通过在校园建立公用电话等方式加强留守儿童与父母的联系，并把留守儿童与父母的定期联系作为外出打工父母对留守儿童的一项基本义务加以规范化管理。

对于留守儿童的监护人，学校要利用自身的教育优势，采用“家长学校”或知识讲座等形式向他们宣讲一定的监护知识和家庭教育知识，通过定期培训提高监护人的家庭教育意识和教育水平，使他们具备基本的监护能力。当然采取这一措施可能有几方面的困难：一是留守儿童的监护人大多文化水平偏低甚至是文盲，因而难以接受和消化培训知识；二是留守儿童的监护人大多年龄偏高，身体状况欠佳，频繁的学习难以承受，但学习次数太少又难以达到预期效果；三是留守儿童监护人文化水平参差不齐，培训方式和方法面临很大挑战；四是这一措施可能会加重在校教师的工作负担。尽管存在上述困难，但毕竟可以培养一部分能够胜任代理监护职责的监护人，从长远看，这在一定程度上将大大有利于学校对留守儿童的教育工作，反而会在整体上减轻留守儿童教育的困难，而且家长学校的上述困难完全可以在实践中逐步得以完善和解决。此外，教师要定期对留守儿童进行家访，及时与留守儿童的监护人交换意见，了解孩子的学习和生活情况，以便有针对性地对其进行教育。

3. 调动社会各方面的力量，为留守儿童的教育创造良好的外部环境。农村留守儿童的整体生活环境主要可以分解为两类：第一类是家庭生活、学校生活和同辈群体生活；第二类是社区及宏观的社会文化生活环境。尽管学校生活是留守儿童最主要的生活方式之一，但是整个社会生活中的任何一类因素都会或主或次、或隐或现、或直接或间接地影响留守儿童的成长与发展。从所调查的情况看，绝大多数农村留守儿童的心理障碍和失范行为，都可以从他们现实生活环境的差异、矛盾和冲突中找到原因。因此，要保证农村留守儿童公平接受教育，必须动员社会各方面的力量实行齐抓共管。具体讲：

第一，政府有责任为留守儿童创造健康成长的良好环境。有关部门应当积极采取措施，积极制定和实施关爱留守儿童的工作计划与方案。要加快完善农村的基础设施建设，改善小城镇的投资环境，增加农村剩余劳动力在家庭附近就业的机会，使他们能在乡镇里打工，从而可以缩短农民工回家的周期。另外，针对目前农村学校普遍经费不足、人员流失、教学设施差的现状，政府要加大对农村地区的教育投入，制订和实施相应的政策和措施，从根本上帮助学校走出当前所面临的困境，只有这样，学校才能心有余，力也足，把留守儿童问题真正重视起来。

第二，在进城务工农民较多的地方，应积极鼓励社会力量开办各种各样的看护中心、寄宿公寓，给有不同需求的打工子女提供不同的学习、看护和寄宿条件。对目前一些地方出现的“代理家长”“抚养中心”“托管中心”之类的民间托管形式，政府应制定相应的政策，明确其职责，规范其行为。

第三，政府的公安、文化、新闻、出版等职能部门应切实履行自己的职责，与学校共同承担起留守儿童教育和保护的责任。当前尤其要加强农村乡镇文化建设，大力整治校园周边环境，打击违法经营的网吧，根治各种精神污染对孩子的毒化，让农村中小学生在良好的环境中接受教育和熏陶。

第四，积极组织“青年志愿者”和大中专学生参与农村留守儿童的教育工作，以多种形式为留守儿童提供教育和生活支持。同时，应强化社会关爱，充分发挥各地“关工委”和“五老”的作用，组织机关干部、社会热心人士与留守儿童结对子，让富有爱心、责任心的成年人在一定程度上扮演父母的角色，引导留守儿童健康成长。

第五，在充分调动社会各方面的力量帮助农村留守儿童健康成长的同时，地方各级党委和政府，尤其是乡镇党委和政府、村党支部和村民委员会，要把关心留守儿童作为维护农民工的合法权益，加快本地经济发展，构建和谐社会的一件大事来抓。领导干部要经常到留守儿童家里看一看，问一问柴米油盐缺不缺，衣食住行好不好，学习成绩下降没有，和别人打架没有，切实帮助留守儿童解决实际问题。

此外，政府有关部门应对进城务工的农村家长进行引导和教育，强化农民工家长的家庭教育观念，让农民工家长学会与孩子沟通、交流及教育孩子的正确方式，发挥家长对孩子独特的教育功能，引导孩子健康成长。

四、体制改革的最终目的：实现义务教育的均衡发展

要保证流动人口子女教育问题最终能够得到较好的解决，关键就是要使义务教育的均衡发展得以实现。义务教育的均衡发展，是近年来我国政府一直致力的目标，是建设社会主义和谐社会，促进社会公平正义的重要方面，也是解决流动人口子女教育问题的根本途径。

义务教育是国家保证全民族素质提高的基本途径，没有义务教育的均衡发展，就没有社会公平，代际传递会加速社会分化。因此，追求教育公平的核心是使包括流动人口子女在内的每一个受教育者都能得到与其智力相当的合理开发，通过自身的能力和努力，使其进入社会能找到适合自己的社会地位。义务教育，作为政府提供的最低标准的合格规范教育，保障的是广大人民群众及其子女的基本人权和发展权利。所以，国家及其各级政府有责任保证公民依法平等享有接受良好教育的权利，保障受教育者接受教育的过程公平。以追求教育公平为主旨的义务教育均衡发展既是一种政策取向，也是一种规范的教育实践。教育均衡实质上是指在教育公平思想和教育平等原则的支配下，教育机构、受教育者在教育活动中享受平等待遇的教育理想和确保其操作的教育政策和法律制度。其最基本的要求是在教育机构和教育群体之间平等地分配教育资源，达到教育需求和教育供给的相对平衡，并最终落实到人们对教育资源的分配和使用上。

但是，在相当长时间内，我国义务教育发展最突出的问题就是地区之

间、城乡之间、校际之间发展不均衡，这种不均衡的突出表现是义务教育质量的差异——无论是办学条件，还是师资水平，农村无法和城市相比，经济落后地区无法与发达地区相比，薄弱学校无法与重点学校相比，并且差距越拉越大。2005 年 5 月，《教育部关于进一步推进义务教育均衡发展的若干意见》，把推进义务教育均衡发展摆上了重要议事日程，明确要求各地把义务教育工作重心进一步落实到办好每一所学校和关注每一个孩子健康成长上来。2006 年 6 月，全国人大常委会新修订的《中华人民共和国义务教育法》第六条规定："国务院和县级以上地方人民政府应当合理配置教育资源，促进义务教育均衡发展，改善薄弱学校的办学条件，并采取措施，保障农村地区、民族地区实施义务教育，保障家庭经济困难的和残疾的适龄儿童、少年接受义务教育。"这是我国首次以法律的形式提出"促进义务教育均衡发展"的思想。2007 年 10 月，党的十七大报告中明确提出："优化教育结构，促进义务教育均衡发展。"这是党的政治报告中第一次提出"义务教育均衡发展"的思想。《规划纲要》则将推进义务教育均衡发展提升为义务教育战略性任务的高度，要求建立健全义务教育均衡发展保障机制，均衡配置教师、设备、图书、校舍等各项资源，切实缩小校际差距，加快缩小城乡差距，努力缩小区域差距，到 2020 年基本实现区域内义务教育均衡发展。因此，教育均衡发展的最基本要求是在地区之间、城乡之间、教育机构和教育群体之间，公平地配置教育资源，达到教育需求与教育供给的相对均衡。这样就会使流动人口的子女无论流动到哪里，都能接受大致相当的教育。

1. 加大公共财政的投入力度，促进义务教育均等化

基本服务均等化是指一国范围内全体居民应当享有水平大致相当的基本公共服务。教育服务是政府提供公共服务的重要组成部分，提供均等化的教育服务是公共财政的基本职能，是公共财政"公共性"的重要表现，也是公共财政改革与发展的基本目标之一。党的十六届六中全会强调"以发展社会事业和解决民生问题为重点，优化公共资源配置，注重向农村、基层和欠发达地区倾斜，逐步形成惠及全民的基本公共服务体系"，实现"基本服务均等化"。党的十七大报告中强调"要加快推进以改善民生为重点的社会建设，扩大公共服务"，让"人人享有基本公共服务作为促进社会公平和正义，让

人们共同分享社会发展成果的重要内容和基本途径。”

对于像我们这样一个人口众多的发展中大国来说，义务教育是最大的公共事业。公共产品供给均等化的意义，在我国义务教育领域得到最集中的表现，即只有保障教育公共产品供给均等化，才能最大限度保证广大人民群众生存和发展方面的机会的公平和公正。作为具有较强公共物品特性的义务教育，在我国全面建设小康社会，构建社会主义和谐社会中，具有基础性、先导性和全局性的重要作用。巩固和普及义务教育，是解决流动人口子女教育问题，建设社会主义和谐社会的重要举措；是推进教育公平和社会公平，使广大人民群众共享发展成果的重要举措；是强化政府对公共服务，扩大公共财政覆盖范围的必然要求。

从公共财政的视角看，义务教育是一种具有全国性特征的公共产品或是一种外溢性很强的地方性公共产品，中央和省政府应当担负更多的财政责任。因为公共财政在对中央政府和地方政府财政责任分工时，主要遵循“公共产品受益层次论”和“财政联邦主义理论”[①]。公共产品受益层次论认为，政府责任的划分是根据公共产品的受益范围决定，受益范围覆盖全国的由中央政府负责，受益范围覆盖地方的由地方政府负责。同时根据财政联邦主义理论，地方公共产品存在收益外溢时，中央政府必须对地方政府进行适当补偿。另外财政联邦主义理论还规定基本公共服务最低供应原则，即上级政府有责任帮助经济不发达地区居民享受最基本的公共服务。所以，义务教育公共产品性质决定了中央和省政府必须加大对义务教育的投入。首先，各级政府要依法落实教育经费的“三个增长”，确保财政性教育经费增长速度明显高于财政经常性收入增长幅度，确保《规划纲要》提出的在2012年财政性教育经费占GDP的比例达到4%的目标。其次，根据公共财政的基本要求，各级政府尤其是中央和省级政府应继续将义务教育作为公共财政支出的重点，继续将新增教育经费主要用于义务教育，逐步缩小义务教育的地区间、城乡间和学校间的差异，促进义务教育均等化，让包括流动人口子女在内的更多人享受到社会发展的成果。

---

① 杨会良.《当代中国教育财政发展史纲》[M]，北京：人民教育出版社，2006年，第336页.

2. 创新义务教育经费分配和监管机制，促进义务教育均衡发展

教育财政是教育发展最根本的物质保证。教育的改革和发展，必须依赖于充裕的教育经费支持。美国教育行政专家罗森庭格认为："学校经费如同教育的脊椎。"① 因此，要解决流动人口子女教育问题，就要建立适应流动人口子女教育需要的义务教育财政体制。在当前我国城乡已经实施免费义务教育的情况下，为了保证义务教育的均衡发展，必须创新义务教育经费分配和监管机制，加强监督管理。

（1）建立义务教育经费国库集中支付制度。国库集中支付就是把财政资金由传统的层层划拨改为国库单一账户的公共财政管理体系。具体地说，就是将所有的财政性资金全部集中到国库单一账户，所有的财政支出由国库单一账户支付，对财政资金从预算分配、预算拨付及收款人账户实行财政直接全过程监督、控制的一种制度。实行国库集中支付制度后，预算单位通过支出确认收入，实际支付的款项才是财政拨款。按照财政部关于财政国库集中支付改革"横向到边、纵向到底"的要求，在进行义务教育财政体制改革的同时，要切实做好改革向乡镇的延伸工作，将农村中小学经费全面纳入财政国库集中支付系统，从制度上防范农村义务教育经费被截留、挪用和挤占，增强农村义务教育经费预算执行的透明度，加强对农村义务教育经费使用的监督。如建立和完善农村中小学教师工资由县级财政集中发放制度，县级财政按照工资统一发放的程序，将岗位工资、薪级工资、绩效工资和津贴全部通过国库集中支付，由银行直接划入教师账户，避免农村教师工资被学校或教育行政部门挤占、挪用，同时也防止学校挪用公用经费或通过教育乱收费发放教师的福利和奖金；免费提供教科书采购资金和寄宿生生活费补助资金，由县级财政部门直接通过国库支付系统支付采购教科书资金和拨付寄宿生所在学校用于生活的补助。

（2）积极推进部门预算、政府采购等配套改革。根据农村义务教育经费保障机制和城市实施免除学杂费的要求，所有中小学应逐步实行"校财局

① 转引自：蔡保田．《当前我国国民小学教育经费的实际问题》[J]，载于《国立政治大学学报》（台湾），1970 年第 22 期．

管”的管理体制，以加强对农村中小学财务工作的统一管理。同时，建立规范的农村中小学预算编制制度，农村中小学各项收支由县级教育行政部门汇总后全部纳入财政预算。因此，农村中小学预算要清晰反映学校所有收支项目，不仅要把学校维持基本运转的日常费用和保证事业发展的建设经费足额纳入预算，而且要研究新形势、新情况下农村义务教育的各种新需要，如远程教育建设、新课程培训等。农村中小学公用经费支出中大宗的教学仪器设备由县级教育行政部门通过招标进行集团购买，其他教学仪器购置及支出应及时拨付给学校按预算项目使用。学校维修改造资金，不能直接拨付到学校，应由县级财政部门或教育行政部门统一核算支付使用，县级教育行政部门会同建设部门、县级财政部门每年定期对农村中小学校舍进行检查，制订危房维修改造方案，将农村中小学维修改造资金纳入地方财政预算。所有的建设项目应招标、投标决定施工单位，财政部门按施工进度及时拨付资金，教育行政部门、建设部门和学校对施工质量进行监督。

（3）努力探索实行“义务教育基金”制。按照政府会计惯例，基金是指一套拥有各自平衡账户的财务和会计主体，用于记录现金和其他的经济资源、相关的负债和剩余权益或余额及其变动的资金及其管理体系。基金的划分遵从特定的规则、限制和约束，并以进行特定活动和实现一定目标为目的。在一些国家，将财政资金划分为若干政府基金，已经成为一种习惯做法。例如，为促进基础教育健康稳定发展，巴西成立了基础教育维持与发展及教学促进基金会（FUNDEF），基金主要来自各州、市。教育基金会的资金被自动存入巴西银行的专门账户，巴西银行按照教育文化部提供的分配率，分别在各州范围内按比例分配，不受政府及其他因素的影响，有效地解决了教育资金被挪用的问题[①]。为了保证义务教育经费高效、安全、规范运作、避免地方政府的干预，增加资金管理的透明度，便于社会监督，促进各地中小学的正常运转与良性发展。可以探索实行新的义务教育经费管理机制，即在省级人民政府的领导下，组建成立专门的省级义务教育经费管理基金会。该基金会作为公益性社会中介机构，单独管理，专门运营义务教育经费。这样可以解决我国教育经费采用的层次管理方式带来的上下级信息不对称、下级滥用委托权力挪用和挥霍教育经费、资金拨付不到位和经费监管成

① 《免费义务教育，各国在行动》[N]，《中国教育报》，2005 年 12 月 16 日.

本高等问题，因而极大地提高义务教育经费的使用效率，使有效的资金取得最大的效用。

（4）改进义务教育经费分配和管理方式。农村义务教育新机制实施和城市免除学杂费后，义务教育阶段学校维持运转主要靠上级政府下拨的公用经费和免杂费补助。目前这笔经费由县财政和教育局计财科管理，地方行政部门根据县域内中心学校的规模、学生的人数进行再分配。经费分配基本采用“定员定额”方法，这种经费分配方式主要是以学生为依据，校际资源分配的差异主要由学校的规模所致。县财政和教育局计财科按照“定员定额”的拨款方式，把资金划拨到中心学校，中心学校在经费方面具有支配权，为了本校的建设和发展势必会忽视教学点、完小和其他类型薄弱学校的建设，所以有必要对当前的经费划拨和管理方式进行改革，即采用“综合定额＋专项补助”的拨款模式。“综合定额”是对中小学拨款时，不仅考虑到学生数量，还考虑到校园校舍面积、学校基础设施、学校规模和师资编制等反映学校实际运行成本的多种政策参数。为确保综合定额的公正性和合理性，应建立由政府、学校、社会共同参与组成的拨款中介组织，并从规模、质量和效益三个维度，对中小学进行合理评价。“专项补助”是专门用来解决农村偏远地区寄宿制学校、完小、初小和教学点等薄弱学校的补助资金，因为“政策的制定者被告诫不要设计一个‘平均’的政策用在不同的条件之中。不同条件的学校可能有不同的需要，因此需要区别对待。”① 2006年新修订的《义务教育法》也明确规定：“县级人民政府编制预算，除向农村地区学校和薄弱学校倾斜外，应当均衡安排义务教育经费。”因此，设立“专项补助”，有助于保证农村偏远地区薄弱学校维持正常运转，从而促进义务教育均衡发展。

3. 建立教师工资保障机制，大力提高义务教育阶段教师的经济待遇

“教育的发展和质量的提高，是和一支稳定的、训练有素的、积极性高又可靠的教师队伍分不开的。”② 而保障教师工资、提高教师经济待遇是稳定

---

① Martin Carnoy著，闵维方等译．《教育经济学国际百科全书》［M］，北京：高等教育出版社，1999年，第503页．

② 雅克·哈拉克著，尤莉莉，徐贵平译．《投资于未来——确定发展中国家教育重点》［M］，北京：教育科学出版社．1993年，第118页。

义务教育阶段教师队伍、促进义务教育均衡发展的关键因素。为此：

（1）逐步建立由中央或省级统筹为主的义务教育阶段教师工资保障机制，确保其工资按时足额发放。从世界各国经验看，义务教育阶段教师工资由中央或较高层次政府承担，是解决教师工资问题的基本途径。在世界各国，教师工资即人员经费，历来是各国义务教育公共经费的最重要支出，一般达到政府公共投资的80%左右。许多国家在实施义务教育之初，曾将义务教育视为基层政府的责任，这种做法不仅给地方财政造成很大负担，而且无法切实保证教师工资的发放。为了解决这一问题，各国相继调整了教师工资的筹措机制，采取的基本办法是将保障教师工资的责任适当上移，由中央和高层次地方政府负责。例如，在法国、泰国、韩国、埃及等国，均将义务教育教师工资全额作为中央财政预算，由中央财政独立负担。在日本，国立学校教师工资的全额由中央财政独立负担，地方学校教师工资由中央财政和都道府县财政各负担一半。在德国和印度，义务教育教师工资全额由州或邦财政独立负担。在美国，教师工资虽然由地方学区支付，但由于地方学区经费的半数以上来自州政府的财政补助拨款，因此实际上教师工资是由州和地方政府共同负担的。在瑞士，教师工资由州负担七分之三，市镇负担七分之四①。

借鉴其他国家的经验，为了确保义务教育阶段教师工资能按时足额发放，应逐步建立由中央或省级统筹为主的义务教育阶段教师工资保障机制。中央或省级政府在全国或全省范围内按国家统一规定的编制标准和工资标准把教师工资按月足额发放给教师。这样做，应该说不会对义务教育投资的运用产生管得过死的弊端，反而有利于防止基层政府或教育部门截留、挪用教育经费，拖欠教师工资，同时有利于在全国或全省范围内为中小学教师创造一个大体相近的工资福利条件，不仅有利于提高义务教育阶段教师的社会地位，而且有利于促进贫困落后地区教师队伍的稳定和基础教育的均衡发展。

（2）实施绩效工资制度，确保义务教育阶段教师平均工资收入不低于当地公务员的平均工资收入水平。根据《义务教育法》和事业单位收入分配制度改革的要求，国务院决定义务教育学校自2009年1月1日起，率先实施绩效工资，这是党中央、国务院优先发展教育的重大决策，充分体现了党中

① 高如峰．《义务教育投资国际比较》[M]，北京：人民教育出版社，2003年，第380页。

央、国务院对广大教师的亲切关怀，是教育改革和发展的重大基础性工程，为确保《义务教育法》规定的教师的平均工资水平不低于当地公务员的平均工资水平提供了重要的制度保障，是教育人事制度的重大改革。它有利于进一步提高教师的地位，充分调动广大教师的积极性、创造性，吸引和鼓励各类优秀人才到义务教育学校，特别是农村义务教育学校长期从教、终生从教。为了使义务教育学校绩效工资能够顺利实施，应将绩效工资的实施同深化学校人事制度改革、加强队伍建设紧密结合，同完善义务教育经费保障机制、规范学校收费行为和经费管理紧密结合。其中，义务教育教师规范后的津贴补贴平均水平，应由县级以上人民政府人事、财政部门按照教师平均工资水平不低于当地公务员平均工资水平的原则确定。绩效工资总量随基本工资和学校所在县级行政区域公务员规范后津贴补贴的调整相应调整。同时，在人事、财政部门核定的绩效工资总量内，学校主管部门具体核定学校绩效工资总量时，要合理统筹，逐步实现同一县级行政区域义务教育学校绩效工资水平大体平衡。对农村学校特别是条件艰苦的学校要给予适当倾斜。对于义务教育学校实施绩效工资所需经费，应全额纳入财政预算，按照管理以县为主、经费省级统筹、中央适当支持的原则，确保义务教育学校实施绩效工资所需资金落实到位。县级财政要优先保障义务教育学校实施绩效工资所需经费，省级财政要强化责任，加强经费统筹力度，中央财政应进一步加大转移支付力度，对中西部及东部部分财力薄弱地区农村义务教育学校实施绩效工资给予适当支持。

（3）建立中小学教师激励制度，鼓励优秀教师到农村学校任教。按《中华人民共和国教师法》和《规划纲要》规定，应努力提高教师地位待遇，不断改善教师的工作、学习和生活条件，吸引优秀人才长期从教、终生从教。对长期在农村基层和艰苦边远地区工作的教师，在工资、职务（职称）等方面实行倾斜政策，提高津贴补贴标准。建设农村艰苦边远地区学校教师周转宿舍，改善教师工作和生活条件。关心教师身心健康，落实和完善教师医疗养老等社会保障政策。同时，国家对在农村地区长期从教、贡献突出的教师给予奖励。在待遇上建立面向农村、边远和艰苦地区中小学教师优惠的制度。目前的当务之急是，鉴于农村地区中小学骨干教师流失问题严重，政府和教育主管部门应尽快出台骨干教师的优待政策，解决待遇低的问题。按县、市骨干教师级别和学校边远程度，每月分别向骨干教师足额发放骨干教师等级津贴和交通费用补助，使农村骨干教师的工资收入比城镇同等的骨干教师高，从而使他们在农村安心工作，不再向往城里学校，确保农村教师队伍稳定，从而促进城乡义务教育的均衡发展。

（4）健全医疗养老等社会保障制度，保证中小学教师安居乐教。健全教师社会保障制度，有利于解决教师的后顾之忧，使他们安居乐教，全心全意投入教育教学中去。首先，全面实施义务教育阶段教师养老、医疗和事业保险制度。各地根据实际情况确定各种保险总额，一般在教师本人基本工资的20%左右，其中教师个人缴纳7%左右，剩余部分由地方财政缴纳。教职工无论是公办教师还是代课教师，都按规定缴纳社会保险金，享受基本的社会保险待遇。地方财政要将属于地方政府缴纳部分保险资金全额纳入预算，不得留有资金缺口，不得将责任转嫁给学校或教师个人。其次，积极实施义务教育阶段教师住房公积金制度和农村教师安居工程。地方政府要将义务教育阶段教师住房公积金全额纳入地方财政预算，并保证和当地公务员享受的住房公积金待遇完全一致。不仅如此，有条件的县（区）还要实施义务教育阶段教师安居工程，将本地低收入、家庭困难的教师纳入政策保障范围，努力争取教师住房享受国家安居工程、经济适用房工程等各项优惠政策，积极争取对建设教师住房进行专项补贴、减免土地费用和税费等政策，努力建立政府、学校和教师共同分担住房建设资金机制。同时，在县城、乡镇政府所在地兴建教师公寓或教师生活小区，实现农村中小学教师生活城镇化，使他们安居乐教。

4. 加大对贫困学生资助的力度，确保贫困家庭子女上得起学

农村义务教育新机制实施后，各级政府加大了农村义务教育阶段家庭经济困难寄宿生的生活费补助力度。从2007年秋季学期起，小学生每生每天补助2元，初中生每生每天补助3元，学生每年在校天数均按250天计算。享受寄宿生生活费补助的家庭经济困难学生的比例，由省级财政、教育部门根据当地实际情况确定。中央财政对中西部地区落实基本标准所需资金按照50%的比例给予奖励性补助。这对解决包括农村留守儿童在内的家庭经济困难寄宿生面临的经费困难问题确实起了积极作用。但是，即使如此，根据我们的调查，农村地区仍然有数量不少的学生完成九年义务教育面临着经费困

难。这是因为，现在所免除的教育费用在整个家庭教育开支中仅占一部分。据我们了解，现在一个农村中小学生如果住校每年的教育开支大约是1500—2000元，而实行新机制后一般学生只能免除学杂费和教科书费，即使能同时享受寄宿生生活费补助，家庭每年还要负担1000元左右的教育支出。对于农村富裕家庭来讲，负担这笔开支是没有问题的，但对于贫困家庭而言，仍然是较重的负担。因此，针对边远贫困地区和少数民族地区农民家庭贫困的现实，我们认为，随着义务教育新机制在我国广大农村地区的全面推进和城市免费义务教育的实施，应进一步加大对城乡贫困学生资助的力度，对这些学生从实行全免学杂费和教科书费过渡到"义务教育全免费"，即不仅应当完全免收学杂费和教科书费，而且还应免费给这些学生提供伙食、校服、交通补助等，以解决义务教育阶段城乡贫困家庭学生面临的经费困难问题，确保贫困家庭子女上得起学。

从现象上看，贫困是影响贫困家庭的孩子能否及时就学、继续学业的问题。从根本上讲，是贫困家庭的孩子能否享受受教育权，关系到教育为什么人的问题。对于义务教育阶段贫困生基本生活费的补助，当前亟须解决的问题：一是标准测定问题。即何为贫困生，由于标准不明确，在一些地方往往出现该享受生活补助的学生没有得到补助，而不该享受生活补助的学生却得到了补助，这是极不合理的。因此，必须合理确定贫困生的标准，使确需资助的学生真正能够得到资助。二是补助范围问题。据不完全统计，中西部地区农村义务教育阶段寄宿生已经接近2800万人。由于财力困难等原因，一些地区补助范围偏小，比例偏低。建议将中西部地区国家级贫困县及少数民族聚居区农村义务教育阶段家庭经济困难寄宿生基本生活费的补助提高到100%，其他地区在"十二五"期间提高到100%。三是补助标准问题。尽管从2007年秋季学期起，国家已较大幅度提高了农村义务教育阶段贫困生基本生活费的补助额度，农村现在大多数贫困地区中小学寄宿生的生活补助是每天2～3元钱，但这难以满足正处在生长发育中的中小学生的生活需要。因此，建议各地在中央确定的基本标准的基础上，根据当地实际情况和物价上涨情况调高补助标准，以满足贫困生的最低生活需要，调高标准所需资金，由地方财政负责解决。四是增加透明度。防止少数人暗箱操作，杜绝各种不正之风，让真正需要生活补助的贫困生享受到补助，感受到政府和社会的关爱。

在寄宿生生活补助上，以往的政策是由省、市、县三级政府出资解决。应当肯定，这种分担机制有其合理的一面。它体现了新机制中确立的根据农村义务教育经费支出的不同内容，建立中央和地方分项目按比例分担的原则。但与此同时，我们应当看到，我国地域辽阔，各地经济发展严重不均衡，将寄宿生的生活补助，完全交由省、市、县三级政府出资解决，实际上等于默许了经济发展不平衡对贫困生资助的不利影响和制约，其结果，只能使贫困生的生活补助取决于各地区的经济发展水平，取决于地方政府的财政收入状况。由于各地区的经济发展是不平衡的，总存在着一定甚至是比较悬殊的差距，那么在完全由省、市、县承担寄宿生生活补助的机制下，不可避免地会出现一些经济贫困地区无力承担寄宿生生活补助的情况，加之越是贫困地区，需要补助的寄宿生就越多，这些地方政府负担就越重。这样一来，学校拿不到或不能按时拿到补助的情况就会发生。针对这种情况，中央决定，从2007年秋季学期起，中央财政对中西部地区落实基本标准所需资金按照50%的比例给予奖励性补助。中西部地区地方财政应承担的50%部分，由省级财政统筹落实。在中西部一些贫困地区将寄宿生的补助金由省级财政统筹解决是较为妥当的。这是因为：第一，从这些地区的实际情况来看，寄宿生占的比重较高，需要补助的人多，而绝大多数市县级政府，其所拥有的财力，是不具备承担包括寄宿生补助在内的全部义务教育职能条件的，因而寄宿生的生活补助不宜完全由市县基层政府承担；第二，以人均财力为标准，这些地区省级财力远远高于市县基层政府，让省级政府承担农村义务教育阶段寄宿生生活补助，不会对省级财政构成太大的压力；第三，这些地区省级政府管辖范围内的市县级政府数量不算太多，长期以来，大多数省份以下的政府间财政关系也都直接到市县，有比较可靠的信息和预算基础，从具体操作与管理的角度来讲，让经济不发达的中西部地区省级政府承担农村义务教育阶段贫困寄宿生的生活补助也具备可行性。当然，由于我国各地经济发展极不平衡，对贫困生的资助绝不要搞一刀切。比如，一些经济较发达的省份，市县财力雄厚，加之越是经济发达地区，贫困生的比重越小，由市县财政全额解决贫困生的资助问题，也有可能比由省级财政解决更好。

按照美国著名经济学家、诺贝尔奖获得者弗里德曼教授的观点，政府的职能主要有四：一是提供国防和外交；二是提供公共产品；三是弥补市场失灵；四是为社会弱势群体提供基本保障。义务教育属于公共产品，应当由政府提供。公民有义务把学龄子女送到学校去接受教育，政府更有义务担负义务教育的全部费用。特别是对于老、少、边、山、穷地区，经济基础薄弱，地方财政十分拮据，老百姓的生活十分困难，对这样的地区，不仅应当完全免收学生的学杂费，而且还应免费给学生提供教科书、伙食、校服、交通补助费等。

通过政府公共财政来解决义务教育阶段贫困家庭学生面临的经费困难问题，成本较为低廉，这是因为从全国范围来看，义务教育阶段学生面临的经费困难问题的发生率已经非常之小。由于我国经济的快速发展，大部分地区义务教育阶段学生面临经费困难的问题已基本不存在，即使在经济欠发达的地区，学生因家庭贫困而完不成义务教育的现象也非常少见。只是在那些经济最为落后的边远贫困地区这一问题才较为突出。因此，相对于我国目前的经济发展水平而言，解决这一问题并不是一个十分困难的问题。

总之，流动人口背景下的义务教育体制改革是一个系统的工程，既要有利于当前的流动人口子女教育问题的解决，也要有利于教育的均衡发展。教育财政体制改革的目标是在公共财政体制框架内建立适度集权的义务教育财政体制，以加强义务教育的筹资能力和规范资金的支配行为，适度集权是基于流动人口子女教育的特殊需要；义务教育管理体制改革的目标是将属地管理变为弹性管理，以适应流动人口频繁流动和不断流转的特殊需要；办学体制改革的目标是将单一公立办学变为多元需求导向办学，这样才能适应流动人口子女对义务教育的多元需求。而体制改革的最终目的是要实现义务教育的均衡发展，只有义务教育真正实现了均衡发展，流动人口子女的教育问题才能得到根本解决。

后记

本书是应江苏教育出版社之约，为其“中国教育求变之路”系列丛书撰写的一部拙作。

流动人口子女的教育问题是我国由农业社会逐步向工业社会转型期间的一大难题，已引起全社会的高度重视。当前各级政府都将流动人口子女的教育问题纳入了政府公共服务与管理的范围，社会各方也都给予了高度关注和积极支持，采取了许多行之有效的措施，千方百计给他们创造良好的学习环境，积累了丰富的经验，涌现了大量注重流动人口子女教育的先进地区和优秀实践的先进典型。本书根据《规划纲要》的精神，基于我们课题组对中西部地区部分省市流动人口子女教育问题的多次专门调研，并结合全国其他省市的调查研究及经验介绍，主要分析流动人口子女的数量和规模，流动人口子女义务教育存在的问题及其原因，介绍各级政府、社会各方为解决流动人口子女义务教育问题所进行的探索和实践，并在此基础上提出进一步调整和改革现行义务教育体制和制度的对策思路。

本书由范先佐执笔，华中师范大学教育学院郭清扬副教授、武汉理工大学教育学院贾勇宏副教授、湖北师范学院教育系冯帮博士分别参与了第一章、第三章、第六章的撰写。参与调研的有华中师范大学教育学院雷万鹏教授，华中师范大学教育学院刘欣、唐斌副教授，《华中师范大学学报》曾新副编审，华中师范大学管理学院王远伟副教授，湖北咸宁学院教育系扬红霞副教授，华南师范大学教育学院吴洪超博士，浙江树人大学王一涛博士，参与调研访谈的还有华中师范大学教育学院和管理学院的博士、硕士，研究生赵丹、付卫东、熊亚、华灵燕、王莹、罗银利、管飞、叶庆娜、肖俊如、李红波、李明、成轶、姚琳等。

本书的撰写得益于教育部人文社会科学研究基地重大项目《农村人口流动背景下义务教育体制改革研究》（05JJD880011）的研究，得到了教育部社科司、所调研省、县（市）、乡镇教育行政部门的负责同志，所调研地区的校长、教师、同学及其家长、监护人和乡村街道干部的大力支持和帮助，得到了华中师范大学社科处的指导和帮助，对此我们表示深深的谢意。

本书有幸列入“中国教育求变之路”系列丛书，一直得到江苏教育出版社雷利军编辑的关心和指导，责任编辑先生（女士）为本书的出版付出了辛勤的劳动，在此谨致谢意。在撰写此书过程中，参阅和引用了国内外许多同行、各级政府及有关行政管理部门的相关著作和文献，特此说明并表示衷心的感谢。

限于作者的学识与水平，书中难免存在失当之处，恳切期待读者的批评指正。

作　者

2010 年 11 月 6 日于武昌桂子山